二戰回憶錄

Winston Churchill

1953年
諾貝爾文學獎

劉燦/譯

邱吉爾 | 扛鼎之作 |

1919-1945

諾貝爾文學獎評審委員會：「通過兩次世界大戰親身經歷，傳承家族的騎士傳統，
以純熟的母語對變動的世界作出敏銳反應……精通歷史和傳記的藝術，以及他那捍衛崇高的人類價值的光輝演說」
從《凡爾賽和約》到《波茲坦宣言》，全面解讀二戰史。
蘇德戰場、太平洋戰場、北非戰場、歐洲第二戰場、亞洲戰場，以一個國家元首的宏大視野，
見證20世紀人類歷最動盪不安的關鍵時刻！

近百幅二戰時期前線戰地
與日常生活的珍貴照片

目錄

目錄

目錄

目錄

序言

在《世界危機》、《東戰線》和《戰後》中，我曾紀錄了第一次世界大戰的事情。

與這些書一樣，我盡力效仿笛福的《一個騎士回憶錄》的敘述手法，以我個人的經歷為線索，對那些重大的軍事和政治事件進行論述。我也許是唯一一身居政府高位，並經歷了有史以來最嚴重的兩次浩劫的人。不過在第一次世界大戰中，我擔任的只是次要的職位，但在第二次對德戰爭中，有五年多時間，我擔任英國政府的首腦。因此，我的這本書便採用了不同於以往的立場，在撰寫過程中我所擁有的權威也遠非從前幾本能比。

我的全部公務工作幾乎都是我口授秘書辦理的。在我就任首相期間，我發布的備忘錄、訓令、私人電報和節略，總數可達100萬字。那時每天都得根據所能得到的資料處理許多重要事宜，以致逐日寫出來的文件不免存在許多缺點。但如果把這些文件綜合起來，就是一個在英國國家戰爭和政策上負主要責任的人對自己所見重大歷史事件的真實紀錄。我不知道現在或過去是否曾有過這種關於戰爭和政府工作的逐日紀錄。我並不想把它稱為歷史，因為編寫歷史是屬於我們後一代人的工作，但我極有信心地說，這是對歷史的一種貢獻，對後世會有所幫助。

這30多年來的行動和主張，包含和反映了我畢生的努力，願人們據此對我作出評斷。我恪守一個原則：除非事前曾公開或正式發表過意見，或提出過警告，我決不對任何在戰爭或政策上的措施做事後的批評。實際上，我在事後的回顧中，已將當時爭論中的許多嚴厲的措辭改得相對溫和了。我記述了那麼多我所愛戴和尊敬的人，他們與我的分歧令我十分難過，但如果不能在未來到來之前對過去的教訓作出總結，那就不對了。本書記下那些誠善者

的行為，但願不至於有人因此輕視他們，卻不去反躬自省，檢討自己履行公職的情形，吸取過去的教訓作為自己未來行為的借鑑。

不要認為我希望所有人都贊同我所說的一切，更不要認為我所寫的是在迎合公眾。我，憑藉自己一貫的見解提出論證。我已盡己所能地去慎重地核實材料，然而隨著繳獲敵方檔的披露，或是其他新的發現，不斷有更多的史實被公諸於世，這就可能會為我所下的結論提供新的補充。在所有事實還未明瞭以前，把一些確實、可靠的紀錄和書面意見保存下來作為根據，這很重要，原因就在於此。

有一天，羅斯福總統告訴我，他正公開徵求意見，想給這次戰爭起個名字。我立即脫口而出：「不需要的戰爭。」沒有哪一次的戰爭能比這次戰爭更容易被制止的。上一次大戰給世界帶來了巨大的破壞，好不容易留存下的，又在這次大戰中被毀光了。在億萬人付出巨大努力和犧牲之後，我們仍無法獲得和平或安全。現在，我們又處於危險之中，比起曾被我們克服的更為嚴重，這可以說是人類悲劇的高潮。

前事不忘，後事之師。我殷切地希望，下一代人能把前人犯過的錯誤改正過來，根據人類的需要和光榮，控制住正在展開的可怕的未來景象。

溫斯頓邱吉爾

1948年3月於肯特郡恰特韋爾莊園

第1章
打贏了戰爭，只是開始

第一次世界大戰結束後，人們幾乎普遍抱有世界即將獲得和平的想法，並對此深信不疑。如果各國都能秉承正義，依循常理來慎重地處理事務，各國民眾這種衷心渴望原本不難實現。「為了消滅戰爭而戰鬥」已然成為共識，人們紛紛付諸行動，以促使這一事實儘早實現。

當時的美國總統威爾遜被認為手握大權，他曾設想構建「國際聯盟」並使之深入人心。在凡爾賽的英國代表團，則對這一設想進行整理和完善，使其成為一種機構，作為人類艱苦前行過程中的一個里程碑而永久存在。

勝利之後的協約國，儘管還需面對國內復甦的巨大困難，以及許多自己也不知該如何應對的難題，但與他們的老對手相比，至少此時仍是強大的。各條頓國家[1]，位於大半個中歐的變亂禍首，此時已俯首稱臣；而受到德國沉重打擊的俄國，則陷入內戰騷亂之中，並將逐漸落入布爾什維克的手中。

1919年夏天，協約國軍隊進駐萊茵河一帶，其橋頭堡深深楔入已然戰敗並被解除了武裝的德國境內。與此同時的巴黎，各戰勝國的領導人正陷入對未來的討論和爭吵之中。他們面前放著的是整個歐洲的地圖，而且幾乎可以隨心所欲地加以修改。

經過了艱苦卓絕的52個月後，同盟國終於低頭認罪了。同盟國的四個成員國中，沒有一個能對協約國的意志做哪怕一絲的抵抗。德國被認定為此次世界浩劫的罪魁禍首，已完全任憑勝利者擺布。即便對勝利者來說，經歷了這番折磨後，也顯得有些步履蹣跚。

---

1. 主要包括德、義志第二帝國、奧斯曼帝國、奧匈帝國與保加利亞王國，第一次世界大戰時與協約國敵對。

1

這一次不是政府之間的戰爭，而是民族之間的戰爭。各大國將全部的生命力和精力都投入怒火與殺戮之中。在巴黎集會時，各國領導人都感受到了壓力，那是來自前所未有的歷史大潮的巨大壓力。《烏德勒支和約》和《維也納和約》[1]的時代已經過去了。那時的貴族政治家和外交家，無論勝利還是失敗，開會討論都顯得那樣謙恭有禮，他們不像民主政治那樣吵吵鬧鬧，而是依循公認的基本原則對各種制度進行改造。現在，飽經磨難的各國民眾受宣傳所鼓動，以致億萬人堅決要求進行徹底的報復。如果各國領導人為勝利的表象所惑，被這種呼聲沖昏了頭腦，而在會議席上放棄了將士浴血沙場贏得的成果，那就非倒楣不可。

憑著在大戰中作出的貢獻和犧牲，法國理所當然地獲得了領導者的地位。為了保家衛國，法國付出了150多萬人的慘重代價。一百多年間，巴黎聖母院的鐘樓5次經歷了刀劍和槍炮的洗禮，更有13個法國行省落入普魯士手中，在對方嚴酷軍事統治下長達四年之久。一片接一片的地區被敵人破壞，或是在激烈的交戰中化為焦土。從凡爾登到土倫的每一間農舍、每一個家庭裏，幾乎都有人在悼念逝者，或是在照顧倖免於難的傷殘者。

當時，許多曾參加過1870年戰爭，並飽受其苦的人們已成了法國的顯貴。在他們看來，法國

▲ 一座法國小鎮的殘餘建築，它在一戰中數次易手，最終只留下一片廢墟。

1.《烏德勒支和約》為結束西班牙王位繼承戰爭的和約；《維也納和約》則為拿破崙戰敗後，英國、俄國、奧地利等國簽訂的和約。

能在這場殘酷的戰爭中獲勝，簡直是個奇蹟。他們一向對德、義志帝國抱有恐懼……德皇關於「鐵甲拳頭」和「閃亮鎧甲」的演說，在英、美兩國的人聽來也許只是笑話，但在法國人

▲ 1914年9月，隱藏在一條淺溝中蓄勢待發的法軍士兵。

心裏，卻是實實在在的災禍前兆。近五十年來，他們一直處於德國強大武力的陰影之下，心裏充滿了恐懼。而現在，法國以鮮血為代價，解除了這長久以來的壓抑，終於實現了和平與安全。因此，滿懷熱情的法國人才會激昂地高呼：「決不能有第二次！」

然而，前途充滿了不祥之兆。法國人口不及德國的2/3，而且幾乎一直沒有太大變化。德國人口始終處在增長之中，每年都有大批青年達到服軍役的年紀，其人數比法國多一倍。要知道，這是個曾以一國之力與幾乎整個世界為敵的國家，而且只差一點就征服了世界。許多瞭解內情的人們都知道：一戰的勝負好幾次都在千鈞一髮間，只不過由於某些偶然因素才能幸運地化險為夷。然而，萬一以後再有類似的情況出現，「強大」的協約國還會再次派遣數百萬大軍到法國戰場或東線來嗎？

俄國深陷動亂之中，已不復舊貌；義大利則頗有向敵人那邊靠近的跡象；至於英國和美國，與歐洲遠隔重洋……法國早已疲憊不堪，人口更是損失慘重。它在展望未來的前景時，既深感慶幸，也惶恐不安。怎樣才能保障法國的安全呢？如果沒有了安全，勝利似乎失去了意義……最迫切的就是安全，要不惜一切代價，哪怕使用最嚴厲甚至是殘酷的方法，也必須取得安全。

德軍在停戰那天開回本國，看起來秩序井然。協約國總司令福煦元帥以軍人的氣概說道：「他們打得不錯，讓他們保留自己的武器吧。」不過，福

煦元帥要求，以後的法國邊界必須移至萊茵河。德國將被解除武裝，它的軍事體制會被打碎，要塞會被摧毀；德國將變得貧窮，它會承擔難以估算的巨額賠款，並陷入內亂……萊茵河一旦為法軍所據守和設防，就能成為保衛法國的天塹，法國人就可以在河那邊過上長久和平的日子。

英語世界國家[1]的看法和法國截然不同，畢竟正是在他們的援助下，法國才得以擺脫被征服的命運。《凡爾賽和約》中和領土有關的條文，實際上確保了德國領土不變，德國仍然是歐洲最大的單一民族國家。因此，當福煦元帥聽到《凡爾賽和約》簽訂的消息時，他作出了極為精準的判斷：「這不是和平，這是二十年的休戰。」

《凡爾賽和約》中與經濟有關的條文，其嚴苛和愚蠢程度之深，甚至到了完全無法實現的地步。德國被判必須繳付數額極為驚人的戰爭賠款。這一規定反映出了勝利者的憤怒，卻也表明戰勝國的民眾根本不瞭解，沒有哪一個戰敗國能支付得起與現代戰爭費用等同的賠款……一心想要獲取選票的領袖們，不敢向民眾說明真相。即使是報紙的報導，強調的也只是流行的觀點。幾乎沒有人站出來說明：戰敗國只能透過提供勞役，或者用車輛、輪船載運物資輸出到國外的辦法來償付賠款；而對於接收這些物資的國家來說，除非處於極其原始的社會或受到嚴格控制，否則其國內工業必然會被打亂。

實際上，掠奪一個戰敗國的唯一方法，就是把所有需要並可以搬動的都運走，並讓戰敗國的一部分人充當永久或短暫的勞役。不過，用這種方法所得到的利益無法與戰爭的

▲ 1918年，紐約中央車站前由陣亡德軍士兵頭盔堆成的大金字塔。

---

1. 指使用英語作為官方語言或官方語言之一的國家，如英國、美國、加拿大等國家。

費用相比。各國當權者竟沒能認清這一點，擺脫公眾的愚昧之見，並向選民宣布這一簡單而無情的事實。即使他們說了，也沒人相信。勝利的協約國堅持要對德國進行不斷的壓榨，「直到這些小個子吱吱叫為止」。

不過，這些條文沒能真正施行。恰恰相反，雖然德國被戰勝國沒收了約10億鎊的資產，幾年後卻從英、美等國獲得了高達10.5億鎊的貸款，從而迅速在戰後的廢墟中復興起來。但對於此時的戰勝國來說，國內貧苦而不幸的人民也在大聲呼喊，於是各國政治家又提出保證，要德國交出「最後一分錢」。這樣一來，自然無法指望能透過這些慷慨的施予，從德國人那裏獲得感激甚至好感了。

結果，德國只付出、也只能付出後來規定的賠款，因為美國正慷慨地給予歐洲，尤其是給德國大量的貸款。實際上，1926—1929年，美國以分期償還的方式所收回的各種賠款，只及毫無償還可能的對德貸款的1/5左右。然而，在所有人看來，這一切都令人振奮，這樣的局面似乎可以一直持續下去。

歷史終將作出判定，這些瘋狂的行為導致「經濟風暴」的出現，並促成了新的戰爭發生。

德國向四面八方借錢，將每一筆他國慷慨提供的信貸吞噬殆盡。受援助戰敗國的錯誤觀點影響，雖然在投資規模上遠遜於美國，英國也有許多投資家在這種看似划算的利率刺激下參與其中。於是，德國只付出10億鎊的賠款，卻得到了15億鎊的貸款，而且支付的方式也是五花八門，或出讓國外的資產和外匯，或利用美國龐大的貸款「變戲法」。所有的一切，就是一串由各種愚蠢做法組成的悲慘故事，而在編寫這些故事的過程中，又包含了多少汗水，敗壞了多少美德！

第二個重大悲劇就是奧匈帝國被《聖‧日耳曼條約》和《特里亞農條約》徹底拆散了。許多世紀以來，無數民族曾在這個神聖羅馬帝國的倖存化身庇護下，享有貿易安全並維護自身權益。而在我們的時代，這些民族沒有一個能夠抵抗來自振興的德國或俄國的壓力，它們都希望從聯邦或帝國的體制中解脫出來，而自由主義政策恰恰成為鼓勵它們的原因。東南歐迅速分裂

為多個小國，反倒造成了德國的相對擴大，雖因戰敗而疲憊凋敝、瘡痍滿目，其領土卻依然保持完整，因而在這些地區擁有壓倒性的優勢……與此同時，勝利者還把自由國家追求已久的理想強加於德國身上，令德國人不必受強制軍役的制約，德國從此無須維持龐大的軍備。

儘管德國已失去了信用，大量的美國貸款仍源源不斷地湧入。魏瑪政府根據最後的修改意見制訂出了一部民主憲法，德皇被廢黜了，被選舉出來的不再是出身高貴者。然而，在這一脆弱政治建築之下，德國人的民族熱情洶湧澎湃，絲毫沒有因為戰敗而受損。

美國人對帝制早有成見，勞合-喬治[1]也沒有反對意見，這等於明擺著告訴德國人，建立共和制比維持帝制能獲得更多的好處。其實，最明智的措施是把魏瑪共和國改變為君主立憲制，由德皇年幼的孫子出任立憲君主，另設攝政院執政以鞏固並加強這一制度。可惜沒有這樣做，反倒使得德國政權結構中出現了一個真空。包括封建勢力和軍人在內，所有的實力派本可以在君主立憲制的旗幟下集結起來，給予新生的民主議會制以尊重和支持，結果卻陷入分崩離析之中。自誕生之日起，魏瑪政府及其身上的自由主義裝飾和祝福，都被視作敵人強加，因而無法取得德國人的信任。

有段時期，年邁的興登堡元帥成了德國人的希望寄託。此後不久，各種強大的力量又處於彷徨無主的狀態之中，權力真空再次暴露了出來。又過了一段時間，一個本性殘暴的狂人大踏步地進入這一真空。他成了德國上下復仇情緒的集中代表，並以前所未有之勢侵蝕著德國人的心靈。這個人，就是下士希特勒。

對於法國來說，從1870年以來一直想打場復仇戰爭的那代人取得了勝利，但法國的國力因此受到了嚴重的損耗。迎來勝利曙光的法國，當時只不過是一個筋疲力竭的國家。

自勝利的那天起，法國就對德國抱有極大的恐懼。正因為這種恐懼，福煦元帥要求把法國國界推至萊茵河，以此保障法國的安全並防備強大的鄰

---

1. 當時的的英國首相（1916—1922年）。

國。在英、美政治家看來，將德國人居住的區域併入法國，違背了威爾遜總統所提出的「十四點」，也違背了《凡爾賽和約》所遵循的民族主義和民族自決原則，因此他們拒絕了這一要求。當然，為了爭取克列孟梭[1]，他們答應：第一，英、美共同保證法國的安全；第二，設立非軍事地帶；第三，德國全面、永久地解除武裝。

儘管福煦元帥表示反對，克列孟梭還是接受了，雖然他的內心深處也未必贊同。最後，威爾遜、勞合-喬治和克列孟梭簽訂了保證條約。然而，美國參議院拒絕批准這一條約，還否決了威爾遜的簽署。在締結和約的全部過程中，英國極其尊重威爾遜總統的意見和願望，最後得到的卻是一個毫不客氣的通知，表示英國應對美國憲法有更好的瞭解。

在一片混亂中，克列孟梭這個舉世聞名、與英、美兩國都有過特殊接觸的權威，被受恐懼和憤怒影響的法國民眾拋棄了。普魯塔克[2]說過：「對他們的偉大人物忘恩負義，是強大民族的標誌。」法國在自身遭到嚴重削弱的關頭，仍出現了這種問題，是一件很輕率的事。在法蘭西第三共和國[3]（以下簡稱為「第三共和」）中，各政治集團的陰謀活動再一次活躍起來，各部的部長頻繁更換。參與此事者或有利可圖，或以此為樂。無論如何，這已成為第三共和的特徵，在這種情況下要找出一個像克列孟梭那樣強有力的人物來接替，實在很困難。

彭加勒是繼克列孟梭之後的最強硬者，他打算建立一個在法國的庇護和支配下獨立的萊茵蘭[4]，而這根本不可能成功。他為了強迫德國繳納賠款，毫不猶豫地進兵魯爾。這當然是為了讓德國遵守和約，結果反而受到英、美兩國輿論的嚴厲譴責。法國佔領魯爾激起了德國民眾極大的憤慨，並導致大量濫發紙幣，有計畫、有目的地摧毀馬克這種貨幣的基礎。由於德國的財政和

---

1. 即喬治・克列孟梭（1841—1929年），法國著名政治家，法蘭西第三共和國總理。
2. 普魯塔克（46—120年），古希臘作家、哲學家。
3. 指在1870—1940年統治法國的共和政府，被認為是法國第一個長久而穩定的共和國。
4. 舊地區名，也稱「萊茵河左岸地帶」，即今天的德國萊茵河中游地區。

政治陷入一片混亂，加上在1919—1923年繳付了幾筆賠款，馬克很快崩潰了。在通貨膨脹的最後階段，430000億馬克才值1英鎊。

這一次的通貨膨脹，無論是在社會還是經濟方面都產生了極其惡劣的後果。德國中產階級的儲蓄被一掃而光，這為國家社會主義提供了天然的追隨者。托拉斯如雨後春筍般出現，德國工業的整體結構被破壞。所有的流動資本都沒有了，內債以及以固定資本作為擔保和抵押的工業債務，當然也得清算，或者被賴掉，即便如此也不足以補償流動資本的損失。這些後果直接導致德國這個破產的國家大規模地向外國借貸，而這一點成為了德國在其後若干年的特色……。

英國對德國的態度，起初非常嚴厲，不久就轉向了另一個方向，而且過了頭。勞合-喬治與彭加勒之間存在分歧，而彭加勒衝動的個性成為實現自己堅定而富有遠見的政策的障礙。無論在思想還是行動上，英、法兩國都不合拍，而英國對德國的同情或者說是敬慕，已經強烈地表現出來了。

▲ 1922年大蕭條時，成堆的馬克成了孩子遊戲的「積木」。

對於國際聯盟來說，成立之初就遭受了致命的打擊：美國拋棄了威爾遜總統所提出的原則。威爾遜本人準備為他的理想繼續奮鬥，卻在競選運動期間突然中風。他在此後近兩年漫長而重要的時間裏，都因疾病纏身而無法工作。直到1920年共和黨在總統選舉中獲勝，無論是他的黨還是他的政策，都被撤換了。

共和黨取得了勝利，孤立主義開始在大西洋彼岸大行其道。當然，法律規定的債務必須償還，其他的就讓歐洲自作自受好了。與此同時，美國還提高了關

稅，以阻礙貨物進口，但債務的償還又只能依靠這些貨物。在1921年的華盛頓會議中，美國提出了影響深遠的裁減海軍的建議，英、美兩國政府很熱心地鑿沉艦隻並拆毀軍事設備。根據某種奇特的邏輯，兩國認為除非戰勝國自己解除武裝，否則便無法在道義上要求戰敗國解除武裝。就這樣，法國對萊茵河國界的要求和保證不但完全落空，還因為實行普遍義務兵役制維持了一支已經大大削減了的軍隊，飽受英、美兩國的詬病。

此外，美國明確向英國表示，如果日本所恪守不渝的英日同盟繼續保持下去，將成為英、美關係的障礙。於是，這個同盟就告吹了。英日同盟的廢止在日本產生了巨大的反響，日本人普遍認為這是西方世界主動踢開一個亞洲國家。英國和日本的聯繫被主動切斷，而這些極有價值的聯繫原本會對之後的局勢產生決定性作用。

由於德國的失敗和俄國的動亂，日本在世界海軍強國實力排名榜上的地位得到了提升，升到第三名，這一點或可使日本聊以慰藉。而根據《華盛頓海軍協定》對主力艦5：5：3比例的規定，雖然實力比起英、美兩國來還稍顯不如，但以日本的建造和財政能力而言，這一規定比例還得好些年才能達到……無論在歐洲或亞洲，勝利的協約國在保護和平的名義下迅速確立的條件，其實都在為下一次新的戰爭掃清道路。

當所有的不幸一件件地出現時，大西洋兩岸的人們還在無休止地談論著那些無關痛癢的陳詞濫調。此時，歐洲卻出現了一個新的禍源，它比沙皇和德皇的帝國主義更加可怕……雖然福煦元帥英明地說過「布林什維主義始終沒有跨進勝利的邊界」，然而在一戰戰後的最初幾年裏，歐洲文明的基礎顯得岌岌可危。

在慕尼克，希特勒下士竭力煽動士兵和工人瘋狂地仇恨猶太人和共產黨人，說他們應為德國戰敗負責；而在義大利，另一個冒險家貝尼托·墨索里尼發明了一套新的治理方案，聲稱可以將義大利人民從共產主義中拯救出來，以此來奪取獨裁權力……於是，這些運動開始活躍起來，很快就把世界推入更為可怕的鬥爭之中。

儘管如此，一個可靠的和平保證依然存在。德國已被解除武裝，它那龐

大的軍隊都已被解散，所有武器被摧毀，艦船則在英國的斯卡帕灣自行鑿沉。根據《凡爾賽和約》的規定，德國只允許保留一支總數不超過100000人的軍隊以維持國內秩序，並且不能在此基礎上增加後備人員。德國還被要求遣散軍事教官，每年在限額內補充的新兵不再接受軍事訓練，軍官人數也被以各種辦法減至1/10。德國海軍艦艇的噸位限定在10000噸以下，並被禁止擁有潛艇和軍用飛機……。

直到1934年，戰勝國在歐洲甚至全世界範圍內都是所向無敵的。在這十六年中，前協約國的三個國家，甚至只需英、法兩國和他們在歐洲的夥伴，隨時都能借用國際聯盟的名義來控制德國的軍事力量，只可惜沒有一個國家這樣做過。相反，美國直到1931年時還在以國外控制的辦法，向德國索要每年應付的賠款。而德國之所以能夠付款，全靠美國給與的比賠款更多的貸款，這使整個過程變得十分荒唐。除了怨恨，一無所得。

另一方面，如果各國堅決執行《凡爾賽和約》中有關解除德國武裝的條款，原本不需動用武力，更不用流血，就可以長久地保衛人類的和平與安全。然而，在德國出現輕微違約的情況時，各國都不加理會；而當違約情況變得嚴重了，各國又不予正視。最後，保持長久和平的願望就這樣付諸東流了。戰敗者無需從勝利者那裏獲得寬恕，勝利者的愚蠢反倒成為進一步助長失敗者罪行的條件和藉口。如果沒有這等蠢事，失敗者就不會受到進一步的蠱惑，更不會有任何的機會。

在我的心中，書中敘述的種種，都是在描述這一前所未有的悲劇，是怎樣在動亂的歷史環境中發生的。而且，這一悲劇不僅僅包括必然會在戰爭中損失的生命財產。

在第一次世界大戰中，士兵們進行可怕的殘殺，各國所積累的財富紛紛化為烏有……直到戰爭結束，歐洲文明的基礎結構仍巍然屹立。當大炮轟擊的硝煙和塵土散盡時，儘管各交戰國間存在敵對情緒，仍互相承認對方歷史悠久的種族人格。總體而言，戰爭的基本法則還為各國所遵守。雙方的軍人在專業性上還存在著共同的基礎。無論戰勝國或戰敗國，都保持著文明國家的風範。莊嚴的和平被建立起來了，除了行不通的經濟條款之外，符合19世

紀以來不斷調整著的各文明國家之間關係的原則。法治為公眾所承認，出現了世界性的機構，以防止變亂重生，保障我們所有人，尤其是歐洲。

但在第二次世界大戰中，人與人之間的所有關係都不見了。自願受希特勒支配的德國人犯下了滔天的罪行，其規模之大、性質之惡劣，是人類歷

▲ 1945年4月，德國布痕瓦爾德集中營裏骨瘦如柴、面無表情的猶太人。

史上一切黑暗紀錄所未曾有過的。德國集中營有計畫地大規模屠殺了包括男人、婦女和兒童在內的六、七百萬人。其恐怖程度，遠遠超過成吉思汗的屠殺。與之相比，成吉思汗殺人的規模簡直是小巫見大巫。

在東線戰場上，德國和俄國都推行過人口滅絕計畫。空襲不設防城市的暴行由德國開始，而實力日益強大的盟國則以20倍的規模回敬，終於在使用原子彈摧毀廣島和長崎之時達到高峰。這樣的情況是過去多少個世紀以來人們所難以想像的。現在，我們終於從物質毀滅和道德淪喪的災難中掙脫出來了。但我們經受了種種苦難並獲得成功之後，還會遇到各種問題和危險，其可怕的程度比起過去好不容易才克服的那些問題和危險來，不是小一些，而是大得多。

作為一個在那段日子裏生活並工作過的人，我希望能夠向讀者說明：為什麼說第二次世界大戰的悲劇原本可以避免；善者的軟弱如何助長了惡者的兇狠；各民主國家如果不聯合為更大的機構，其體制和常規是如何缺乏唯一能給民眾帶來安全感的恆心和信心；在10～15年的時間裏，我們在自衛問題上為什麼沒有政策可言。

在這本書中，我們將看到：慎重和克制為什麼成為了導致嚴重危險的主

要因素；出於安全和平穩之目的而採取的折中妥協，如何直接導致災禍中心的形成。我們也將看到，在這些年裏無論政局如何變動，各國共同採取廣泛一致的國際行動是何等的重要。

最簡單的對策是：德國在30年之內廢除軍備，戰勝國則保持充分的軍事力量。在此期間，即使不能和德國達成協議，也得建立一個更有力的國際聯盟，這個國際聯盟要能夠保證條約的貫徹執行，或者必須經由討論和各方同意才能加以修改。

既然有過前例，三、四個大國政府一致要求本國民眾作出最大犧牲，民眾也曾為了共同的事業而全力以赴，並終於獲得了盼望已久的結果，那麼各國更應保持協調一致，以確保最基本的需求，這是非常合理的。

然而，對於這個並不過分的要求，勝利者的綜合實力、文明程度、學問程度、知識素養和科學程度都無法給予滿足。他們還是過一天算一天，由一次選舉到另一次選舉。結果20年的時間剛剛過去，第二次世界大戰的可怕信號就出現了，我們對那些曾經英勇作戰並捐軀沙場者的兒女們，只好做這樣的描寫：

> 他們並著發痛的肩膀前行，
>
> 邁著沉重的步伐，
>
> 遠離生命的光明曠野。[1]

---

1. 引自英國詩人西格里夫・薩松作品，「心有猛虎，細嗅薔薇」是其代表詩句之一。

第2章
我對下一次大戰的預言

對於歐戰停戰到1922年年底英國政府更迭的這四年狀況，我曾在自己所著的《戰後》一書中寫過些許感想。該書寫於1928年，當時的我已為日後的浩劫到來而深感憂慮：

直到20世紀初，戰爭才進入到可以毀滅人類的時代。人類已為大的國家或帝國所構成，集體意識充斥於各民族的興起過程之中，使屠殺事業得以按照一種前所未有的規模和持久度，為人們所設計並執行。

個體卓越的長處，被集中用來發展大規模屠殺的能力。雄厚的財力、進行世界貿易和信貸的資源以及巨額資本的積累，確保了各國人民的精力能在相當長的時間內被用於破壞的事業。億萬人民的意志為民主政治制度所體現。教育把戰爭這一課灌輸進每一個人的頭腦中，不僅如此，它還令每一個人都能對當前目標發揮最大的作用。報紙成為一種促進彼此團結和互相激勵的工具。至於宗教，雖然很高明地在基本觀點上迴避了鬥爭，但又透過種種方式對所有戰鬥人員一視同仁地給予鼓勵和慰勞。最後，科學打開了自己的寶藏和秘密，以滿足各種不知死活的需求，並任由那些能產生決定作用的器械和裝置落入人們手中。

結果，許多以往戰爭

▲ 1916年索姆河戰役中，疲憊的英軍士兵在佔領的德軍戰壕中休息。

▲ 受到德軍毒氣攻擊後的英軍陣地。

中不曾見過的事物出現了。不但設防的城市遭受饑荒,一個接一個的民族也被有計畫地置於或將被置於因饑饉而衰弱的過程中,全部人口以這種或那種身分參加戰爭,彼此皆是襲擊的對象。天空中開闢了一條道路,死亡和恐怖被帶到遠離戰線的後方,帶給老弱婦孺這些以前不會在戰爭中受到侵犯的人。鐵路、輪船和汽車等運輸工具被組織起來,千百萬人可以不斷地進行戰鬥。而醫療和外科手術的進步,又把人們一次次送回屠殺場。凡是可以用於戰爭這種大規模浪費事業的,都不會被浪費掉。即使是士兵的垂死掙扎,也可以產生軍事上的效果。

即便如此,大戰頭四年裏發生的一切,也只是接下來第五年戰鬥的序幕罷了。如果戰爭繼續進行,必然會有更加驚人的殺傷性力量出現。假設德國軍隊保持了士氣,並成功地撤退到萊茵河,那麼他們就將在1919年夏天受到前所未有、無可匹敵的力量和技術的襲擊。他們的城市將被成千上萬架飛機炸毀,陣線將被幾萬門大炮夷平。

當時的協約國正在進行各種部署,準備一次性動員二、三十萬裝備齊整的軍隊,以每天10～15英里的速度,搭乘機械化車輛持續越野前進。受到攻擊的敵方陣線將陷入窒息,因為只有一種防毒面具(德國人還沒能夠造出)才能防禦的劇毒毒氣,會讓所有生命陷入癱瘓……然而,解除警報已發出來。於是,1919年的恐怖就放入各主要交戰國的檔案裏了。

戰爭突然全面停止,就像開戰時的情形一樣。世界抬起了它的頭,看一看大劫過後的廢墟,勝利者和戰敗者同時鬆了一口氣。成百上千的實驗室、兵工廠、製造廠和各種辦事機構裏,人們一下子站了起來,離開了多少年來

我對下一次大戰的預言

一直專心致志的工作。人們的計畫還沒有完成，就被丟在一邊了，但他們的知識還保存著，他們的資訊、資料和發明，都由各國的軍事機關匆匆忙忙地捆紮起來，並注上「供將來參考」。

1919年的戰役沒有打成，各種戰爭觀念卻仍在向前發展。在和平外衣的掩蓋下，各國軍隊紛紛對與戰爭相關的東西進行研究、推敲和提煉。如果世界再一次發生戰爭，就不會使用1919年作戰所準備的武器和器械，而會使用那些武器的發展和擴充版，那將會是難以想像且更為可怕和致命的了。

正是在這種情況下，我們進入了這個被稱為「和平」的筋疲力盡的時期。無論如何，它向我們提供了一個對全局進行思考的機會。某些令人擔憂而確切無疑的事實，已像從飄浮的雲層中出現的山峰那樣逐漸顯露。可以肯定的是，一旦打起仗來，全部人口都將加入戰鬥，每個人都將竭盡全力，都無法避免敵方猛烈的攻擊。受到嚴重威脅的國家，將不惜一切手段以確保其生存，很可能——不，可以肯定——在下一次的戰爭中，他們使用的必然會是一些大規模、無限制的毀滅性武器，甚至可能一旦發射就無法控制。

人類過去從來不曾處於這樣的境遇中：既沒有值得一提的道德進步，又缺少對理智的正確指引，卻首次掌握了足以毀滅自身的工具。在人類的發展歷程中，人們所有的光榮和辛勞將自己引導到這樣的一個頂點。人們最好還是停一停，好好想想自己背負的新責任。死神在「立正」、遵命、聽候號令：準備執行任務，將全人類大批地砍殺；準備一經召喚，便將人類文明的一切統統壓成齏粉，使之永遠失去修復的希望。死神只是在等候一聲號令，等候一個神志虛弱、手足無措的人下達命令。這個人原本是他的犧牲品，而現在——僅僅是這一剎那，卻成了他的主人。

這些話是在1929年1月1日發表的。現在，已是十八年後的元旦了，我還是不能寫出和先前兩樣的話來。在兩次大戰之間，由我本人負責的一切言論和行動，其目的只是為了預防第二次世界大戰的發生，當然也是為了在最壞的情況出現時，保證我們能夠取得勝利，或者至少讓我們能倖存下來。

沒有哪一次戰爭比第二次世界大戰更容易被制止的。為了反抗暴政，防止世界毀滅，我們隨時準備使用武力。但如果英國、美國和其他協約國國家

▲ 1917年，英國諾丁漢一家兵工廠的兩位女工正在忙碌。

能以通常處事的態度貫徹始終，像一般家庭處理家務事那樣，也許不一定要用到武力，做沒有法律伴奏的行軍。不但如此，在正義的事業中，我們完全可以依憑實力，而不必冒流血的危險。英國、法國，尤其是具有巨大實力的美國，由於放棄自己的目的，甚至放棄了自己原本衷心擁護的主張，任由局勢不斷發展，終於到達他們所害怕的那個頂端……

　　早在1925年，我就寫過一些現在還不宜忽略的關於技術方面的想法和疑問：

　　如果出現某些新方法，會不會使爆炸的程度比迄今所有已發現的來得更為猛烈呢？如果發明了一種炸彈，會不會擁有足以摧毀一大片建築物的威力，卻只有橘子大小——或者集中上千噸炸藥的力量，一下子把整個市區夷平呢？即使是現有的炸彈，是否可以裝在飛行器上，不用駕駛員，而用無線電或其他射線來操縱，自動、連續不斷地轟擊敵方的城市、兵工廠、營房或造船廠呢？

　　至於毒氣以及其他形式的化學戰，現在看來還為時過早，那只是一本恐怖書中已寫成的第一章而已。不過有一點是肯定的，萊茵河兩岸的人們都在以絕大的耐心來研究這些新的毀滅方法，為什麼要認為這些方法只限於無機化學呢？對於疾病的研究——有組織地準備各種病毒，蓄意向敵方的人畜投放——肯定不止一個大國的實驗室在試驗。毀壞莊稼的害蟲、殺死馬匹和牲口的炭疽熱、毒害軍隊並且能夠影響整個地區的瘟疫——這就是軍事科學冷酷無情的發展線路。

　　所有這些話都是我在近1/4個世紀前說的。

我對下一次大戰的預言

一個有自尊的民族，假如在戰爭中被擊敗，它一定會嘗試儘可能地快速重整軍備，這是很明顯的。只要有可能，他們就不會屈從於被迫接受的城下之盟。

「……安逸的局面將會改變在痛苦中所發的誓言，把它視作受暴力所迫，是無效的。」

所以，強制一個戰敗國始終處於被解除武裝的狀態，是勝利者的責任。為了這個目的，必須採取雙重政策：

首先，自己要保持充分的軍備，同時還需要保持警惕和權威，貫徹執行和約中關於禁止敵國恢復軍事力量的各項條款。

其次，必須採取寬大措施，旨在使戰敗國恢復元氣，儘可能使它對自己的狀況感到滿足，還要用一切方法創造一個真正友好和具有共同利益的基礎，逐漸消除任何有可能引發武力的誘因。

在這幾年中，我提出了一個準則：「消除戰敗國怨氣第一，裁撤戰勝國軍隊第二。」可以看到，英國、美國和法國後來採取了相反的做法，於是下文便有故事可講了。

第3章
下士阿道夫和元首希特勒

在1918年10月，英軍襲擊科米訥[1]時，一名德國下士因受到芥子氣的攻擊而一度失明。當他躺在波美拉尼亞[2]醫院病床上時，整個德國正被戰敗的陰影以及革命的呼聲所席捲。

這位下士是奧地利海關一個低級稅吏的兒子，年輕時他也曾夢想成為一名偉大的藝術家。然後，進入維也納藝術學院深造的夢想破滅了，他在首都[3]過著貧苦的生活，之後又遷到了慕尼克。他有時會做些油漆房屋的工作，更多的時候則是打打零工，過著窮困潦倒的生活。他的內心被極度的憤懣和怨恨所填滿，他認為是世界讓自己懷才不遇，無法有所成就。

苦難的經歷，並沒有讓他走上共產主義的道路，而是走向了不同的方向，並將一種反常的種族忠誠觀念，和對德國及日耳曼民族狂熱而不可思議的崇拜摻入其中。當戰爭爆發的時候，他立即懷著滿腔熱情去參軍，並在西線的一個巴伐利亞團中服役了四年。

這就是阿道夫‧希特勒的早年命運。

1918年的冬天，當雙目失明的希特

▲ 一戰時期的希特勒（右一）。

1. 現位於比利時，鄰近法國北部邊境地區。
2. 現位於德國和波蘭北部，處於波羅的海南岸。
3. 維也納是奧地利的首都。

勒無助地躺在醫院的病床上時，他覺得自己個人的失敗，似乎與整個日耳曼民族的苦難連在了一起。戰敗帶來的震驚，法律和秩序的瓦解，法國人的勝利，令這個傷勢漸愈的傳令兵陷入極度痛苦之中，身體衰弱、面容憔悴，但也從此催生出一種既能拯救，也可以毀滅人類命運的無可估量的精神力量。

在他看來，德國的失敗是無法按照常理理解的。這其中必然存在一個重大而惡毒的通敵陰謀。這個抑鬱的小兵，只憑自己狹隘的個人經驗苦苦推敲，想要找出災禍背後的真正原因。在維也納時，他曾和代表極端主義的德國國家人民黨的一些小組廝混在一起，並從他們那裏聽到過一個種族——北歐日耳曼族的敵人和剝削者——猶太人所進行的種種罪惡和破壞活動。這種基於某種愛國主義而產生的憤怒，以及對富人和上層人士的嫉妒，被融合在了一起，成為一種無法抑制的仇恨。

這位毫不起眼的病人終於出院了，仍然穿著自己的軍服。對於軍服，希特勒抱有小學生對軍服般的自豪感。當他揭開紗布時，眼前是一副多麼悲慘的景象！戰敗引起的騷亂實在太可怕了。在頹喪和暴虐的氣氛中，紅色革命的輪廓不斷在他的身邊閃過。慕尼克的大街上，橫衝直撞的裝甲車向驚惶躲避的路人散發傳單或射擊子彈。還有些和他一樣的軍人，公然在制服上佩戴紅色袖章，嘴裏瘋狂地喊著口號，反對地球上他所熱愛的一切。

眼前的一切讓希特勒恍然大悟，彷彿大夢初醒。猶太人，在後方大發國難財和陰謀通敵的人，以及透過猶太知識分子搞國際陰謀的可恨的布爾什維克黨人，他們在背後捅了德國一刀，還把它按倒在地。希特勒的眼前出現了一份閃閃發光的責任：他，將從這些災難中拯救德國，為其復仇，並讓這個本應成為主宰的種族重

▲ 1919年的一張明信片上顯示，猶太人正向德軍背後捅刀子。

新回到它那早已註定了的命運中去。

對於部下身上的煽動性革命情緒，希特勒所在團的軍官們看了很是驚慌。而下士希特勒的歸來讓他們感到很高興，無論如何，總算發現了一個對局勢知根知底的人。希特勒志願留在軍中，並做起了「政治教官」或者說是特務的工作。他還以此為名蒐集了各種叛變和顛覆活動的情報。不久之後，他的上司，一位安保軍官要他參加當地各政黨的集會[1]。

1919年9月的一天晚上，這位下士在慕尼克一家啤酒館裏參加了德國工人黨的集會。希特勒第一次聽到和他的理想如出一轍的言論，同樣是反對猶太人，反對投機分子，反對令德國墮入深淵的「十一月罪犯」[2]。9月16日，他便加入了這個政黨。不久之後，為方便在軍隊工作，希特勒負起了該黨的宣傳工作。

1920年2月，德國工人黨在慕尼克舉行第一次大會。希特勒操縱了那次大會，並為德國工人黨的黨綱草案規定了25個要點。此時的希特勒已是一名老練的政客，他的救國運動就此開始。

同年4月，希特勒從部隊復員。自此，他的整個生命都投入到德國工人黨的壯大之中。到第二年的年中，他已把德國工人黨原來的領袖一個個地逐出了。希特勒以他的熱情和天才，讓那些著了迷的同伴接受自己的個人獨裁，他已經成為了「領袖」。不僅如

▲ 1936年，希特勒和他的黨徒們行進在慕尼克的大街上，以紀念「啤酒館暴動」。

1. 應為德國陸軍軍區司令部政治部的命令。
2. 指1918年11月德國爆發的革命。

此，他還買下了一家經營不善的報紙——《人民觀察家報》，以此作為該黨的機關報。

很快，希特勒就被共產主義者注意到了，他們企圖破壞希特勒的集會。於是在1921年年底時，希特勒第一次組織了他的衝鋒隊。在此之前，一切活動都是在巴伐利亞一帶進行的，但因為德國人民戰後的生活狀況越來越糟糕，各地都有人開始聆聽希特勒的新福音。

1923年，法國悍然出兵魯爾，震驚了整個德國，後來被稱為「國家社會主義黨」的黨員人數也因此大為激增。馬克的崩潰摧毀了德國中產階級的基礎，他們中的許多人絕望之下成為這個新政黨的黨員。他們在國仇家恨和愛國熱情的驅動下，為自己的不幸尋求安慰。

從一開始希特勒就說得很明白，要奪取政治權力，首先得反抗和打擊「魏瑪共和」這一戰敗恥辱的象徵。1923年11月，「領袖」的身邊出現了一群堅定的信徒，其中最傑出的有戈林、赫斯、羅森堡和羅姆，他們認定奪取巴伐利亞政權的時機已經到來。

魯登道夫將軍以其在軍中的威名，為這一次的冒險行動助長聲勢，而且他始終走在暴動行列的前面。人們在戰前常說：「德國是不會有革命的，因為一切革命在德國都被嚴厲禁止。」慕尼克有關當局在這次事變中踐行了這句格言。員警開了槍，但是很小心地避開了魯登道夫。將軍徑直邁步前進，向員警的隊伍走去，還受到員警的敬禮。示威者中大約有20個人被打死，希特勒撲倒在地，和其他領導人一起逃出了肇事場所。1924年4月，希特勒被判處四年徒刑。

雖然國家的秩序得到了維持，德國的法院也對肇事者進行了懲辦，但德國國內有不少人認為當局是在打擊自己的骨肉同胞，以德國最忠實兒女的犧牲來為外國服務。於是，希特勒的徒刑最終由四年減為13個月。而他在蘭茨貝格監獄的十幾個月，使其能夠完成《我的奮鬥》一書的提綱——這本為死於暴動的人們所寫的書，是他的政治哲學著作。

在希特勒奪取政權後，這本書是最值得協約國領導人仔細研究的。德國復興的綱領、政黨的宣傳技術、同馬克思主義作鬥爭的計畫、國家社會主義

的概念、德國理所當然地應享有世界最高地位——所有這些都在書中寫得明明白白。這是信仰和戰爭的新可蘭經：誇張、冗長、雜亂無章，卻包含了這個黨的使命。

《我的奮鬥》的主題並不複雜。

人是一種戰鬥的動物。因此，作為戰鬥者的集合體，國家就是一個戰鬥的單位。

任何擁有生命的有機體，如果放棄了對於生存的戰鬥追求，就註定會滅亡。一個停止戰鬥的國家或種族，同樣註定要滅亡。一個種族的戰鬥力，取決於它的純粹性，因此，必須排除外來的玷污。遍布全世界的猶太種族，必然是和平主義和國際主義的。和平主義是十惡不赦的罪孽，因為它意味著生存競爭中的種族投降，所以，每一國家的首要職責就是使群眾國家主義化。

在個人方面，智慧並不是首要的品質，意志和決心才是最主要的。生而具有指揮能力的人，比千千萬萬支配服從的人要有價值得多。只有暴力才能保障種族的生存，所以軍事手段是必要的。種族必須戰鬥，苟且偷安的種族必定會走向腐化和滅亡。假如日耳曼民族能夠及時聯合起來，那它已是地球的主人了。

新的德、義志帝國必須把歐洲各處散居的所有日耳曼人集合起來。一個種族可藉由恢復其自信心而獲得拯救，以擺脫失敗。最重要的是必須教育軍隊相信自己是所向無敵的。為了復興日耳曼民族，必須使人們確信，用武力來重獲自由是可能的。

貴族政治的原則，究其根本而言是正確的。而理智主義則不可取。教育的最終目的，是要培養經最少訓練就能成為軍人的德國人。要是沒有狂熱的、歇斯底里的熱情作為推動力量，歷史上再如何偉大的驚天激變也是不可實現的。和平與秩序這種資產階級美德，什麼也做不成。世界已轉向這樣一種偉大的激變了，而新的日耳曼國家，必須使我們的種族時時刻刻準備為地球上最後而且最偉大的決戰而戰鬥。

對外可以採取不擇手段的外交政策。外交的任務不是讓一個民族壯烈地垮掉，而是使它能夠繁榮和生存。只有英國和義大利可能成為德國的同盟

國。沒有一個國家會同民主黨人和馬克思主義者所統治的怯懦的和平主義國家締結同盟。要是德國無法維持自己的生存，也不會有人維持它的生存。德國喪失的地盤，決不會因為向上帝祈禱或懇求國際聯盟而拿回來，只有付諸武力才行。

德國決不可重蹈與所有的敵人同時作戰的覆轍。它必須選定其中一個最危險的敵人，全力加以攻擊。只有當德國重新獲得平等權利並恢復它在太陽之下的地位時，世界才會不再反對德國。德國的外交政策絕對不得感情用事。如果純粹為了意氣的緣故而進攻法國，那是愚蠢的。德國所需要的，就是在歐洲擴張領土。德國戰前的殖民政策是錯誤的，應該放棄。德國必須謀求向蘇聯，尤其是向波羅的海地區擴張。決不能夠與蘇聯結盟。聯合蘇聯向西歐發動戰爭是在犯罪，因為蘇維埃的目的就是國際猶太主義的勝利。

這些就是希特勒政策的「精華」。

不停戰鬥的希特勒，逐漸作為一個全國性人物而顯露頭角，這並沒有引起各戰勝國的注意，因為各國也正為自己的麻煩事和黨派鬥爭所苦惱。國家社會主義黨，即後來所謂的「納粹黨」，用相當長的時間牢牢控制了德國的民眾、軍隊、國家機器以及那些企圖擺脫共產主義威脅的工業家，最終成為令整個世界都不得不刮目相看的一股巨大力量。1924年年底，當希特勒從獄中獲釋時，他這麼說道，重新組織運動恐怕得要五年的時間。

戰後幾年間，在共和政府和民主體制的背後，德國陸軍參謀部掌握著真正的國家大權，總統和內閣的任免都受其操縱。一直以來，德國陸軍參謀部都認定興登堡元帥是其權力的象徵和意志代理人。然而到了1930年，興登堡已經83歲了，他的智慧正逐漸衰退，越來越像是一個偏見、固執和獨斷的老人。

在戰爭中，興登堡曾被奉為一個偉大的形象，而此時的德國愛國者卻希望他能早日歸天，以表示對他的敬仰。這充分說明，興登堡已經變成了一個「木頭的泰坦神」了。這麼多年來，陸軍參謀部的將軍都已明白，是時候物色一個滿意的領袖來繼承這位年邁的元帥了。但其物色新人之舉，受到了國家社會主義黨的壓制。

▲ 興登堡元帥戎裝像。

1923年慕尼克暴動失敗後，希特勒曾發表過一個嚴格合乎魏瑪共和體制法律條文的綱領，但他同時鼓勵並計畫擴充納粹黨的軍事和半軍事組織衝鋒隊（或稱「褐衫隊」），以及一個人數極少卻有嚴格紀律的核心組織黨衛隊。這些一開始很小的組織，逐漸發展為無論是人數還是活力都很驚人的大規模團體，令軍方相當忌憚，大為惶恐不安。

那位軍官出身的羅姆負責領導衝鋒隊。在戰爭的幾年中，他既是希特勒的同志，也是希特勒的親信朋友。羅姆是一個極有能力和膽量的人，作為衝鋒隊的總參謀長，他有著強烈的個人野心……衝鋒隊吸收了原德國國家人民黨的大多數組織，其中包括1920年在波羅的海地區和波蘭同布爾什維克黨人作戰的自由同志會，以及鋼盔團這個國家人民黨退伍軍人的組織。

對國內政治形勢深入研究的結果，使德軍將領不得不接受一個事實：與納粹運動相對立的軍官階層已無法再統治德國了。兩派都想把德國從地獄中拯救出來，報戰敗之仇。但德國陸軍代表的是德皇所設立的帝國機構，保護的是德國社會中的封建領主、貴族、地主和其他富裕階級。衝鋒隊則基本變為一個由衝動、憤懣的顛覆分子，和絕望的破產者所鼓動起來的革命團體，與其所譴責的布爾什維克黨人水火不容。

一方面，德國陸軍認為和納粹黨鬥爭，等於把戰敗的德國推向深淵，撕成碎片。1931年和1932年，德軍高級將領一致認為，德國陸軍雖然嚴厲反對過納粹黨的內政主張，但為了自己和國家著想，必須同納粹黨聯合起來。

另一方面，儘管希特勒做好了不惜一切代價奪取政權的準備，但他面對的卻是那些曾經領導德國的領袖人物，而這些人曾是他年輕時敬仰和效忠的對象。所以，雙方之所以能夠達成協定，條件可以說是現成的，也是大勢所趨。

德國陸軍逐漸認識到納粹黨勢力之大，已到了只有希特勒才能替代興登

堡成為德國元首的地步。而希特勒也明白，要想實現自己復興德國的計畫，必須藉助陸軍的中堅力量。

交易一經達成，陸軍將領就開始勸請興登堡對希特勒另眼相待，把他當作未來的德國總理來看。希特勒則答應限制衝鋒隊的活動，並使其接受陸軍參謀部的制約，而且還保證在萬不得已之時會予以取消。憑藉這些交易條件，希特勒取得了德國軍隊勢力的效忠，正式掌握了行政管轄權，並明確擁有了國家元首的繼承權。這位下士，步步高升，已經升得很高了……。

1933年1月30日，希特勒就任德國總理。不久之後，那些反對或可能反對「新秩序」的人，馬上會嘗到這位德國新主人的手段。

1933年2月2日，德國共產黨被禁止一切集會和示威，德國各地開始搜查共產黨的秘密武器。

2月27日晚，德國的緊張局勢達到了高潮。國會大廈忽然失火，衝鋒隊、黑衫隊，以及其他附屬組織奉命出動。一夜之間，4000多人被捕入獄，其中就有德國共產黨的中央委員。負責這些行動的就是新就任德國內政部長的戈林，目的是為下一次選舉做準備，以確保挫敗新政府最有力的對手——德國共產黨。手段高超、熱情奮發的戈培爾則受命負責組織選舉。但在德國，仍有許多勢力不願接受或仍然反對希特勒。

▲ 燃燒中的德國國會大樓。

選舉的最終結果是：共產黨獲得81席，許多人在彷徨痛苦之中投了他們的票；社會黨得118席；中央黨得73席；在巴本和胡根堡領導下已與希特勒結盟的人民黨獲得52席；納粹黨獲得1730萬票、288席。

選舉使希特勒和他的盟友人民黨獲得了國會的操縱權。就這樣，希特勒用盡了種種陰謀詭計才從德國選民

那裏得到了這一多數選票。而按照文明國家的慣例，民主議會中佔有眾多席位的少數派仍會在國家政治生活中產生巨大的影響。但在新的納粹德國，少數派馬上就要領教到，他們根本沒有什麼權利可言。

3月21日，腓特烈大帝墓陵附近的波茨坦，希特勒在駐軍教堂裏召開了第三帝國的第一屆國會。陸軍代表、衝鋒隊和黨衛隊的高級軍官一一就座於教堂中殿。陸軍代表象徵著德國武力的延續，而衝鋒隊和黨衛隊軍官則是德國復興的新人。

3月24日，國會以441票對94票壓倒了一切反對派，以四年為期把全部緊急措施權力授予希特勒總理。議決案宣布時，希特勒朝著社會黨的席次喊道：「我再也用不著你們了。」

這次選舉的氣氛異常熱烈，歡欣鼓舞的民族社會主義黨在柏林的大街上拉開隊伍舉行火炬遊行。經過自己的領袖面前時，他們紛紛行異教徒式的敬禮。

經歷了漫長的鬥爭後，這次選舉終於成功了。對於外國人，尤其是那些從未品嘗過戰敗痛苦滋味的人們來說，這是很難理解的。希特勒終於來到了，但他並不是一個人來的。日耳曼這個歐洲人數最多、最容易被操控、殘酷和不幸的民族，它所有的一切隱蔽而狂暴的憤怒，將由希特勒從戰敗的深淵中重新喚醒。希特勒召喚出了一個能夠吞噬萬物的摩洛神像[1]，而他成了這個神的祭師和化身。

至於仇恨與暴政的機構是在何種難以置信的殘暴和卑劣手段下完成，以及這些機構是如何一步步趨於完善，就不在我所要敘述的範圍之內了。在這裏，我有必要告訴讀者的只是一個可怕事實：在這個依然懵懵懂懂的世界，希特勒已經掌握了德國，而德國正在武裝起來。

與此同時，英國的麥克唐納—鮑德溫政府迫於財政危機的壓力，決定對原本已經夠少的軍備施以更大的削減和限制。對歐洲出現的不祥預兆，他們始終置若罔聞。麥克唐納和他的保守黨及自由黨的同僚熱中於對勝利者的裁

---

1. 基督教文獻中的一個古神，常將兒童作為祭品獻祭。

軍，使之縮減到與《凡爾賽和約》強加於戰敗國身上的裁軍一致。他們不但在國際聯盟，還透過一切途徑提出各種建議。雖然法國政府一直處於毫無意義的更迭中，但法國始終堅持維持陸軍的實力，並將其作為法國及其所有同盟國生活的中心和支柱。而這一態度，卻在英國及美國受到了各種抨擊。報紙和公眾的輿論完全不顧事實，而且這股逆流還十分強大。

1932年5月，在下院各黨對裁軍大加讚賞時……我第一次正式提出戰爭臨近的警告：

如果讓德國的軍事力量接近法國，我將深以為憾。有人認為這種接近不無道理，甚至認為這是對德國的公平待遇，他們都低估了歐洲局勢的嚴重性。我要勸告那些希望看到德、法軍備相近的人：「難道你們想打仗嗎？」就我個人來說，我衷心希望我這一輩子或者我的後代，一輩子也不會看到德、法軍備相近的情況。我這樣說，一點也不代表我不尊重或不敬佩德國人民的偉大品質，但我可以肯定，這種「德國應取得與法國相等的軍事地位」的議論，一旦見諸事實，就一定會把我們推進無法想像的災難中去。

英國政府的愚蠢和法國政府的軟弱確實少見，但也的確反映出兩國議會在這一時期的態度。美國也逃脫不了歷史的詰難：他們只顧自己國內的事務，埋頭處理自由社會種種利益、活動和事變，對歐洲所發生的重大變化只是漠然置之，以為無關緊要。許多精明強幹的美國官員對此有不同的見解，但對那種缺乏遠見、漠視歐洲事態的外交政策卻沒有產生任何顯著的影響。

如果美國動用了自己的影響，就能促使英、法兩國的政客們行動起來。國際聯盟雖不斷遭受挫折，但仍不失為一個公認的國際機構，我們本可以用國際法的制裁來應對希特勒的戰爭威脅。但即便置身這種緊張氣氛中，美國人也只是聳了聳肩。而幾年之後，他們為此付出的將是新大陸的大量鮮血和財富。

當歐洲的勝利者與戰敗者在戰爭實力對比上出現可怕轉變之時，遠東地區非侵略和愛好和平的國家之間，也變得不再協調起來，成了惡化的歐洲事態的摹本。而這一切，都是由於從前的協約國和未來的同盟國領袖們在思想上和行動上的麻木所造成的。

　　1929—1931年的經濟風暴，對日本造成的影響不亞於世界其他地區。自1914年以來，日本人口由5000萬增加到7000萬，冶金工廠由50家增加到148家。然而，生活費用不斷上漲。稻米的生產停滯不前，從國外進口的糧食又很昂貴。日本迫切需要更多的原料和更大的國外市場。

　　在嚴重的經濟蕭條期間，英國和其他40個國家都漸漸意識到不得不採取限制政策或關稅政策，以抵制不同於英、美標準勞動條件生產出來的日本貨物。中國一向是日本棉織品和其他工業製品的主要輸出市場，也幾乎是日本取得煤和鐵的唯一來源。因此，重新確保對中國的控制就成為日本政策的重中之重。

　　1931年9月，日本藉口一次地方性騷亂，出兵佔領了瀋陽和南滿鐵路沿線地區。1932年1月，日本要求中國解散一切反日團體。被中國政府拒絕後，日本於1月28日在上海公共租界以北登陸。中國進行了英勇的抵抗，雖然缺乏飛機、反坦克炮和其他現代化武器，仍然堅持抵抗達一個月以上。在遭到重大損失之後，中國軍隊不得不在2月底撤出吳淞口炮臺，退至離海岸約12英里的新陣地。

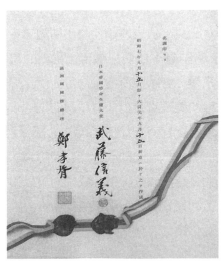

▲　1932年9月15日，日本關東軍司令官武藤信義和偽滿洲國「總理」鄭孝胥簽訂的《日滿議定書》。

　　1932年年初，日本成立了滿洲傀儡國。一年後，日本又兼併了中國的熱河省，日本軍隊還深入到中國其他不設防的區域，並直達長城。這些侵略行動和日本在遠東勢力的增長及其海軍所取得的新地位是一致的。日本的對華暴行，從第一槍開始就引起了美國最強烈的反對。但美國奉行的孤立政策採取了一種騎牆的態度。如果美國是國際聯盟的成員國，那它就一定會領導國際聯盟對日本採取集體行動，而美國自己也會在集體行動中成為國際聯盟的主要委託國。

英國不願單獨同美國採取共同行動，也不希望在國際聯盟憲章規定的義務之外捲入反日漩渦。英日同盟的終止，削弱了英國在遠東的地位及其長久以來建立的權益，使一些英國人士感到不滿。當時的英

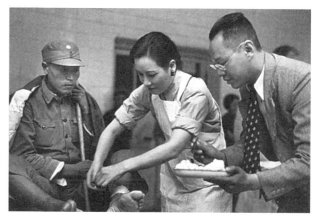

▲ 1932年，宋美齡慰問淞滬會戰的士兵。

國政府正為了嚴重的財政危機，和日漸緊迫的歐洲局勢而大傷腦筋，既然不指望獲得美國在歐洲方面相應的支持，沒有在遠東問題上站到美國一邊，也就無可厚非了。

作為國際聯盟的會員國，雖然中國沒有付清應繳納的款項，但它向國際聯盟發出的呼籲，完全是正義的。1931年9月30日，國際聯盟要求日軍撤出滿洲。12月，國際聯盟委任李頓勳爵為主席，帶領一個調查團赴當地調查。

李頓勳爵出身名門，曾任孟加拉省長和印度代理總督，在東方有過多年的經驗。這個調查團一致通過了一份極有價值的調查報告，是研究中日衝突的基礎。這份報告詳細敘述了滿洲事件的全部背景，得出了一個清楚的結論：滿洲國是日本參謀部人為製造的產物，這個傀儡國家的成立並非基於人民的願望。

在報告中，李頓勳爵及其同僚不僅分析了形勢，還提出了解決爭端的具體建議。這些建議包括：宣布滿洲自治，但它仍是中國的一部分，受國際聯盟的保護；中、日兩國訂立一個全面的條約，規定兩國在滿洲的權益。國際聯盟沒有採納這一建議，但這無損於李頓調查報告的價值。時任美國國務卿的史汀生就這一報告寫道：「它是迄今為止報告所涉及問題的極為公正的權威。」

1933年2月，國際聯盟宣布不承認滿洲國。國際聯盟沒有對日本進行制

裁，也沒有採取任何其他行動，而日本則於1933年3月27日退出國際聯盟。在上次大戰中，德國和日本處在對立面，而現在則彼此情投意合了。正當世界局勢急需國際聯盟的力量時，國際聯盟在道義上的權威卻缺乏任何實質上的支持。

在這個性命攸關的時期，由保守黨執政的英國政府，以及政府內外的工黨或自由黨人的行為，都應該受到歷史的譴責。他們聽慣了悅耳的陳詞濫調，而不願正視不愉快的事實；一味嘩眾取寵獲得選票，而不顧國家的根本利益；天真而簡單地看待和平，可悲地認為單憑真誠就能為和平奠定基礎；反應遲鈍，對歐洲的情況毫無所知，一提到歐洲問題就感到厭煩；工黨為強烈的和平主義所支配，自由黨熱中的又是些不切實際的想法；昔日的偉人領袖勞合-喬治未能繼續為他的事業奮鬥；政府的全部提案都以壓倒性的票數獲得兩院的支持。所有的一切，勾勒出一幅昏聵愚昧、萎靡不振的景象……其中並不帶有惡意或陰謀，但對世界局勢有了推波助瀾的作用。

第4章
英、法的底牌已被摸清了

對於希特勒來說，幾年來的地下活動、隱秘或掩蔽的準備都成為了過去。他終於感到自己擁有了足夠的力量，可以公開提出挑戰。

1935年3月9日，德國空軍宣布正式成立。3月16日，德國陸軍宣布將以國民徵兵制為基礎，不久後又公布了各項相關法令。其實，德國早就開始行動了。法國政府對此有詳細的情報，並在德國行動的幾個小時前，提前宣布把兵役延長為兩年。對於國際聯盟所依據的《凡爾賽和約》來說，德國的舉動是一種公開、正式的冒犯。

在此之前，德國或是不動聲色，或是巧立名目，並沒有公開破壞和約。而各戰勝國為和平主義的假像所迷惑，埋首於自己國內的各種問題，常常互相推卸責任，從沒有正式宣布德國破壞或違背了和約。然而，問題發生了，來得是那麼的直接而粗暴。

同樣是3月16日這一天，埃塞俄比亞政府向國際聯盟提出呼籲，抗議義大利的恐嚇。3月24日，西蒙爵士與掌璽大臣[1]艾登在這種情況下應邀訪問柏林。對此，法國政府認為有失妥當。法國所面臨的問題，已不是麥克唐納一年以前竭力迫使他們要實行的裁軍，而是要把義務兵役由一年延長為兩年。按當時普遍流行的看法來說，這實在是一件費力的工作。不但共產黨不贊同，社會黨也投票反對。當萊昂·布魯姆[2]先生說「法國工人將奮起抵抗希特

---

1. 原為國王任命，負責替國王保管玉璽的官員。沒有實際功能，一般由內閣中沒有具體部門職責的大臣兼任。

2. 法國著名政治家、文學和戲劇評論家。1936—1937年人民陣線聯合政府首腦，法國第一位猶太人總理。

勒的侵略」的時候，多列士[1]在親蘇黨羽的歡呼中回答：「我們決不容許工人階級被拖進所謂保衛民主反對法西斯主義的戰爭之中。」

美國對歐洲的一切事務都不願過問，而且決定再不為歐洲而自找麻煩。雖然法國、英國以及義大利意見不一，但都認為應對希特勒斷然違背和約的舉措加以譴責。於是，在國際聯盟的主持下，一戰主要協約國在斯特雷薩召開了一次會議，對這些問題提出討論。

當時一致認為，犧牲了好幾百萬人才得以訂立的莊嚴條約決不允許被公開破壞。但英國一開始就明確表示，即使和約被破壞也不考慮制裁的可能性，結果導致會議只流於空談。會議最終通過了一項決議：由單方——即一個方面——破壞和約，是不能容許的，並將請國際聯盟行政院公布已暴露出來的情況……

4月15日─4月17日，國際聯盟行政院審查了德國實行普遍徵兵制這一有違《凡爾賽和約》的行為。出席行政院會議的國家包括：英國、法國、蘇聯、義大利、澳大利亞、阿根廷共和國、智利、捷克斯洛伐克、丹麥、墨西哥、波蘭、葡萄牙、西班牙和土耳其。所有國家都贊成不得以「單方」行動破壞和約，並將這一問題提交國際聯盟大會討論。

與此同時，出於對波羅的海地區海軍均勢的擔憂，斯堪的納維亞半島的瑞典、挪威、丹麥三個國家也一致表示支持。19個國家提出了正式抗議，卻沒有一個國家做好不惜在最後關頭動用武力的準備——這些反對只能是空口白話！

一旦希特勒控制的德國重整了軍備，協約國和其他相關國家又不做積極干涉，第二次世界大戰就勢必發生。隨著日期不斷的拖延，我們避免艱苦的戰爭在第一階段制止希特勒，以及經過艱難考驗在第二階段取得勝利的希望，都將變得越來越渺茫。

---

1. 法國和共產國際著名活動家，德軍佔領法國期間領導了共產黨組織的法國人民抵抗運動和1944年的民族解放起義。

1935年夏天，德國破壞《凡爾賽和約》恢復徵兵。英國不但對此表示默許，還根據另一個協定，准許德國重建海軍。如果德國願意的話，它還可以比照英國的規模來建造潛水艇。此時的德國已秘密地建立了空軍，早在1935年春天就已公開宣布其空中實力與英國相當。

德國一直都在秘密製造軍械，此時已是第二個年頭了。英國乃至歐洲，以及當時還覺得離得很遠的美國，即將面對的是這樣一個可怕的對手——擁有歐洲最有效率7000萬人的民族。這個民族不但有嚴密的組織能力，還具備強大的戰鬥力和戰鬥意志，而它正盼望著重新恢復往日的榮耀。在它身後，一個軍事、社會和政黨性的殘暴政權正用力驅趕著它，一刻不得停頓。

終於，希特勒可以隨意出擊了。對於他的一系列舉動，歐洲兩個自由的民主國家沒有進行有效抵抗。而美國除了富有遠見的羅斯福總統以外，也沒有多少人關注。在1935年，原本還有希望獲得的和平，幾乎完全看不到勝利的曙光了。

墨索里尼在埃塞俄比亞取得了勝利，他公然開始與國際聯盟作對，尤其是和英國對抗，結果獲得了成功。痛恨並疏遠英國的墨索里尼與希特勒聯起手來，「柏林—羅馬」軸心正式形成。事實上，防止戰爭或用類似戰爭的試探來延緩戰爭，現在已經沒有多少成功的希望了。對英、法兩國來說，除了等待戰爭的到來，就只能儘量做好準備了。

我們也許還有時間來建立一種「集體安全」，而這種集體安全其實是基於各國以武力來貫徹國際聯盟決議的決心。就實力而言，民主國家及其附屬國要比獨裁國家強得多，但與12個月前相比，民主

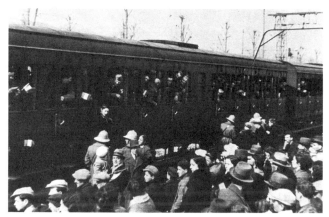

▲ 1936年，受徵召前往埃塞俄比亞作戰的義大利士兵。

國家的地位被削弱了一半以上。善良的動機若是被惰性和怯懦所束縛,無論如何也敵不過武裝起來的邪惡,對和平的真誠渴望也不能成為讓千百萬平民捲入全面戰爭的理由。大會中發出善意而軟弱的呼喊,不久之後就沉寂了下來,大會的投票作廢了,大難一天天逼近。

萊茵蘭「非軍事地帶」是依據《凡爾賽和約》第四十二條、第四十三條和第四十四條成立的。條文規定德國不得在萊茵河西岸或50英里內的東岸設防,也不得在這一地區內有任何軍事力量,不得在任何時間進行軍事演習,或保持供軍事動員之用的任何設備。

在這些條文之上的,則是雙方從前自由談判時簽訂的《洛迦諾公約》。在《洛迦諾公約》中,締約國個別或集體地保證德比和德法邊界的永久性。公約第二條規定,德國、法國和比利時保證不越過這一邊界進行侵犯或攻擊。如果《凡爾賽和約》第四十二條或第四十三條被侵犯,則這種破壞條約的行為就構成了「無故的侵略行為」,被侵犯的締約國可因他國在非軍事地帶內集結軍隊而要求立即採取行動。這種破壞行為應立即向國際聯盟提出,而國際聯盟在確定破壞行為屬實後,會建議締約國對受到侵略的國家提供軍事援助。

1936年3月7日中午,希特勒在提出「二十五年公約」後兩小時,宣布準備重新佔領萊茵蘭。就在拋出這一言論的同時,德國軍隊已越過邊界,進入該區所有的重要城鎮。德軍到處受到歡迎,而德軍將領們卻仍擔心協約國會有所行動。

為了迷惑英、美輿論,希特勒公開宣布這次佔領只是象徵性的。同時,德國大使向倫敦的艾登先生遞交了一份建議書,內容與紐賴特當天上午在柏林交給《洛迦諾公約》各締約國大使的建議書相同。這份建議書令大西洋兩岸所有願意上當的人大為放心⋯⋯。

成功重佔萊茵蘭之後,希特勒向他的德國將軍們證明,一切擔憂都是杞人憂天,他的「直覺」是如何高出於普通軍人的判斷。將領們對他低頭了。作為德國人,他們當然更希望看到自己的國家能夠迅速地在歐洲贏得地位,也願意看到自己從前的敵人被分裂和馴服。這一幕大大增加了希特勒在德國

最高權力階層中的聲望和權威，也刺激了希特勒做出更大的嘗試。然而，希特勒這樣告訴全世界：「德國的領土野心已完全滿足了。」

英、美兩國一開始沒有意識到德國在萊茵蘭設防的嚴重後果。4月6日，我在對外交政策投票時，再一次提到這個問題：

希特勒已經撕毀各種條約，並在萊茵蘭駐了兵。現在他在那邊有軍隊，而且準備永久駐紮下去。所有跡象表明，在德國國內及鄰近國家，納粹政權獲得了新的威望。但是，事實還遠不止於此，德國正在或者即將在萊茵蘭地區設防。設防當然需要若干時日。首先，我們聽說德國最早修築的不過是普通的野戰工事。但我們知道，德國可以逐步加強這些野戰工事，使之更加完備，直至成為像興登堡防線那樣由許多鋼筋水泥堡壘和地下室組成的完美防線。知道這種情況的人就會明白，野戰工事和永久性防禦工事相比，只在程度上稍有差別。從挖開第一塊草皮起，簡陋的野戰工事可以一直幹下去，直到極其完備的防線最後被築成。

我完全相信，德國與法國接壤的全部邊境工事，都將會在極短的時間裏築成堅固的防線。經過三個月、四個月或六個月，一定會有一道極其堅固的防線出現在我們面前。這在外交和戰略上會產生哪些後果呢……一旦法國邊境出現這樣一條堡壘防線，德國就可以在這一戰線上節省兵力，它的主力可以突破比利時和荷蘭……現在我們來看看東線，萊茵蘭設防的後果，在東線可能來得更為直接。對於我們來說，這不是一個直接的危險，而是一個迫在眉睫的重大危機。當這些防禦工事完成時，整個中歐的形勢也會跟著發生變動。波羅的海各國、波蘭、捷克斯洛伐克，還必須加上南斯拉夫、羅馬尼亞、奧地利和其他一些國家，在這個巨大的軍事建築工程完工之時，必將受到決定性的影響。

我的這篇警告，很快一點點地得到證實。

在佔領萊茵蘭和建立對法防禦工事後，德國接下來顯然要吞併奧地利了……（1938年3月13日）在大批德軍和奧地利納粹黨人佔領維也納後，希特勒宣布解散奧地利共和國，其領土全部併入德國。

這時，里賓特洛夫先生正準備離開倫敦，回國就任外交部長。張伯倫先

生特別在唐寧街十號設午宴歡送，我和妻子應邀出席作陪。席上共有約16個人，我的妻子坐在桌子的一端，在卡多根爵士的旁邊。

吃到一半的時候，外交部的一個信差交給卡多根一封信，他打開信全神貫注地看。接著，他站了起來，繞著桌子走到首相的座位邊，把信交給了首相。雖然卡多根沒有表現出任何異樣，但我注意到首相有點心神不定。不一會兒，卡多根收回了信並重新入座。後來，我聽說信的內容是說希特勒已向奧地利進軍，德國的機械化部隊正迅速地向維也納推進。

宴會仍順利進行，沒有半點停頓。但不久張伯倫夫人從她的丈夫那裏得到了若干暗示，站起來說：「讓我們大家到客廳裏喝點咖啡吧！」我們陸續走進客廳，在我或者其他一些人看來，張伯倫夫婦顯然希望這個宴會趕快結束。大家都帶著一種莫名的不安情緒，只等著和貴賓說再見。

里賓特洛夫夫婦似乎完全沒有察覺到這種氣氛。相反，他們拉著主人喋喋不休地談了約半小時之久。有一陣子，我同里賓特洛夫夫人談起來，我以一種臨別贈言的口氣說：「我希望英、德兩國能夠保持友好。」她莊重地回答說：「請當心，不要損害兩國之間的友好關係。」顯然，他們完全知道發生了什麼事，就是要拖住首相，使他無法接聽電話或辦理其他公事，並認為這是一個好策略。最後張伯倫先生對大使說：「對不起，我得去處理急事。」說完，他立即離開了房間。里賓特洛夫夫婦還是不肯走，因此我們大部分人都托詞回家。我想他們終於也走了。這是里賓特洛夫被絞死前，我與他最後一次的見面。

在奧地利發生的暴行，以及美麗的維也納連同它的聲譽、文化和對歐洲歷史的貢獻都被征服一事，使我受到很大的打擊。在發生這些事件的第二天，即3月14日，我在下院說：

3月12日事件的嚴重性，並非言過其實。歐洲現在遭遇的一個侵略計畫，是經過精心策劃，並在時間上作了巧妙安排而逐步展開的。不只是我們，對其他國家來說，都只剩下一個選擇：或者像奧地利那樣屈服，或者趁我們還來得及採取有力措施時，把危險消除！如果無法消除，就想辦法對付⋯⋯如果坐等事態的演變，那我們還要放棄多少可供保衛我們安全與和平

的資源呢？多少朋友將因此離開我們呢？我們還要眼巴巴地看著多少個可能的盟國被陸續推進那可怕的深淵呢？虛張聲勢的恐嚇還要得逞多少次，使恐嚇的背後不斷積聚力量，變為真正的實力呢？……比如兩年以後，那時的德國陸軍肯定將比法國強大得多，所有的小國將紛紛從日內瓦溜走，轉向日益壯大的納粹制度致敬，從而為自己爭取更好的待遇。那時，我們又將會變成什麼樣子呢？

我又說：

維也納是從前的奧匈帝國也是西南歐各國的交通中心。多瑙河的一大段現在已落入德國的掌握。

納粹德國控制了維也納後，將在公路、航運、鐵路各方面對整個西南歐進行軍事和經濟上的控制。這會對歐洲的結構產生什麼影響呢，對於所謂的「國際均勢」以及所謂的「小協約國」又會有什麼影響呢？我必須說明一下，把小協約國的三個國家分別來看，不過是三個二等的國家，但它們極有力量，聯合起來就成了一個大強國。無論過去還是現在，這三個國家都以最密切的軍事協定聯合在一起，成為一個大國的軍事力量。羅馬尼亞有汽油，南斯拉夫有礦藏和原料，都有龐大的軍隊。兩國的軍火主要由捷克斯洛伐克供應。捷克斯洛伐克這個名稱，在英國人的耳裏聽來似乎有些怪異。它雖然只是一個小小的民主國家，它的陸軍雖然只比我們大兩、三倍，它的軍火供應雖然只有比義大利大三倍，但它仍不失為一個生氣勃勃的國家。這個民族有自己的權利，有根據條約規定的權利；他們有一條要塞防線；而且他們表現出了強烈的生存意志，以及追求自由的生活意志。

此時此刻，無論軍事還是經濟方面，捷克斯洛伐克都處在孤立之中。根據和約，漢堡雖然是它對外貿易的通道，但隨時可能被封鎖。從它開往南歐以及經南歐到西南歐的鐵路與水路隨時可能被切斷。它可能會被迫繳納毀滅性的過境稅，一種完全可以制其對外貿易於死命的稅收……除非在勢必舉行的談判中達成對捷克斯洛伐克交通安全的保證協議，否則它同外界的交通馬上會被切斷，或者馬上就要被切斷。

從南斯拉夫運來的原料以及它與那裏的市場聯繫也許會立即被切斷。上

週五晚上的暴行，結果也許會使這個小國的經濟生活因此而「窒息」。在所謂的小協約國中心，已經打進一個楔子了。這幾個小國，在歐洲有過不受侵擾的生活的權利，正如我們中的任何人都有在自己家鄉土地上不受侵擾地生活的權利一樣。

與此同時，蘇聯人也發出了警報。3月18日，蘇聯建議舉行會議以討論時局，希望討論德國如果對和平產生重大威脅時，國際聯盟內部應採取什麼方法來履行《法蘇協定》，哪怕只是商量一個綱要也好。在倫敦和巴黎，這個建議都受到了冷遇。法國政府由於其他事情而被弄得心煩意亂：國內的飛機工廠發生嚴重的罷工，弗朗哥的軍隊正在深入到共產黨統治的西班牙地區。張伯倫表示懷疑，他的態度消沉，不但不同意我關於時局危險的判斷，也不贊成我對這些危險提出的應對策略。我一直主張，只有成立法、英、蘇的三國聯盟，才有希望制止納粹的進攻。

法伊林先生告訴我們，張伯倫首相曾在3月20日寫信給他的姐姐，信中流露了他當時的心情：

溫斯頓所說的「大聯盟」，其實我早就已經考慮過了……我同哈利法克斯談過，並把這個想法提交三軍參謀長和外交部專家研究過。這是一個極有吸引力的設想，在你開始考慮它是否切實可行之前，你會覺得這一設想幾乎有百分之百的理由。但一到具體考慮時，它的吸引力就消失了。只要看看地圖就知道，德國如要征服捷克斯洛伐克，無論法國或我們都毫無辦法。因此我放棄了向捷克斯洛伐克保證的念頭。另外，由於法國對捷克斯洛伐克有條約義務，我們對法國也不能給予任何保證。

無論如何，這總算是一個決定，雖然它是根據錯誤的推理得來的。現代大國或聯盟之間的戰爭，保衛某個區域並不僅僅只靠同一地區的努力。這涉及整個戰線的力量對比。在戰爭沒有開始和戰爭還可避免的時候，這種情況尤為明顯。「三軍參謀長和外交部專家」當然無需思索就可以報告首相，英國的海軍和法國的陸軍不可能部署在波希米亞山頭陣地，那等於置身捷克斯洛伐克國和希特勒的軍隊之間。沒錯，你一打開地圖就知道，但如果德國瞭解到越過波希米亞邊境就會引起全歐洲的大戰，即使是那時，也還有機會阻

止或延緩希特勒進行下一次的進攻。結果不到一年，捷克斯洛伐克的戰略價值便丟光了，希特勒的權力和威望差不多又增加了一倍。

1938年3月24日，張伯倫首相在下院提出他對蘇聯動議的看法：

英王陛下政府認為蘇聯政府建議採取的那種行動，其間接的但勢必導致的後果，將加強成立排他性國家集團的趨勢，就英王陛下政府看來，這種集團的成立，對歐洲和平的前途必然是有害的。

不過，張伯倫首相無法逃避即將面對的殘酷事實：當時存在著「國際信任的重大障礙」，英國政府遲早要對英國在歐洲的義務作出明確的解釋。我們在中歐將承擔何種義務，「一旦戰爭爆發，參戰的國家不會只限於那些承擔法律義務的國家。戰爭將打到哪裡為止，哪些國家會被捲入，這些都無法預測」。

此外，我們還必須看到，雖然「排他性國家集團」仍存在弊端，但不這樣做的話，就只有讓侵略者各個擊破，而且這種想法迴避了國際關係中所有的是非問題。事實上，我們還有國際聯盟及其憲章呢！

因此，張伯倫首相的路線明確規定了「向柏林和布拉格施加外交壓力，對義大利採取綏靖態度，對法國的義務作嚴格限制的解釋。為了執行前兩點，必須對最後一點作慎重而精確的解釋」……。

希特勒決心把所有日耳曼人結合為一個大德、義志帝國並繼續向東擴張。

在他看來，英、法兩國的領

▲　1938年《時代週刊》將希特勒評為年度封面人物，他也是唯一一位未在封面上出現面孔的年度人物。

導人由於對和平抱有幻想，以及沒有做好軍事準備等原因，都不願意打仗。希特勒對捷克斯洛伐克採用了一貫的伎倆。蘇台德的日耳曼人的確有不滿情緒，這一點被他利用並加以擴大。

1938年2月20日，希特勒在德國國會發表演說，第一次公開攻擊捷克斯洛伐克。他說「有1000萬以上的日耳曼人生活在與我們邊境相鄰的兩個國家裏」，德國有責任去保護這些日耳曼同胞，應該為他們爭取「一般的，包括人身、政治和思想的自由」。

由於西方民主國家接受了德國對奧地利的征服，這就促使希特勒加緊推動對捷克斯洛伐克的計畫。

第5章
慕尼克悲劇：被出賣的不只是捷克

時間是1938年9月13日—9月14日深夜，達拉第與張伯倫取得了聯繫。法國政府認為，假如英、法兩國領導人一起去見希特勒，也許會有轉機。但張伯倫主意已定，他主動給希特勒發了一封電報，想去訪問他。當天下午，他接到希特勒的回電，受邀前往貝希特斯加登。於是，他在9月15日早晨乘飛機到達慕尼克機場。

無論從哪個方面來看，這一舉動都有失妥當。無論是希特勒在9月12日發表的挑釁性演說，還是其隨後鼓動蘇台德的亨萊因黨徒叛變，都沒能得到當地民眾的支持。亨萊因已經逃到德國去了，蘇台德的日耳曼黨失去了領袖，顯然已無法採取直接的行動。捷克斯洛伐克政府在其提出的「第四次計畫」中，正式向蘇台德的日耳曼黨領袖提出地方自治的行政計畫，內容不但超出了1938年4月亨萊因在卡爾斯巴德提出的要求，也完全符合張伯倫在3月24日演說時提出的意見，以及西蒙爵士8月27日演說中發表的聲明。

消息傳到了捷克斯洛伐克首都，捷克斯洛伐克領導人簡直無法相信。在他們第一次控制住蘇台德區形勢的時候，英國首相竟然親自到訪德國會見希特勒，這必然會削弱捷克與德國打交道時的底氣。張伯倫此行使蘇台德的日耳曼黨有機會提出更多要求，他們依照柏林的訓令，公開要求蘇台德歸入德國。

張伯倫首相在9月16日下午到達慕尼克機場，隨後乘火車前往貝希特斯加登。與此同時，德國所有的電臺都在轉播亨萊因要求蘇台德歸併到德國的聲明。這是張伯倫下飛機後聽到的頭條新聞。顯然，這是有預謀的，目的是為了讓首相在見到希特勒之前就知道這件事。對於歸併的問題，無論德國政府或亨萊因本人都沒有提出過，而且就在幾天之前，英國外交部已經宣布這

一要求不是英國政府所能接受的。

張伯倫和希特勒會談的現存紀錄,已由法伊林公布了。我們可以從中瞭解張伯倫當時的感受:

我想,儘管我從他的臉上看出這是個殘酷無情的人,但我覺得,這還是個作了保證之後可以信賴的人。

事實上,早在幾個月以前,希特勒就已準備入侵捷克斯洛伐克,所等待的只是最後的信號而已。張伯倫首相在週六,即9月17日返回倫敦,立即召集內閣會議。那時朗西曼勳爵已經回來,他的報告當然也引起了大家的注意。這些日子以來,勳爵的健康狀況一直很不好,執行這項使命又使他的精神極度緊張,身體也更加消瘦。他建議採取「一項直截了當的行動政策」,即「把以日耳曼人佔多數的地區移交給德國」。

首相和朗西曼勳爵堅信,只有把蘇台德區割讓給德國才能勸阻希特勒不下令進犯捷克斯洛伐克。在和希特勒會談時,張伯倫強烈地感受到希特勒身上「充滿鬥志」。他的內閣則認為法國毫無鬥志,根本談不上抗拒希特勒向捷克斯洛伐克提出的要求。還有大臣甚至提出「民族自決權」「少數民族要求公正待遇」等論調,表現出一副「支持小人物反抗捷克暴徒」的態度。

是時候同法國政府採取一致後退的步驟了。9月18日,達拉第和博內到達倫敦。張伯倫已決定原則上接受希特勒在貝希特斯加登提出的要求。剩下的只是擬出建議,由英、法兩國駐布拉格代表向捷克斯洛伐克政府提出。法國內閣送來了一份比較周全的草案。他們不贊成公民投票,因為這樣一來,斯洛伐克和露西尼亞地區也可能會提出同樣的要求。他們贊成直截了當地把蘇台德割讓給德國。不過他們也建議,英國應該和法國、蘇聯(他們從來沒有與之磋商過)共同為捷克斯洛伐克這個支離破碎的新國界提供保證。

我們中的許多人,包括那些不在內閣圈子裏的,都認為博內完全就是個失敗主義者,他所有的花言巧語,其目的無非是一句話——「不惜任何代價來謀求和平」。他在戰後所寫的一本書中,竭力把責任都推到張伯倫和哈利法克斯身上。當時他心裏的想法,大家都很清楚。他願意付出任何代價,只要法國不用履行不久前還被重申的莊嚴而明確的義務,即為了保衛捷克斯洛

伐克而戰。這時，英、法兩國的內閣從表面看來，就像兩個熟透了的西瓜在一起被壓碎了。實際上，它們需要做的應該是刀劍出鞘。當然，在不與捷克斯洛伐克人商量這一點上，英、法兩國是完全一致的。捷克斯洛伐克人應該聽從保護人的決定，這些孩子般頭腦單純的人受到了不能再壞的待遇。

英、法兩國在向捷克斯洛伐克提出他們的決定或最後通牒時說：「英、法兩國政府都認識到，要求捷克斯洛伐克作出的犧牲是多麼的巨大。他們都覺得有責任坦率說明這些條件對國際安全是如何必要……首相最遲應在週三同希特勒先生再次舉行會談，如有可能還會提早，因此我們認為應請貴方儘早給予答覆。」於是，在9月19日下午，捷克斯洛伐克政府就接到了立即把捷克斯洛伐克境內日耳曼人佔半數以上的地區移交給德國的建議。

無論如何，英國沒有保護捷克斯洛伐克的義務，也沒有提出過非正式的保證。而法國的確為這樣的條約所約束：如果德國進攻捷克斯洛伐克，法國必須對德作戰。20多年來，捷克斯洛伐克始終是法國的忠實盟友，幾乎成了法國的附庸，在國際聯盟和其他場合都支持法國的政策和利益。如果世上還有所謂神聖莊嚴的義務，那麼現在的法、捷關係就是了。勃魯姆和達拉第的聲明猶在耳邊，法國政府竟自食其言，這可以看作大劫來臨的預兆。我始終認為貝奈斯的屈服是錯誤的，捷克斯洛伐克應該保衛自己的防線。

按照我當時的看法，一旦戰爭爆發，法國在全國人民熱情澎湃的情況下，一定會起來幫助的，而英國也會立即同法國採取一致行動。在這次危機高潮時（9月20日），我在巴黎待了兩天，拜訪法國政府中的朋友雷諾和曼德爾。這兩位部長都非常苦惱，甚至想退出達拉第內閣。我反對他們辭職，因為就算他們辭職，也無法改變事態的發展，反而會讓法國政府失去兩個能幹、果斷的人，從而變得更為虛弱。在這次痛苦的訪問之後，我就回到倫敦。

9月20日深夜至9月21日凌晨2時，英、法兩國駐布拉格公使拜訪了貝奈斯總統，告知已無法根據1925年的德捷條約進行仲裁，「在法國和英國無法承擔責任的狀況還沒有出現之前」，極力敦促他接受英、法兩國的建議。也許法國政府也對這一通知感到羞愧，所以只是由法國公使口頭提出。

9月21日，捷克斯洛伐克政府迫於壓力接受了英、法的建議。當時在布拉格有一位名叫富歇的法國將軍。他從1919年起就是法國駐捷克斯洛伐克軍事代表團成員，1926年升任團長。他馬上向法國政府申請離職，隨即加入了捷克斯洛伐克軍隊，還取得了捷克斯洛伐克國籍。法國曾提出以下辯解，如果捷克斯洛伐克拒絕屈服，並由此發生戰爭，法國當然應該履行其義務。然而，捷克斯洛伐克因為受到壓力而屈服，那就無損於法國的榮譽。對此，我們只能交給歷史來評判了。

同一天，即9月21日，我向倫敦新聞界發表了一篇關於此次危機的聲明：

捷克斯洛伐克在英、法兩國的壓力下被分割，這無疑是西方民主國家向納粹武力威脅的徹底投降。這種失敗不會給英國和法國帶來和平或安全。相反，這會讓兩國的處境更為危險。僅僅使捷克斯洛伐克中立，就能讓德國抽出25個師的兵力來威脅西線。此外，這將為勝利的納粹打通一條向黑海的道路。受到威脅的不只是捷克斯洛伐克，還有所有國家的自由和民主。以為把一個小國送入虎口就可以獲得安全，這絕對是個致命的謬見。德國的戰爭潛力會在短期內得到迅速增長，其速度將比英、法兩國完成必要的防禦措施快得多。

在9月21日的國際聯盟大會上，李維諾夫提出正式警告：

現在，捷克斯洛伐克的內政正受到鄰國的干涉，而且受到公開的咆哮式的攻擊恐嚇，說什麼要以武力相加。歐洲最古老、最文明、最勤勞的民族之一，歷經數個世紀的壓迫後才獲得獨立，今天或者明天，也許就要決定是否拿起武器為保衛獨立而進行戰鬥了……。

對於奧地利被吞併的這一重大事件，國際聯盟竟然毫不在乎地放過去了。蘇聯政府深知這對於歐洲尤其是捷克斯洛伐克命運的重要性，所以在德奧合併之後就立即向歐洲各大國提出正式建議，為應對這一事件可能發生的後果應立即進行集體磋商，以便採取集體性的預防措施。遺憾的是，蘇聯的建議並沒有得到應有的重視。如果實行這一建議，我們不至於受到現在全世界為捷克命運所感到的這種震驚……在我動身來日內瓦的前幾天，法國政府第一次詢問我們：一旦捷克斯洛伐克被攻擊，我們將採取什麼態度。我以政

府的名義提出以下毫不含糊的答覆：

我們準備根據條約履行義務，將同法國一起盡己所能地援助捷克斯洛伐克。我國國防部準備立即參加法國和捷克斯洛伐克國防部代表舉行的會議，商討採取適時的措施……。

兩天以前，捷克斯洛伐克政府曾向我國政府提出以下正式詢問：如果法國恪守其條約義務，給予捷克斯洛伐克直接而有效的援助，蘇聯政府是否願意根據蘇捷條約給予捷克斯洛伐克同樣的援助呢？對於這個問題，我國政府給予肯定答覆。

奇怪的是，這樣一個不附帶條件的公開聲明，竟對張伯倫所進行的談判和法國處理此次危機的舉動沒有絲毫影響。我聽說從地理上，蘇軍不可能把部隊開到捷克斯洛伐克去，即使發生戰爭，蘇聯的援助也只限於小規模的空軍支持。而且，這需要征得羅馬尼亞同意，還要取得匈牙利同意，才能讓蘇軍通過它們的領土。麥斯基先生表示，至少對羅馬尼亞來說，如果在國際聯盟支持下的一個大同盟對它施加壓力和提出保證，很可能取得它的同意。從蘇聯經過喀爾巴阡山脈到捷克斯洛伐克有兩條鐵路：北面由切諾維茲經過布科維納，南面由德布勒森經過匈牙利。利用這兩條與布加勒斯特和布達佩斯有一定距離的鐵路，蘇聯就可以轉運30個師的兵力到捷克斯洛伐克去。這些可能性就是維護和平的力量，將使希特勒受到很大的阻礙，而且一旦發生戰爭，幾乎可以肯定會導致更大的後果。

有人竭力說蘇聯口是心非、毫無信義，因此蘇聯的建議沒有得到重視，蘇聯不但沒有被放在對付希特勒的天平上，還受到冷漠的（不必說是蔑視的）對待，這在史達林的心裏留下了一個陰影。事態的發展，就像蘇聯這個國家並不存在世界上一樣。因為這一點，我們後來付出了很大的代價。

捷克斯洛伐克政府屈從英、法的聯合建議被迫解散，另成立了一個由賽洛維將軍領導的無黨派政府。在第一次世界大戰時，賽洛維是駐西伯利亞的捷克斯洛伐克軍團司令。9月22日，貝奈斯總統對全國廣播，嚴肅地呼籲人民保持平靜。當貝奈斯準備廣播時，張伯倫已飛往德國，和希特勒舉行第二次會談。這次會談是在萊茵蘭的一個城市戈德斯貝格舉行的。英國首相帶著

已由捷克斯洛伐克政府接受的英、法建議的細節，作為同「元首」進行最後討論的根據。兩人在戈德斯貝格的旅館中會晤，這個旅館是四年前希特勒為了肅清羅姆而匆匆離開的那一家旅館。會談一開始，張伯倫就發現自己面對的是「一種完全意外的形勢」。他後來曾在下院描述當時的情況：

在貝希特斯加登時，我聽說如果接受民族自決原則，希特勒先生就會同我討論實施的方法和步驟。他後來告訴我，他根本沒有想到我竟然又來表明已接受這一原則。我不希望下院以為他有意欺騙我——我自己一點也不那麼想，但對我來說，我本以為當我回到戈德斯貝格時，只要安靜地同他討論我帶去的那些建議，事情就可以順利解決。令我大為震驚的是，會談一開始他就表明無法接受這些建議，而應以另一套我根本沒想到的建議替代。

我覺得需要一些時間來考慮我該怎麼辦，所以我就退場了。對於我能否完成我的使命，我心中充滿著不祥的預感。但在退場前我先得到希特勒先生的保證，即在談判沒有得到結果之前不調動軍隊。在我這方面，我則答應請求捷克斯洛伐克政府避免採取任何足以引起意外的舉動。

就這樣，討論停下來了，直到第二天才繼續進行。9月23日的一整個早上，張伯倫都在旅館的陽臺上踱步。他在早餐後給希特勒送了一封信，說他準備把德國的新建議轉交給捷克斯洛伐克政府，但提出其中有嚴重的困難。希特勒在當天下午的答覆中毫無讓步之意，張伯倫要求在當晚最後一次會議上提出附有地圖的備忘錄。這時捷克斯洛伐克已開始動員，英、法兩國政府正式通知自己駐布拉格的代表，說以前曾負責勸說捷克斯洛伐克不要動員，現在不能再負這個責任了。當天晚上10時30分，張伯倫再度與希特勒會晤，至於會談的情況，最好用他自己的話來說明：

在我與德國總理的最後一次會談中，他把備忘錄和地圖交給我。會談從當夜10時30分開始，直到次日清晨兩、三點鐘，在場的有德國外交部長，還有亨德森爵士和威爾遜爵士。

我第一次在備忘錄上發現有時間上的限期。因此，我說得很坦率。我極力強調，如果堅持這些條件就可能會產生危險，一旦發生戰爭，就會導致可怕的後果。

　　我說，這個文件的用語和所持的態度，與其說是備忘錄，倒不如說是最後通牒，這將使中立國的輿論大為震動。我嚴厲譴責德國總理對我爭取和平的努力毫無回應。

　　需要附帶說明的是，希特勒懇切地向我重申他在貝希特斯加登說過的話：這一次是他在歐洲最後一次的領土野心，他並不是要把非日耳曼種族也包括在德國之內。他還極其懇切地說，希望能與英國友好相處，如果蘇台德問題和平解決，他極願意重啟談判。當然他還說：「此外還有一個棘手的問題，即殖民地問題，但這個問題不會引起戰爭。」

　　9月24日下午，張伯倫返回倫敦。第二天，內閣召開了三次會議。這時在倫敦和巴黎都有日益強硬的輿論。結果決定拒絕在戈德斯貝格提出的條件，並把這個決定轉告德國政府。法國內閣同意這個決定，並立即實行部分動員，其效率出乎意料的高。9月25日晚上，法國總理和部長又來到倫敦，勉強接受了對捷克斯洛伐克人的義務。第二天下午，威爾遜爵士奉命攜首相親筆信去柏林見希特勒，那時正是在希特勒準備在體育館演說的前三個小時。威爾遜爵士得到的唯一答覆，就是希特勒表示不願意放棄戈德斯貝格最後通牒所定的期限，即週六（10月1日），除非他在週三（9月28日）下午2時以前接到捷克斯洛伐克表示同意的通知，否則他將在這一天向這個地區進軍。

　　那天晚上，希特勒在柏林發表演說。當他提到英國和法國時，用語溫和親切，但對貝奈斯和捷克斯洛伐克人，則進行了粗暴而無情的攻擊。他非常肯定地說，捷克斯洛伐克人必須在9月26日以前離開蘇台德區，還說在這個問題獲得解決之後，不管捷克斯洛伐克境內發生什麼事情，他都不再感興趣了，「這是我在歐洲的最後一次領土要求」。

　　局勢日益惡化，我與政府的接觸變得更為頻繁。9月10日，我到唐寧街官邸拜訪張伯倫首相，作了一次長談。9月26日我又去了，或者說首相邀請我去，或者很願意接見我。這是關鍵的一天，下午3時30分，他和哈利法克斯勳爵在內閣會議室裏接見我，我敦促他們執行我在8月30日致哈利法克斯勳爵信中所提出的政策，即由英國、法國和蘇聯發表一個共同聲明，表明一

致反對希特勒侵略的決心。我們詳細討論了一個公報，看來大家的意見完全一致了。哈利法克斯和我的意見相同，我當然就以為首相也完全同意了。當時有一個外交部級官員在場，就由他擬了稿。當我們分手時，我極為滿意，如釋重負。

當晚8時左右，外交部新聞司司長，即雷金納德・利珀爵士，向外交大臣提交一個公報，內容大要如下：

德國如果不顧英國首相的努力，仍對捷克斯洛伐克發動進攻，其直接結果必定是法國援助捷克斯洛伐克，而英國和蘇聯必將支持法國。

公報由哈利法克斯勳爵批准後立即發表了。

法國右派報紙對這個公報表示懷疑和蔑視。《晨報》說這是「巧妙的謊言」。博內先生則忙著表示他的行動是多麼進步。他對幾個議員說自己不能證實英國公報，好讓這些議員認為這並非他所希望的英國保證。當然，這種印象很容易就被傳達了。

那天晚上，我和庫珀先生在海軍部吃晚飯。庫珀先生告訴我，他正要求首相立即動員英國艦隊。這使我回想起25年前我自己的經驗，那時的情況與此十分相似。

衝突的時刻似乎已經到來，雙方的軍隊已列陣對峙。捷克斯洛伐克有150萬人在歐洲最堅強的防線後面武裝待命，由具有高度組織和效率的工業機械武裝起來。法國軍隊已部分動員，法國內閣雖然有點勉強，但仍準備履行對捷克斯洛伐克所承擔的義務。在9月27日午夜之前，英國海軍部向英國艦隊發出了電報，命令艦隊在次日動員。這個消息同時分發給英國各報紙（在下午11時38分）。9月28日上午11時20分，海軍部正式發出英國艦隊動員令。

……張伯倫自己準備向英國人民廣播了。他在9月27日晚上說：

現在為了一個遙遠國家中我們完全不瞭解的民族之間的爭吵，我們在這裏挖掘戰壕、試戴防毒面具，這是多麼可怕，多麼不合理，多麼不可思議……如果我認為還有所裨益的話，我將毫不猶疑地進行第三次德國訪問……

　　我這個人，打心底裏就是一個愛好和平的人。國與國之間的武力衝突，對我來說，好比一場噩夢。但是，如果我確信有一個國家決心要用武力恐怖來統治整個世界的話，那就非進行反抗不可。因為在這種統治下，信奉自由的人是無法活下去的。然而，戰爭總是一件可怕的事情，在我們投入戰鬥之前，我們必須明白，這是一個生死攸關的大問題。

　　張伯倫發表了這一篇和戰兩可、四平八穩的廣播演說之後，收到了希特勒對他的答覆。這也對威爾遜爵士轉交信件的回覆帶來了一線希望。希特勒主動提出德國願意參加對捷克斯洛伐克新國界的聯合保證，還表示願意對實行新的公民投票的方式提出進一步保證。這時，時間非常緊迫。戈德斯貝格的最後通牒，在第二天（即9月28日，週三）下午2時，就到最後的期限了。張伯倫寫了一封私信給希特勒：「拜讀來信，使我深信你可以不經戰爭就立即得到你所有的基本要求。我願立即親自來柏林，與你以及捷克斯洛伐克政府的代表討論移交事宜，如果你願意，法、義兩國的代表也可以參加。我深信我們能在一週之內達成協定。」

　　……9月28日下午3時，希特勒通知張伯倫和達拉第，建議在第二天加上墨索里尼一起到慕尼克舉行會議……就這樣，張伯倫第三次飛去德國。

　　關於這次值得紀念的會議，已有過許多記述，這裏只能強調幾個重要特點。會議並沒有邀請蘇聯參加，捷克斯洛伐克也沒有獲准出席。9月28日晚上，捷克斯洛伐克政府只是收到措辭直接的通知，說是第二天歐洲四強的代表就要舉行會議。「四巨頭」迅速達成協定。會談在中午開始，一直開到次日凌晨2時。備忘錄寫了

▲　1938年，四國簽署《慕尼克協定》。從左到右依次為：張伯倫、達拉第、希特勒、墨索里尼。

出來，在9月30日凌晨2時簽字。它基本接受了戈德斯貝格最後通牒。自10月1日起，蘇台德區分五批撤退，在10天內完成。最終邊界由一個國際委員會來決定。最後，這個文件交給奉命專程前來慕尼克聽候發落的捷克斯洛伐克代表。

當這四位政治家等待專家們草擬出最後文件的時候，張伯倫首相問希特勒是否願意與他進行一次私人談話。希特勒「欣然同意」。

9月30日早晨，兩位領導人在慕尼克希特勒的寓所中會晤，除了譯員之外，沒有別人參加。張伯倫提出了他事先預備好的一個聲明，其內容如下：

我們，德國元首兼總理和英國首相今天繼續會晤，雙方一致認為英、德關係問題是兩國和整個歐洲最重要的問題。

我們認為，昨夜簽訂的協定以及英德海軍協定是我們兩個國家希望彼此之間不再發生戰爭的一個象徵。

我們決心以協商的辦法處理兩國之間的一切其他問題，我們決定繼續努力，以消除可能引起分歧的根源，從而為確保歐洲和平作出貢獻。

希特勒讀完這個聲明，毫不猶豫地簽了字。

張伯倫回到英國，飛機在赫斯頓著陸，他下飛機時揮動著有希特勒簽字的聯合聲明，向前來歡迎的顯要人物宣讀。他的專車由機場開出，在經過歡呼的人群時，他對坐在身旁的哈利法克斯說：「三個月後，這一切將成為過去。」在唐寧街官邸的窗戶前，他又揮動那張紙說：「在英國歷史上這是第二次把光榮的和平從德國帶回唐寧街，我相信這是我們時代的和平。」

現在，我們能夠看到凱特爾元帥在紐倫堡受審時對捷克斯洛伐克代表提問的答覆：

艾格上校代表捷克斯洛伐克向凱特爾元帥問道：「1938年時，如果西方各國肯幫助布拉格，第三帝國會不會進攻捷克斯洛伐克呢？」凱特爾元帥回答：「肯定不會。那時我們的軍事力量還不夠強大。慕尼克的目的，就是把蘇聯趕出歐洲，爭取時間，完成德國的武裝。」

希特勒的判斷再一次得到了決定性的證明，德國參謀部不勝慚愧。元首又對了，他單憑自己的天才和直覺，準確地衡量了全部軍事、政治形勢。像

在萊茵蘭一樣，元首的領導才能再度戰勝了德國軍事將領們的阻撓。這些將領們日夜辛勤努力，用各種方法來加強德國的實力。當他們發現自己多麼跟不上形勢的發展時，內心感到十分痛苦。在許多時候，他們對元首的憎惡和不信任，都敵不過對他那高瞻遠矚的天才和神奇幸運的讚美。毫無疑問，他成了一顆他們應該跟隨並服從的明星。就這樣，希特勒終於成為不容置疑的德國主人。宏圖大業的畫軸已經打開了……。

　　這裏不妨提出一些道德和行為準則，也許對未來有些指導意義。要評判這類事情，決不能脫離當時的具體情況。也許人們當時並不瞭解某些情況，只能依靠猜測對事情作出估計，還可能受到情緒的影響。那些在氣質和性格上喜歡對含糊曖昧的困難問題尋求斬釘截鐵解決方案的人，那些一遇到外國挑釁就立即準備應戰的人，並非都是對的。另一方面，那些傾向於低頭忍受、耐心真誠地尋求和平妥協的人，也不一定是錯的。恰恰相反，在大多數場合下，後者可能是正確的。不論從道德還是實際效果上來看，都是如此。

忍耐和善意曾避免了多少次的戰爭！宗教和道德同樣都主張謙讓和卑遜。這不只限於人與人之間的關係，也包括國與國之間的關係。多少次戰爭由煽動者促成！多少次引發戰爭的誤會本來可以延緩決定而得以消除！也曾有過多少國家，彼此間進行過殘酷的戰爭，而在幾年和平之後，不僅成了朋友，還結成了同盟！

　　「登山寶訓」是基督教教義中的精義。我們每一個人都尊敬教友派[1]，然而，大臣們履行領導國家大事的責任，卻不能以這種教義為根據。無論出於民

▲　1938年10月，納粹德國正式吞併蘇台德地區，一名婦女含淚致納粹禮。

---

1. 教友派為基督教的一支，此派反對在任何情形下使用暴力或訴諸戰爭。

族主義抑或意識形態的目的，他們首先應當確保與其他國家交往過程中避免產生衝突和戰爭，以及各種形式的侵略行為。但是，為了國家的安全，為了本國同胞的生命和自由（大臣們的職位是他們給的），在不得不採取最後手段時，或者經過深思熟慮有了肯定而明確的判斷時，也不排除使用武力。

如有使用武力的充分理由，那就可以使用武力。在這時，就應該在最有利的情況下使用。如果把戰爭推遲一年，使自己在戰爭中處於更不利的境地，或將更難取得勝利，則推遲戰爭沒有什麼好處。這是有史以來，人類常常會遭受的痛苦的兩難情形。這類事情的最後評判，只能由歷史根據當時雙方所知並在其後獲得證明的事實來記載了。但這裏有一條準則，有助於我們更好地作出評判，即一個國家要遵守諾言和遵守盟國的條約義務。這個準則叫作「道義」。

人們所說的「道義」，往往並不與基督教的教義完全一致，想起來實在令人難以理解。道義常常受自尊心的影響，而自尊心對於道義的激發有著巨大的作用。當然，過於誇大道義規範會導致空虛迂腐而不合常理的行為，不論它看來有多麼美好，也不足為訓。而在這一次，正是道義的準則指出責任之所在的時候，當時如果能對事實作出正確判斷的話，就更能加強道義指令的力量了。

法國政府背棄自己忠實的盟國捷克斯洛伐克，這實在是一個令人傷心的錯誤，並產生了許多可怕的後果。除了明智而公正的政策，還有俠義、道義，以及對受威脅的小國的同情，這會形成一股不可抗拒的力量。英國如果有條約義務的約束，一定會起來戰鬥。無論如何，英國已深深地捲入其中，歷史只好這樣遺憾地記載：英國政府不僅默許，而且鼓勵法國政府走上了這一條致命的道路。

第6章
大戰爆發，德國入侵波蘭

由那些好心、能幹者的種種錯誤判斷演化而成的悲慘故事，已經快到高潮了。令我們都陷入困境的事實說明，無論那些負責人的動機如何偉大光榮，都應受到歷史的譴責。

讓我們回頭看看過去曾接連接受或是放棄的：根據莊嚴的條約解除了德國的武裝；德國破壞條約重整軍備；我們失去了空軍優勢，甚至連空中均勢也丟掉了；德國以武力進佔萊茵蘭，齊格菲防線已經築成或正在建築；柏林－羅馬軸心成立了；奧地利被德國吞併同化了；《慕尼克協定》背棄和毀滅了捷克斯洛伐克，任由德國佔領了其防禦工事，強大的斯科達兵工廠從此替德軍製造軍火；羅斯福總統想透過美國的干預來穩定或澄清歐洲局勢，被一手撇開了；蘇聯顯然願意聯合西方國家全力援救捷克斯洛伐克，也沒有人理睬；在英國只能提供兩個師來增強法國邊境防務的時候，三十五個本來可以對付尚不完備的德軍的捷克斯洛伐克師，也被扔掉不要了。一切都煙消雲散了。

到了現在，在我們把所有優勢和有利條件丟得一乾二淨之時，英國卻領著法國大步前進，要保證波蘭領土的完整。這個波蘭，在六個月之前，還像隻餓狼一樣參與掠奪和摧毀捷克斯洛伐克。

如果我們在1938年為捷克斯洛伐克而戰，那是明智的，因為德軍那時不一定能派出五、六個訓練有素的師到西線駐防。法國以其六、七十個師的兵力，盡可以風馳電掣地越過萊茵河，進入魯爾。但當時只要有人提起這種戰爭，就會被認為不講道理、輕率魯莽，不符合現代人的思想和道德水準。到了現在這步田地，兩個西方民主國家又宣布時刻準備為了波蘭的領土完整而犧牲自己的生命。據說，歷史中大部分都是人類罪惡、愚蠢和痛苦的紀錄。

像這樣一反五、六年來一直採取的綏靖政策，幾乎在一夜之間就轉變了立場、甘願接受迫在眉睫的戰爭，而戰爭條件遠比以前惡劣，其規模則大到極點，我們不妨好好地在歷史裏找一找，看看能否找出同樣的事例來。

此外，我們怎麼能夠保護波蘭，並履行我們的保證呢？

那只有對德國宣戰，向那道曾在1938年9月嚇退我們而現在更堅強的「西牆」，和更為強大的德國陸軍發動攻擊。這是走向災禍的一連串的紀念碑。這是向日益強大的德國威力不斷屈服的紀錄，只是在開始時我們還有力量輕易對付，越往後就越困難。

現在，英、法兩國終於不再屈服了，在最壞的時刻和最不利的條件下，終於作出了必然導致千百萬人遭受大屠殺的決定。先是把所有的資產和有利條件肆意揮霍殆盡，然後用顛倒過來的精心刻畫的詞句，宣布決意為了正義事業進行殊死戰鬥。如果你在可以不用流血便輕易獲勝的時刻放棄了為正義而戰，或是在穩操勝券且代價不大之時選擇了不戰，那就會導致在某一極不利的形勢下，比如只有一線生存希望的時候被迫進行戰鬥了，甚至還可能出現更糟糕的情況。也許在沒有任何取勝希望時還不得不奮起戰鬥，因為戰死沙場總好過活著成為奴隸。

英國政府需要馬上考慮的是，它給波蘭和羅馬尼亞的保證究竟涉及了哪些實際問題。除非這兩個保證被納入英國同他國達成的一個全面協議體制，否則沒有一個具有軍事上的價值。

正是為了這個目的，英國駐蘇聯大使和李維諾夫最終於4月15日在莫斯科舉行會談。由於蘇聯政府過去一直受到苛待，現在就不能對他們抱有太大期望了。然而，他們還是在4月16日提出了一個正式建議，主張英、法、蘇三國結成相互支援的聯合陣線。這個建議的全文沒有公開。

蘇聯的建議還主張這三個國家，如果可能的話還加上波蘭，要對中歐和東歐受德國侵略威脅的國家作出保證。成立這個協定的障礙，就是這些毗鄰蘇聯的國家擔心假如接受了蘇聯的援助，蘇軍就將以大軍入境的方式來保護它們，和抵抗德國的侵略……。

波蘭、羅馬尼亞、芬蘭和三個波羅的海的國家都不知道自己所害怕的究

竟是被德國侵略，還是接受蘇聯的援助。正是這種可怕的抉擇，使英、法兩國的政策陷入了癱瘓。

根據德國外交部國務秘書魏茨澤克的記載，差不多一年前呈遞國書的蘇聯大使，在4月17日那天曾對他做第一次的拜訪……他問這位國務秘書對蘇、德關係有什麼想法。魏茨澤克答：「在我看來，蘇聯報紙近來並不像美國報紙和若干英國報紙那樣唱著反德調子。」關於這一點，蘇聯大使說：既然意識形態上的分歧並不影響蘇聯和義大利的關係，這對德國來說也不一定是一種障礙。蘇聯從來沒有利用目前德國和西方民主國家之間的摩擦來反對德國，它也不想這麼做。在蘇聯，並不存在不能與德國在正常基礎上相處的理由，而越是正常相處就越是會改善彼此的關係。

我們認為這次談話是極為重要的，尤其是考慮到英國大使正在和李維諾夫在莫斯科進行會談，以及4月16日蘇聯正式提出與英、法兩國訂立「三國同盟」的建議。這是蘇聯腳踏兩隻船的初次明顯舉動。從此以後，它一方面運行蘇、德關係「正常化」，另一方面為建立反對德國侵略的「三國同盟」進行談判。

……5月3日，莫斯科發表了一項公告，宣布應李維諾夫先生自己的請求，解除他人民外交委員的職務，該職將由總理莫洛托夫先生兼任……（莫洛托夫）一向贊成同希特勒達成協定。無論是慕尼克事件還是其他許多事件，蘇聯政府從中得出結論，無論英國或法國，除非它們自己受到攻擊，否則是不想打仗的，而到那時候它們是否打仗也就沒有多大用處了。烏雲密布，風暴逼臨。現在是時候為蘇聯自己的安全著想了。

猶太人李維諾夫下臺了，這令希特勒對蘇聯最強烈的偏見有所緩和。從此，德國政府就不再將自己的對外政策稱為「反布林什維主義」，轉而攻擊謾罵「財閥的民主主義」。報紙的文章向蘇聯人保證說，德國的生存空間不會擴張到蘇聯的領土，它也的確只到蘇聯邊界便止步了。因此，只要蘇聯不與英、法訂立「包圍」協定，蘇聯和德國之間就不存在引發衝突的理由。於是，德國大使舒倫堡伯爵奉召返回柏林進行詳細的商討，然後回到莫斯科提出一項對蘇聯有利的長期貨物信用貸款，雙方的一舉一動都指向訂立盟約。

　　蘇聯政策發生了劇烈而非正常的重大轉變，這樣的變化只有極權國家才能做到。僅僅在兩年以前，蘇聯陸軍將領，如圖哈切夫斯基和好幾千個最有成就的軍官，正因為傾向而慘遭殺身之禍。但在此時，克里姆林宮裏焦慮不安的主人又開始接受這種政策了。那時的親德主義是異端邪說，是陰謀叛國。而現在，一夜之間，它卻成為國家的政策。任何敢於提出異議者，當然就活該倒楣了，即便那些轉變得不夠快的人，也往往遭到同樣的命運。

　　為了完成立刻就要進行的工作，當然沒有比新任外交人民委員更為合適的了。這由史達林安插於蘇聯對外事務中的人物，值得略加敘述，這是當時英、法兩國政府所不熟知的。

　　莫洛托夫是一個具有傑出才能的人，有著冷酷無情的性格。他和所有的布爾什維克領袖一樣，在革命取得勝利的年代裏經歷過許多可怕的危險和考驗，但最終安然無恙。他生活在一個不斷出現各種陰謀、個人隨時可能遭到清洗的危險社會裏，並慢慢發跡起來。他那炮彈似的腦殼、黑色的小鬍子、敏銳的眼睛、平板的臉盤、圓滑而機敏的談吐以及沉著而冷靜的舉止，所有的一切都是他性格和才能的最佳表現。

　　他比任何人都適合在一個變化莫測的國家機器中充當政策代言人或工具。我只在某些帶點幽默風趣的會議，或者當他殷勤地提議來一連串慣例的毫無意義的乾杯時，以同等的地位和他見過面。我從來沒有見過有比他更接近現代人心目中機器人形象的人了。儘管如此，他仍不失為一個看上去肯講道理又講究修飾的外交家。至於他對待地位不如他的人如何，那我就不得而知了。

　　在德黑蘭會議上，史達林答應在打敗德國後立即進攻日本。從此之後，莫洛托夫對日本大使的態度如何，可以從他的談話紀錄中看出來。在其後接二連三地舉行微妙、試探、尷尬的會談中，他總是十分穩重，不透露他的意向，保持客氣而正式的禮節。他的談話沒有破綻可尋，絕對不帶半點不必要的刺激。他帶有西伯利亞寒氣的微笑，他經過審慎斟酌，而且往往說得十分高明的話，再加上他那謙恭有禮的風度，使他成為在這個兇惡的世界上執行蘇聯政策最完美的代表人物。

　　因此，與莫洛托夫通信討論那些有爭議的問題，總是毫無用處的，如果逼之過急，他就不免以謊言或侮辱性的語言收場。只有一次，我似乎得到了自然而合乎人性的反應。那是在1942年春天，他從美國返國途中，飛機在英國降落。那時我們已簽訂了《英蘇條約》，而他即將冒險飛回本國。在唐寧街我們用來開秘密會議的花園門口，我握住他的手臂，兩人面對面互相凝視著。突然間，他好像深受感動似的，深藏在一貫外表之下的真實的人顯現出來了。他用同樣的力量握住我的手臂，以此作為回答。我們兩人一言不發，只是互相緊緊握手。那時我們是團結一致、生死與共的。在他一生中，在他的周圍，到處都是暴亂和破壞，他或是自己受到威脅，或是把別人投入其中。

　　蘇維埃的機器發現了莫洛托夫，的確就此擁有了一個在各方面都頗具典型性的幹才——他永遠是一個忠實的共產黨員和共產主義的信徒。不過，要是讓我直至生命結束的一刻，都不用經受他所遭受的那種緊張生活，那才真叫人高興。要是過他那樣的生活，倒不如不生下來才好。假如人死之後真的有另一個世界，而布爾什維克黨人又願意去的話，那麼，馬紮蘭、塔萊朗、梅特涅都一定會歡迎他和他們一起從事外交了。

　　從莫洛托夫當上外交人民委員那天起，他就推行犧牲波蘭來同德國達成協定的政策。沒過多久，法國就知道這種情形。法國《黃皮書》中曾載有5月7日法國駐柏林大使的一個值得引起我們注意的電文，說是根據他秘密得到的情報，斷定第四次瓜分波蘭將成為蘇、德和解的基礎。1946年4月，達拉第先生寫道：「自5月份以來，蘇聯進行了兩種談判，其一是和法國的談判，另一是和德國的談判。他似乎願意瓜分波蘭而不願意保衛波蘭。這是第二次世界大戰的直接原因。」當然還有別的原因。

　　英、法兩國政府為了同蘇聯達成協議又再度進行努力……。

　　談判始終圍繞著一個問題，即波蘭和波羅的海各國不願意讓蘇聯把他們從德國手中拯救出來。在這一點上，談判始終沒有取得進展……。

　　最後，蘇聯政府建議與法、英兩國代表就軍事方面繼續談判。英國政府派德拉克斯海軍上將率領代表團於8月10日前往莫斯科，這些軍官並沒有得

到進行談判的書面授權；法國代表由杜芒克將軍率領；在蘇聯方面，則由伏羅希洛夫元帥出席主持。

我們現在知道，當時蘇聯政府同時也同意德國派遣一個談判代表到莫斯科。英、法、蘇三國的軍事會談不久因波蘭和羅馬尼亞拒絕蘇軍過境而歸於失敗。波蘭人的態度是，「德國人來了，我們有喪失自由的危險；而蘇聯人來了，我們有喪失靈魂的危險」。

史達林和莫洛托夫認為必須把真正的意圖掩藏起來，直到最後時刻再攤牌，以便更好地討價還價。

莫洛托夫及其下屬在和英、德兩國接觸時，顯出他們兩頭應付的驚人本領。直到8月4日，德國大使舒倫堡從莫斯科發出的電報還只能這樣說：「從莫洛托夫的整體態度來看，蘇聯政府明顯更傾向於改善蘇、德關係，但對德國始終有種根深蒂固的不信任。所以，我的感覺是：如果英、法兩國能滿足蘇聯的要求，蘇聯政府現在是決心要和他們簽約的。當然，談判也許還要拖很久，尤其是因為蘇聯非常不信任英國……而我們這邊，如果要讓蘇聯政府轉換方向，就必須付出相當的努力。」其實，他大可不必擔憂，因為大局已定。

8月19日晚上，史達林向蘇聯政治局宣布準備和德國簽訂條約。直到8月22日晚上，同盟國代表團才找到伏羅希洛夫元帥。他對法國代表團團長說：「和法國進行軍事合作的問題多年來一直懸而未決。去年（1938年），在捷克斯洛伐克被吞併時，我們一直在等待法國，但始終沒有任何消息。我們的軍隊是準備著的……對於政治和軍事的談判，英、法兩國政府總是一味拖延，而且已經拖得太久了。既然如此，就不能排除出現某種政治事件的可能性。」第二天，里賓特洛夫就抵達莫斯科。

現在，我們從紐倫堡檔和美國發表的新近繳獲檔中，完全瞭解了這一永不應被忘卻的交易。據里賓特洛夫的主要助手、和他一起飛到莫斯科的高斯所說，「8月23日下午，里賓特洛夫和史達林舉行第一次會談……德國外交部部長在長時間會談之後回來，顯得極為滿意」。

在這一天稍晚，《蘇德互不侵犯條約》的正文很快達成了協定，毫無

困難。高斯說：「里賓特洛夫在前言中親手加進一句有關蘇、德兩國友好關係形成重要意義的話。史達林對此表示反對，蘇聯政府在被納粹政府劈頭蓋臉傾倒了六年大糞之後，不能突然之間把友好的宣言拿到群眾面前來。因此，前言中的這一句話就被刪去了。」

在一個秘密的協定中，德國聲明它在政治上對拉脫維亞、愛沙尼亞和芬蘭毫無興趣，但認為立陶宛應在它的勢力範圍之內。瓜分波蘭的分界線已經劃定，德國對波羅的海各國只有經濟利益方面的要求。

▲ 莫洛托夫在《蘇德互不侵犯條約》上簽字，里賓特洛夫（右三）和史達林在其身後。

直到8月23日深夜，這個互不侵犯條約和秘密協定才簽訂。

……我試圖平靜地將這一切紀錄下來。儘管如此，我還是要說，對這類違背常理之舉所引起的非難和反感，只有兩國的專制極權主義者才可以對付得了。我們不知道希特勒和史達林中究竟哪一個最厭惡這個條約。雙方都知道這只是一種權宜之計，因為，兩個帝國和兩種制度之間，有著不共戴天的仇恨。史達林一定知道的是，在希特勒和西方國家作戰一年之後，德國就不再成為蘇聯的勁敵了。而希特勒所採取的方法則是「各個擊破」。無論如何，這一類的協定竟然能夠成立，標誌著幾年以來英、法兩國外交政策和外交手段的徹底失敗。

必須說明的是，蘇聯最迫切地需要德軍部署的陣地越往西越好。這可以給蘇聯時間，以使其軍隊從廣大帝國的各個角落被召集起來。蘇聯永遠不會忘記俄軍在1914年的不幸狀況。當時，俄軍在僅僅部分動員的情況下向德軍發動進攻。現在他們的邊界，較上次大戰時要偏東得多。因此，在蘇聯受到攻擊之前，無論採取何種手段，武力也好，欺騙也好，蘇軍都得佔領波羅的海各國和波蘭的一大部分。蘇聯的政策固然是冷酷無情的，但就當時而言卻

是極具現實意義的。

這個不幸的消息，好像一個炸彈一樣在全世界爆炸。蘇聯塔斯社說，8月21日－8月22日，里賓特洛夫正飛往莫斯科和蘇聯簽訂互不侵犯條約。無論英國政府當時感到何種情緒，但一定不包括恐懼的成分在內。因為，英國政府立即宣稱「這件事決不影響他們決心要履行的義務」。到了這步田地，再沒有什麼辦法能避免或延緩大戰的爆發了。

對此，我們仍有必要將「條約」的條件紀錄下來：

締約國雙方約定，相互之間不進行單獨或與其他國家聯合的任何暴力行動、任何侵略行為以及任何攻擊。

這一條約的有效時間為10年，如在期滿前一年，沒有一方提出廢除則自動延長5年。（條約簽訂後）會議桌的周圍，歡呼慶賀，祝酒乾杯。史達林還主動提議為德國元首乾杯：「我知道德國人民是多麼地愛戴他們的元首，我願為他的身體健康乾杯。」從這些事實中，我們可以得到一個質樸而簡單的教訓：誠實是最好的策略。書中還會談到幾個類似的例子。老奸巨猾的人或者政治家，即使費盡心機，結果也總是害了自己。這就是一個明顯的例證。22個月之後，史達林和蘇聯成千上萬的生命就得為此付出可怕的代價。一個在道德上毫無顧忌的政府，似乎總是大佔便宜，為所欲為，但「一天結束時，一切都得算清楚，全部時間完結時，更得算清楚」。

8月25日，英國政府宣布同波蘭訂立正式條約，確認以前所提供的保證……實際上，希特勒將進攻日期從8月25日推遲到9月1日，而且像張伯倫所希望的那樣，與波蘭進行了直接談判。但他的目的並不是想和波蘭達成協定，而是想給英國政府機會，使之可以逃避保證。

至於英國政府的思想，像議會和全國一樣，根本不是這樣。英國島民的性格有點古怪，他們討厭軍事訓練，因為近千年來一直沒有外敵入侵，但在危險日益逼近並進一步擴大時，他們反而越來越鎮定；在危險迫在眉睫之時，他們反而更為兇猛；而在性命攸關之時，他們反而無所畏懼。這些性格特點，曾使他們在多次危難中轉危為安。

9月1日黎明，德國進攻波蘭。同一天早晨，英國所有部隊奉命動員。

張伯倫首相請我在下午到唐寧街去看他。他告訴我，避免與德國作戰的希望已經幻滅，他提議成立一個由少數不負責專部的閣員組成戰時內閣來指揮作戰。他還提到，據他瞭解，工黨不願參加聯合政府，但他仍然希望自由黨參加。他邀請我擔任戰時內閣的閣員。我沒有作任何評論，便接受了他的提議……。

9月3日……張伯倫先生告訴我，準備邀請我就任海軍大臣，並在戰時內閣中擔任閣員……海軍部接到通知，立即向艦隊發出信號：「溫斯頓回來了。」這樣我就重新回到了25年前我在痛苦和遺憾中離開的那間辦公室。25年前由於費希爾勳爵的辭職，我被解除了海軍大臣的職務，而且事實證明，在達達尼爾海峽強行登陸的重要計畫遭到了不可挽回的破壞。[1]

坐在以前的那張舊椅子上，我背後幾英尺的地方，是我在1911年安置的一個木製地圖箱。箱子裏仍存有北海的地圖，當時為了便於集中注意最重要的目標，我曾命令海軍情報局，每天在地圖上注明德國公海艦隊的調動和部署情況。自從1911年以來，超過1/4世紀的時光已經消逝了，然而，我們卻仍然面臨在同一個德國魔掌下遭受荼毒的威脅。我們再一次為了捍衛一個無辜遭受侵略和踐踏的弱國權利而奮起作戰。我們再一次為了生存和榮譽，奮起反抗日耳曼這個勇敢、有紀律，卻又殘酷的民族的一切瘋狂暴力。我們需要再一次戰鬥！既然如此，就戰鬥吧！

按照希特勒的計畫，德軍於9月1日出動。德國空軍首先出動襲擊波蘭機場的波蘭空軍中隊。兩天之內，波蘭空軍基本上已被殲滅。在一週時間裏，德軍已深入波蘭。波蘭軍隊在各處都做了英勇的抵抗，但終歸無效。所有邊境上的波蘭軍隊，除了在波森兩翼已深深陷入包圍中的兵團外，都被驅向後退……第二週的特點，則是劇烈的交戰，號稱有200萬人之眾的波蘭軍隊潰不成軍，不再成為有組織的武裝力量……。

---

1. 1915年邱吉爾主張在達達尼爾海峽登陸，進攻土耳其，以便包抄德國。這次戰役持續8個月，英、法軍隊死傷慘重，最後不得不自行撤退。費希爾第一海務大臣引咎辭職，邱吉爾也被解除了海軍大臣職務。

▲ 1939年在索哈契夫的波蘭騎兵。

在對華沙鉗形攻勢的合圍下，波蘭軍隊進行了搏鬥並最終覆滅。當時，在波森的波蘭兵團和從索恩和羅茲撤退的幾個師會合，總數只有12個師。德國第一集團軍由比較薄弱的第八集團軍作掩護，突破這支波蘭部隊的南翼，湧向華沙。雖然已被包圍，波森兵團司令庫特爾齊亞將軍仍決定向南進攻德軍主力的側翼。這次英勇果敢的波蘭反攻，即所謂「布祖臘河之役」，不僅吸住了德國第八集團軍以及一部分第十集團軍，甚至從北方吸引來第四集團軍的一個兵團，使其不得不放棄華沙的目標。波森兵團在這些強大軍隊的進攻下，在毫無抵抗的空中轟炸的強大壓力下，維持它們那永垂不朽的光榮戰鬥達10天之久。最後，它們在9月19日這天全軍覆沒。

與此同時，外圈鉗形圍攻的德軍部隊已經會師合圍。德國第十四集團軍在9月12日到達倫貝格周邊，並向北進擊，在9月17日和越過布列斯特-利托夫斯克的第三集團軍會師。此時已是四面楚歌，再沒有一線機會可供分散且敢於冒險的人逃脫了。9月20日，德國人宣布，維斯杜拉河之戰「是自古至今最大的殲滅戰之一」。

接下來輪到蘇聯行動了。他們所謂的「民主」就要具體表現出來了。9月17日，蘇軍蜂擁越過了幾乎毫無防禦的波蘭東部邊境，在一個廣闊的前線地帶，以排山倒海之勢向西猛進。9月18日，蘇軍佔領了維爾納（維爾紐

斯），在布列斯特-利托夫斯克和德軍相會。在上次大戰中，布爾什維克黨人違背他們和西方協約國所訂的莊嚴協定，在這裏和德皇單獨媾和，並屈辱地接受了德國嚴酷的媾和條件。而此時，蘇聯共產黨人竟和希特勒在這個布列斯特—利托夫斯克握手言歡。

波蘭的覆滅以及它被征服的整個過程，進行得很快。不過，華沙和莫德林一度都在堅持之中。

華沙的抵抗，主要由於民眾激昂的愛國情緒所支撐，真是偉大悲壯，但卻毫無希望。經過了許多天猛烈的空中轟炸，以及許多由平靜的西線，通過東西向的主要公路，迅速調來的重炮隊的瘋狂炮擊，華沙電臺終於停止播送波蘭國歌，而希特勒則進入了這個淪為了廢墟的城市。

莫德林是維斯杜拉河下游20英里的一個要塞，索恩兵團的殘部曾在這裏堅持苦戰，直到9月28日為止。最終，一切都在一個月內結束。一個擁有3500萬人口的國家就這樣陷入殘酷的桎梏之中，而對它施加這種桎梏的人們不僅要征服，而且要奴役，甚至要消滅它的廣大人口。

我們已經看見了現代閃電戰的一個完整範本，看見了陸軍與空軍在戰場上的緊密配合，看見了對一切交通線及可以成為目標的城鎮進行的猛烈轟炸，看見了活躍的第五縱隊的身手，看見了間諜和傘兵隊的各種使用。最重要的是，看見了大批裝甲部隊勢不可擋地向前衝鋒陷陣。然而，波蘭人並非忍受這種苦難的最後一個。

蘇軍繼續向前推進，直到抵達和希特勒商妥的界線為止。9月29日，蘇、德兩國瓜分波蘭的和約正式簽字。我仍確信蘇、德之間有深仇大恨，這種仇恨絕難消釋，而且我始終認為，蘇聯會因為局勢的影響倒向我們這邊。因此，對於蘇聯這種無情殘暴的政策，雖然內閣中的人們情緒激動，置身其中的我也感到非常憤慨，但我仍保持冷靜。此外，我對蘇聯從來不曾抱有幻想，我知道他們不承認任何道德準則，只顧自己的利益。

蘇聯和德國瓜分波蘭後的第二步，就是同愛沙尼亞、拉脫維亞和立陶宛訂立了三個「互助協定」。這些波羅的海的國家，都是在1918年和1920年的解放戰爭中擺脫蘇聯政府的羈絆獲得自由的。這些小國完成了嚴厲的土地

改革，主要是犧牲了以前地主的利益，然後逐漸地形成了一種帶有強烈反共色彩的民族主義的農民生活方式。它們一貫畏懼強大的鄰邦——蘇聯，並迫切地希望能保持中立，因此設法避免一切挑釁。但由於它們的地理位置，這一艱巨的任務很難實現。例如里加變成了一個蒐集蘇聯方面情報的竊聽站，和國際反布爾什維克的中心。德國在和蘇聯進行的交易中，卻樂於將它們放棄。因此，蘇聯政府抱著積蓄已久的仇恨和急切的貪婪心理，向它的犧牲品撲去。

這三個國家過去曾是沙皇俄國的一部分，也是彼得大帝舊日的征服地。它們立即遭到蘇聯強大軍隊的佔領。對於這樣的大軍，它們無法進行有效的抵抗。蘇聯使用了慣常的方法，對於所有反共反蘇分子實行了殘酷的清算。20年來一直在他們本土過著自由生活，並作為絕大多數人民代表的許多人，現在都失蹤了。其中一大部分被流放到西伯利亞，其餘的被送到了更遠的地方。這就是所謂的「互助」過程。

……從德國捲入對英、法兩國作戰之時起，蘇聯就根據對德條約的精神，開始堵塞自西方進入蘇聯的通道。第一條路線是從東普魯士經過波羅的海國家進入蘇聯；第二條是經過芬蘭灣的水域進入蘇聯；第三條是經過芬蘭本土，橫越卡累利阿地峽到達芬蘇邊境，距離列寧格勒近郊僅有20英里。

蘇聯人沒有忘記1919年列寧格勒所面臨的危險。甚至高爾察克的白俄羅斯政府也曾通知巴黎和會，在波羅的海國家內的基地和芬蘭，都是保護蘇聯首都所必需的地方。史達林在1939年夏天也曾對英、法兩國代表說過相同的話。我們已經看到，這些小國的恐懼心理是如何成為阻礙英、法兩國與蘇聯結盟的障礙，並為莫洛托夫與里賓特洛夫的協定鋪平道路的。

史達林沒有浪費時間。9月24日，愛沙尼亞外交部長奉命訪問莫斯科。四天以後，他的政府與蘇聯簽訂了一個互助條約，條約給予蘇聯在愛沙尼亞境內的重要基地駐防的權利。10月21日，蘇聯紅軍與空軍即開始進駐。同時，蘇聯對拉脫維亞也採取了同樣的方式，而且蘇軍也進駐了立陶宛。這樣，通往列寧格勒的南路以及半個芬蘭灣，很快就被蘇聯的武裝部隊加以阻斷，以防範德國入侵野心的可能。到此為止，只剩下芬蘭本土這一路線了。

10月初，芬蘭的政治家、曾經簽訂《1921年蘇芬和約》的帕西基維先生到了莫斯科。蘇聯要求的很多，在卡累利阿地峽的芬蘭邊界線必須後移相當的距離，使列寧格勒脫離敵方炮火的威脅。

蘇聯的其他要求包括：芬蘭割讓芬蘭灣內若

▲ 蘇芬戰爭中，使用拉赫蒂M26式輕機槍作戰的芬蘭士兵。

干島嶼，將雷貝錫半島連同芬蘭在北極海內唯一的不凍港比特薩摩一併租借給蘇聯。最重要的是，芬蘭須將位於芬蘭灣入口的漢戈港租借給蘇聯，以此作為蘇聯海軍及空軍的基地。

除最後一條外，芬蘭對蘇聯的要求準備一一讓步。在他們看來，如果芬蘭灣的要害所在為蘇聯掌握，芬蘭的國家安全就將蕩然無存。談判在11月13日宣告破裂，芬蘭政府開始動員，並加強他們在卡累利阿邊境的軍隊。11月28日，莫洛托夫宣布《蘇芬互不侵犯條約》作廢。兩天以後，蘇軍就沿著長達千里的芬蘭邊境從八處進攻，同日早晨，芬蘭首都赫爾辛基受到蘇聯空軍的轟炸。

蘇聯進攻的主力，起初是集中在卡累利阿地峽的芬蘭邊境防禦工事。這一工事由一個設防地帶組成，從南至北縱深約20英里，需要穿過落滿積雪的森林區，它被稱為曼納海姆防線。曼納海姆是芬蘭的總司令，同時是在1917年使芬蘭免於被布爾什維克黨征服的救星。

蘇聯以其巨大的力量，悍然進攻一個生氣蓬勃的文明國家，在英國、法國，尤其是在美國，激起了人們強烈的憤慨。然而不久之後，人們又感到驚訝和如釋重負。在最初幾週的戰爭中，蘇軍毫無進展，進攻的部隊幾乎全是從列寧格勒的駐軍中抽調來的。僅有約20萬武裝力量的芬蘭軍隊，卻展示出了良好的戰績。他們以一種勇往直前的精神，和很快被稱為「莫洛托夫雞尾

酒」的新式手榴彈，對付蘇聯的坦克。

　　從1940年年初開始，蘇聯就把主力壓在芬蘭人的身上。蘇聯加倍努力，企圖在積雪融化以前，突破曼納海姆防線。而承受著巨大壓力的芬蘭人，曾把希望寄託在春天來臨的積雪融化上。不幸的是，這一年的春天遲來了將近六周。

　　2月1日，蘇聯開始對卡累利阿地峽展開強大攻勢，前後持續了42天，同時對芬蘭防線後方的基地倉庫和鐵路線的連接站進行了猛烈的轟炸。緊密排列的蘇聯大炮先進行了10天的猛烈轟擊，接著開始了有力的步兵進攻。經過14天的戰鬥，這條防線就被攻破了⋯⋯到了2月底，曼納海姆防線已經完全崩潰⋯⋯。

　　3月12日，芬蘭接受了蘇聯的條件。

第7章
臨危受命：我來組成新的內閣

在短暫的挪威戰役[1]中，許多令人失望的不幸事件發生了。英國國內因此引發了騷動，甚至連那些戰前若干年間一直都不活動的遲鈍者，他們的情緒也變得愈來愈激昂。為此，反對黨要求對戰爭的走勢進行辯論。經過安排，會議決定在5月7日舉行。

那一天，隨處可見神情激動而悲憤的下院議員，張伯倫先生的開場聲明在來勢洶洶的敵意浪潮前顯得那樣的軟弱。在一片嘲笑聲中，他的發言被打斷了……坐在政府席後面的艾默里先生，在響徹下院的一片歡呼聲中，引用克倫威爾[2]向長期議會所說的：「走吧！你們坐得太久了！再也幹不出什麼好事了。我說，你們走開！讓我們從此一刀兩斷。看在上帝的面上，走吧！」一位多年的朋友和同僚，一位同是代表伯明罕區的議員，一位聲名卓著、經驗豐富的樞密顧問官，竟然說出了這樣一番令人痛心的話……。

5月8日，人們看到勞合-喬治先生在下院做最後一次決定性的演說。在一次不超過20分鐘的演說中，他對政府首腦進行了充滿惡意的抨擊，並打算替我開脫：「我並不認為海軍大臣對於在挪威發生的一切，應負全部的責任」。我立即插話道：「我對海軍部所做的一切負全責，我也願意接受我應承擔的全部責任。」

勞合-喬治警告我不要為了同僚而把自己變成一個防空洞，以使其免於被流彈擊中。接著，他把目標轉向張伯倫先生：「現在不是誰是首相朋友的問題。問題遠比想像的要嚴重。首相曾籲請大家作出犧牲。全國都準備作出各

---

1. 德軍於1940年4月9日發動攻擊，6月10日即佔領挪威全境。
2. 英國政治家、軍事家、宗教領袖，處死國王查理一世，建立軍事獨裁統治。

種犧牲，但要有一個前提，那就是國家必須有人領導，政府必須明確需要達到的目標，而全國必須充分相信領導他們的人盡了最大的努力。」

勞合-喬治最後說：「我鄭重地聲明，首相應該以身作則，首先作出犧牲，而在這次戰爭中，沒有比犧牲自己的職位，更能對勝利作出貢獻的了。」……。

在辯論結束以後，張伯倫首相請我到他的房間去。我立刻看出，他對於下院的情緒持有極嚴重的看法。他認為自己已經無法繼續執政，而應該成立一個聯合政府……5月9日下午，我有種預感，自己可能會奉命擔起領導的責任。對此，我既沒有緊張激動，也沒有驚慌失措。我認為，這是當前問題最好的解決方法。於是，我平心靜氣地等待形勢的發展……。

5月10日天亮後，馬上有重大消息傳了過來。封裝著最新電報的信盒經由海軍部、陸軍部和外交部發出，絡繹不絕地送到我手裏。德國人發動了他們等待已久的襲擊。荷蘭和比利時同時遭到入侵，兩國邊界多處被突破，德軍已經開始了入侵低地國家和法國的整個行動。

大約10時，金斯利・伍德爵士來看我。他剛從首相那兒來，張伯倫先生鑑於大戰臨頭的現狀，感到自己有必要繼續留任。但金斯利・伍德告訴張伯倫，由於新的危機，只有上下一致才能應付自如，成立聯合政府更為重要。他還說，張伯倫先生已經接受了這個觀點。

11時，我再一次受到首相召見，要到唐寧街去。我與哈利法克斯勳爵在那裏又一次見了面。我們倆坐在桌子這頭，與張伯倫先生相對而坐。張伯倫先生告訴我們，他深知組織聯合政府已不是他力所能及的事。他從工黨領袖方面所獲得的反響，已使他對於這一點毫無懷疑。所以，現在的問題是，在他本人辭職獲准後，應該向國王推薦誰來組閣。他隔著桌子望著我們，態度冷靜，不慌不忙，就事論事，似乎完全不考慮個人的成分。

在我的政治生涯中，我曾有過許多次重要的談話，而這次確實是最重要的一次。通常我會滔滔不絕地談論，但這次卻緘默不語。張伯倫先生顯然心中記著兩個夜晚以前下院紛擾的景象，當時我和工黨人士舌劍唇槍，爭執得似乎非常激烈。雖然我這樣做是為了給他支持並且為他辯護，但他覺得這可

能妨礙我在這個關鍵時刻取得工黨的擁護。我不記得他當時說了些什麼話，但含義就是如此。他的傳記作者法伊林先生，明確地說他寧願要哈利法克斯勳爵組閣。因為我持續沉默，所以，我們的談話中斷了很長時間。這段時間似乎比紀念休戰日靜默兩分鐘的時間還要長。

過了一會兒，哈利法克斯終於發言了。他說由於他的上院議員身分，他在下院沒有席位，在當前這種性質的戰爭期間將很難執行首相這一職務。如果出任首相，他將對一切負責，但他缺乏領導下院的權力，而任何政府的存在都全靠下院的信任。

他發表這類意見的時間有幾分鐘之久。等他把話說完時，顯然這個責任就將落在我的身上——事實上，也真的落在我的身上了。

於是我才第一次發言。我說在國王命令我組閣以前，不準備和兩個反對黨中的任何一黨交換意見。這次重要的談話到此結束，然後我們又恢復了通常那種輕鬆而隨便的態度。我們共事多年，無論在朝在野，都在英國政治舞臺的友好氣氛之中消磨時光，平日相處都是輕鬆而隨便的。後來，我回到了海軍部，也許不難想像，那裏正有許多事等著我呢。

荷蘭的閣員們正在我的辦公室裏，他們剛從阿姆斯特丹飛抵此間。他們形容枯槁，筋疲力竭，眼中流露出恐怖的神色。他們的國家突然遭到襲擊，而且事先敵人既無任何藉口，也未提出任何警告。大炮、坦克排山倒海似的越過邊界，戰火遍地燃燒。當敵人遭到抵抗，荷蘭邊防部隊開槍反擊時，大規模的空中襲擊接踵而至。

荷蘭全國都陷入紛擾混亂的狀態中。準備已久的防禦計畫立即付諸實施，堤岸已經掘潰，洪水遍地氾濫。但德國人早已越過外部的防線，蜂擁地沿萊茵河堤岸長

▲　1940年，被德軍轟炸後的鹿特丹。

驅直入，並進一步突破內部的格拉夫林防線，同時也威脅到了圍繞須德海的堤道。我們能有什麼方法來加以制止呢？所幸我們在不遠的地點有一支小艦隊，它立即奉命轟擊堤道，給蜂擁而來的侵略者以最大的損傷。荷蘭女王仍在荷蘭境內，不過，她似乎已無法在當地久留了。

這些討論得出的一個結果，就是海軍部對我們在附近的所有艦隻發出了大量的命令，並和荷蘭皇家海軍建立了密切聯繫。荷蘭的閣員們，雖然對最近挪威與丹麥被征服的事例記憶猶新，但似乎仍無法理解，那個偉大的德國，直至頭天晚上還對荷蘭一味表示友誼，為何竟然會突然發動這種可怕而殘酷的襲擊。為了處理這些問題，一、兩個小時便消磨過去了。

從受到德軍推進影響的各個邊境方面，電報如潮水般地紛至遝來。德國舊有的施利芬計畫[1]，為了配合新的形勢已經擴展到荷蘭，似乎已經充分地加以實施了。1914年德國侵略軍隊迂迴前進的右翼衝過比利時，但在荷蘭邊界停止前進。當時，人們都知道，戰爭如果延遲三、四年發生，德國可能準備好額外的軍團，而且鐵路終點和交通線也可能改造就緒，以便進行越過荷蘭國境的運動戰了。此時，這一著名的運動戰已經開始，它具備了所有便利的條件和一切施展突襲和詐術的環境。但其他的發展還在前頭，敵人的決定性打擊並不是作為對側翼的迂迴運動，而是主力前線的突破。

我們和法國負責指揮的人士都沒有預見到這一點。在這一年的早些時候，我在一篇發表的談話紀錄中，曾根據敵方軍隊的部署和公路、鐵路的發展，以及從繳獲的德國計畫中顯然可見的情形，警告這些中立國家，指出它們即將遭到的命運，但我的話只引起了別人的厭惡。

在這場巨大的戰鬥所引起的強烈震動中，我們在唐寧街進行安靜談話的印象，在我的心中逐漸淡薄甚至消失。不過我記得，有人告訴我張伯倫先生已經或正要去謁見國王，這不用說也料得到。

---

1. 施利芬為德國在1891—1907年的總參謀長。他主張在德國與法國發生戰爭時，德軍主力應越過比利時與盧森堡進攻法國。

　　不久，我接到一個通知，要我在6時入宮。由海軍部沿公園林蔭道至皇宮，乘車只需兩分鐘。雖然我估計晚報上一定會充滿從大陸方面傳來的驚心動魄的消息，但對於內閣危機則隻字未提。公眾現在還沒有充分的時間來理會國內外發生的一切情況，因此，皇宮門前並沒有等候的群眾。

　　我立即被引見去觀見英國國王。國王陛下對我非常客氣，要我坐下。他以一種銳利而奇妙的眼光注視了我一會兒，然後對我說：「我想你不知道為什麼我要找你來吧？」我順著他的情緒回答：「陛下，我簡直想不出為什麼。」他笑著說：「我要請你組織政府。」我說：「我當然願意遵命。」

　　國王沒有規定政府必須具有舉國一致的性質。我感到我的任命，與這一點並沒有正式的關聯。但是，鑑於已經發生的一切，以及造成張伯倫先生辭職的情況，建立聯合政府顯然是在當前形勢下應有的安排。如果我感到無法和處在反對黨地位的各個政黨相互妥協，那麼，在憲政上並不能限制我設法成立一個最大限度的堅強的政府，為了能獲得下院多數的信任，就要把所有願意在危急時期為國效勞的人士都吸納進來。

　　我告訴國王將立即邀見工黨及自由黨的領袖。我建議組織一個包括5、6個閣員的戰時內閣。同時，我希望在午夜以前，使他知道至少5名人選。接著，我即告辭回到海軍部。

　　當晚七、八時左右，艾德禮先生應邀來見我。他和格林伍德先生一同到來。我告訴他，我已奉命組織政府，並問工黨是否願意參加；他說他們願意參加。我提議他們在政府中應佔1/3以上的職位，在5或6人組成的戰時內閣中，應佔兩個職位。我請艾德禮先生給我一張名單，以便我們能討論具體職務的安排。我提到了貝文先生、亞歷山大先生、莫里森先生和多爾頓先生。由他們出任高級的職務，實為當前形勢所急需。當然，我和艾德禮與格林伍德兩人在下院中久已相識。

　　在戰爭爆發前的10年間，我多少處於獨立地位，我與保守黨和聯合政府發生的衝突與摩擦，遠遠超過與處在反對黨地位的工黨與自由黨的衝突。這時，我們曾有一個短時間的愉快的談話，然後，他們就告辭，用電話通知他們在伯恩默思的朋友和追隨者。他們在前48個小時內，彼此之間曾保持著最

密切的接觸。

我邀請張伯倫先生以樞密院大臣的職位領導下院，他在電話中答允接受，並告訴我已經做好安排，決定在當晚9時向全國廣播，宣布他已經辭職，同時，呼籲全國擁護和贊助他的繼任者。所有這些，他後來在廣播中，用非常豁達的措辭都談到了。我邀請哈利法克斯勳爵參加戰時內閣，並連任外交大臣。大約在10時，我按照我所作的諾言，把五個人的名單呈交國王。陸、海、空軍三部大臣的任命是非常重要的事，關於這三部大臣的人選，我心中早已決定。艾登先生應該主管陸軍部；亞歷山大先生應主管海軍部；自由黨領袖阿奇博爾德・辛克萊爵士應主管空軍部。同時，我兼任國防部大臣的職務，但是對於國防部的範圍和職權，卻不打算加以規定。

這樣，在5月10日的晚上，在這場巨大戰鬥開始時，我取得了主持國政的大權。此後，在世界大戰的五年三個月中，我所持有的權力日益擴大，直至最後……。

在這場政治危機的最後這些忙亂的日子裏，我始終沒有感到格外的興奮。我對事態的發展，全部加以接受。但是對於閱讀這篇真實記載的讀者們，我卻不能隱瞞：我大約在3時上床，強烈地感到自己如釋重負。我終於獲得指揮全局的大權了。我覺得我好像是正在和命運一同前進，而我以往的全部生活，不過是為這個時刻，為承擔這種考驗而進行的一種準備罷了。

在過去的十年中，我在政治上處於在野地位，因而使我擺脫了通常政黨之間的敵對情緒。我在過去的六年中所提出的警告，既頻繁又詳盡，並且現在都已不幸而言中，所以，誰也不能對我非難，

▲ 在唐寧街十號首相官邸，坐在自己座位上的邱吉爾。

誰都不能指責我發動戰爭，或對戰爭缺乏準備。我想我對戰爭的全局有很多的認識，自己深信不會遭到失敗。因此，雖然我迫切地盼望天明，但我卻睡得很熟，而且不必在夢中去追求安慰，因為事實比夢想要美妙得多。

5月13日，週一，下院召開特別會議。我要求下院對新政府進行信任投票。在報告了充實各部人員的進展情況後，我說：「我沒有別的，我只有熱血、辛勞、眼淚和汗水貢獻給大家。」在我們的全部悠久的歷史中，沒有一位首相能夠向議會和人民提出這樣一個簡明而又得人心的綱領。

我在結束時說：

你們問：我們的政策是什麼？

我說：我們的政策就是用上帝所能給予我們的全部能力和全部力量，在海上、陸地上和空中進行戰爭；同一個在邪惡悲慘的人類罪惡史上，還從來沒有見過的窮兇極惡的暴政進行戰爭。這就是我們的政策。

你們問：我們的目的是什麼？

我可以用一個詞來答覆：勝利——不惜一切代價去爭取勝利，無論多麼恐怖也要去爭取勝利；無論道路多麼遙遠和艱難，也要去爭取勝利。因為沒有勝利，就不能生存。

大家都要認識到：沒有勝利就沒有英國的存在，就沒有英國所代表的一切，就沒有促使人類朝著目標前進的那種時代要求和動力。

我滿懷興奮和希望，擔負起我的工作。我深信，人們不會讓我們的事業遭到失敗。在這個時候，我覺得我有權利要求大家的支持，我說：「起來，讓我們把力量聯合起來，共同前進。」

第8章
難以忘卻的犧牲和努力

那漸漸聚集、鬱積已久的狂風暴雨，終於猛烈襲來。這是有史以來最為慘烈的一場戰爭，僅第一次交鋒的對象就達四、五百萬人之眾。

我們早已習慣了躲在法國身後，卻不曾想到這條看似堅固的「防線」，竟會在一週之內落入令人無法收拾的境地。不到三週，久負盛名的法國陸軍便被打得潰不成軍，再也不復往日的赫赫威名，英國陸軍則損失了所有的裝備，還被趕下了大海。不到六週的時間，我們幾乎成了孤軍，只差一點就被解除了武裝。

節節勝利的德國和義大利扼住了我們的咽喉，整個歐洲落入希特勒的魔掌；而在地球的另一邊，日本還在一旁虎視眈眈。在殘酷的現實面前，前景顯得如此黯淡，而我正是在這一情況下就任英國首相兼國防大臣，組織包括所有政黨在內的聯合政府，採取一切符合國家利益的手段來處理國內外事務。

差不多五個年頭以後，隨著處境的改善，我們才得以逐漸樂觀起來。那個時候，義大利被征服，墨索里尼被殺死，強大的德國軍隊無條件投降，就連希特勒也自殺了。除了艾森豪將軍俘獲了大批的俘虜以外，在義大利的亞歷山大元帥以及在德國的蒙哥馬利元帥，也在24小時內俘虜了300萬德國士兵。解放了的法國，在我們的幫助下重整旗鼓。我們和世界上兩個最強大的國家——同時也是我們的盟國，一起粉碎了日本的抵抗。這確實是驚人的對比。在這漫長、艱苦而危險的六年裏，那些倒在路上的人們並沒有白白犧牲；那些昂然走到勝利關頭的人們，將為曾經的光榮選擇而永遠驕傲。

在講述自己的工作和英國聯合政府成立過程之前，我有責任闡明一點：對於二戰這一關係到各國、各民族命運的共同事業，愈挫愈勇、迎難而上、

團結一致的英國，作出了多麼巨大的貢獻。我無意與可敬的美國盟友作令人不快的比較，或是爭個所謂的「高低」。對美國的幫助，我們的感激是無法用語言衡量的，我們將永志不忘。但是，我們也需要讓大家瞭解英國在戰爭中的巨大努力……。

直到大批美國軍隊於1944年秋天到達諾曼第為止，在太平洋以及大洋洲以外的任何一個戰區，英國都可以被視作最主要的力量，或者至少作為一個平等力量。在此之前，英國在任何月份

▲ 1941年，倫敦地下防空洞裏的下午茶時間。

任何戰區的任何師，集結狀況都一樣。自1944年7月起，從與敵接觸軍隊的師屬單位數量來看，美國的戰線不斷擴大，而且捷報頻傳，直至10個月後取得最後勝利。

我的另外一個比較表明：英國的犧牲人數，甚至要比我們英勇的盟國還要多。英國武裝部隊死亡、失蹤、被認為已死亡的共計303240人，加上各自治領、印度和各殖民地的109000人，總數達412240人。這一數字還不包括死於空襲的60500平民，以及約30000名死亡的商船船員和漁民。與此相比，美國陸軍、空軍、海軍、海軍陸戰隊和海岸警衛隊犧牲的人數是322188。我之所以列舉這些令人傷感的光榮的犧牲人數，是因為我深深相信，由寶貴的鮮血所凝結成的平等的戰友關係，將繼續獲得英語世界人們的崇敬，並進一步鼓舞他們的行動。

在海洋上，美國幾乎承擔了太平洋戰爭全部的重擔。1942年，美國在中途島、瓜達卡納爾島以及珊瑚海所進行的決定性戰役，使其獲得了那片遼闊海洋上的全部主動權，打開了進攻日本所有佔領地的道路，是最後打擊日

本本土的先決條件。與此同時，美國海軍也就無力承擔大西洋和地中海的重任。

在這裏，我有責任擺明事實。在歐洲戰區、大西洋和印度洋上擊沉的781艘德國潛艇和85艘義大利潛艇，其中的594艘是被英國海軍和空軍擊沉的。除了擊毀或俘獲義大利的全部艦隊外，英國海軍和空軍還消滅了德國的全部戰列艦、巡洋艦和驅逐艦⋯⋯。

珍珠港事件以後，美國盡最大的努力投入大規模的空戰之中，特別是使用了「空中堡壘」式轟炸機。他們的空軍不但打擊日本，也由英倫三島出發打擊德國。事實上，自我們1943年1月到達卡薩布蘭卡後，再沒有一架美國轟炸機在白天向德國投下過一顆炸彈。

在1943年年底以前，英國在德國投下的炸彈噸數，都以8：1的比例遠遠超過了美國飛機所投的炸彈噸數。直到1944年春天，美國飛機轟炸的噸數才超過了我們。在這一方面，陸地和海上也一樣，我們從一開始就參與了整個過程，直到1944年，美國才以巨大的作戰努力趕上並超過了我們。

我們必須記住一點，從1941年1月《租借法案》開始實行算起，在美國的慷慨援助之下，英國的軍需供應增加了1/5以上。有了美國的物資和武器，英國4800萬人就能當成5800萬人去作戰。

在海運方面，由於自由輪[1]的大量建造，物資的供應可經由大西洋源源而來。另一方面，對整個戰爭期間各國船運由於敵方軍事行動而遭受的損失也應作一個分析，其數字如下：英國11357000噸、美國3334000噸、其他各國（不受敵人控制的）6503000噸。以上80%的損失發生在大西洋，其中包括英國北海和沿海水域，只有5%的損失發生在太平洋。

我之所以列舉上述事實，並非希望取得不屬於我們的功勞，而是想在一個公平、公正的基礎上證明，在世界歷史的緊急關頭，這個小小島國的民眾首當其衝，並在戰爭中作出了多麼艱難的努力！

---

1. 二戰期間美國大量製造的貨輪，以建造迅速和造價低廉著稱。

第9章
敦克爾克大撤退

　　現在，我們可以回顧一下這一令人難忘的戰爭截至目前這一階段的全過程。只有希特勒才處心積慮地要破壞比利時和荷蘭的中立。比利時在遭到攻擊以前，一直不願意讓盟軍入境。因此，軍事上的主動掌握在希特勒手中，他在5月10日發動了進攻。

　　第一集團軍群以英軍為中心，不是在防禦工事後面固守，而是衝入比利時從事徒勞無功的援救，因為已經為時太晚。

　　法軍在阿登山脈對面留下一道缺口，防禦工事不完善，防禦力量也很薄弱。大戰以來的裝甲部隊以規模空前的進擊，突破了法軍戰線的中央地帶，北方集團軍同南方以及海岸的各交通線在48小時之內隨時都有被切斷的可能。

　　法國最高統帥部最遲應在5月14日向這些集團軍發出緊急命令，無論冒多大的險，都要以最快速度實行總退卻，即使物資遭受重大損失也在所不惜。但甘梅林將軍沒有果斷而鐵血地處理這一問題，法國北方集團軍司令比約特也沒能自行作出必要的決定。最終，遭受威脅的左翼各集團軍完全陷入混亂。

　　當敵人的兵力佔優勢時，法軍開始向後退卻。由於迂迴運動是圍繞他們右翼進行的，他們便構築了一道側翼防線。如果他們5月14日就開始後撤，那麼就可能在5月17日回到這條舊防線，從而獲得突圍的好機會。可惜，法軍沒能把握機會，至少損失了至關緊要的三天時間。

　　5月17日以後，英國戰時內閣清楚地認識到，只有立即向南突圍才能挽救英國軍隊。他們決定迫使法國政府和甘梅林將軍接受自己的意見，可是英軍司令官戈特勳爵卻對此產生了懷疑，他無法確定是否能夠邊脫離激戰中的

戰線，邊衝過敵人的防線。5月19日，甘梅林將軍被免職，由魏剛接任。

甘梅林的「第十二號命令」——他的最後一道命令，雖然遲了五天，但在原則上還是正確的，也符合英國戰時內閣和參謀委員會的主要論斷。更換最高統帥，或者說沒有統帥，又造成另外三天的拖延。魏剛將軍在訪問北方集團軍以後提出的大膽計畫，始終不過是一紙空文。他的計畫基本就採用了甘梅林的計畫，而且由於時間的拖延，更加沒有了成功的可能。

在這種進退維谷的可怕局勢下，我們接受了魏剛計畫，一直到5月25日一直都忠實而堅決地努力執行，雖然最終沒有取得什麼效果。5月25日，所有的交通線完全被切斷，我們微弱的反攻被擊退，阿拉斯失守，比利時軍的戰線被突破，國王利奧波德準備投降。於是，我們逃往南方的全部希望都成為了泡影。

只剩海路可走了。我們能否到達海邊？如果無法到達，我們是否會在開闊的戰場上被敵人包圍和擊潰？我們陸軍的全部大炮和裝備一定會喪失殆盡，好幾個月也補充不起來。可是那些大炮、裝備又怎麼能和軍隊相比呢？只要有了人，英國將來重建軍隊就有了核心和基礎。戈特勳爵從5月25日以來就覺得從海路撤退是唯一的出路，於是，他在敦克爾克附近建立了一個橋頭陣地，率領殘存的所有兵力打到那裏去。這就需要英國軍隊嚴守紀律，需要英軍司令官，包括布魯克、亞歷山大和蒙哥馬利在內，都能發揮他們的才智。需要的東西還有很多。所有力所能及的事情都已經做了。這是不是就夠了呢？

我們有必要提到一個眾說紛紜的小插曲。德國陸軍參謀長哈爾德將軍曾聲稱，當時希特勒對於戰事曾親自作了唯一一次有效的直接干預。據這位權威人士稱，希特勒「為這些裝甲部隊擔心，因為他們進入一個運河交錯、處境不利的地區，要冒很大的危險，可是得不到任何重大的收穫」。希特勒不想讓這些裝甲部隊作無謂的犧牲，因為他們是戰爭第二階段不可缺少的角色。毫無疑問，在希特勒看來，僅依靠空中優勢就能制止敵人從海路大規模撤退。

據哈爾德說，希特勒透過勃勞希契給他發了一個電報，命令「裝甲部隊

停止前進，尖兵甚至可以撤回」。哈爾德說，這就給英國軍隊讓出了一條通往敦克爾克的道路。我們在5月24日上午11時42分截獲了一份德軍的明碼電報，大意說暫停向敦克爾克—哈茲布魯克—梅維爾一線進攻。哈爾德說，他代表陸軍最高司令部（O.K.H.）拒絕對龍德施泰特集團軍群的行動進行干預，該集團軍群奉有明確的命令制止敵人到達海岸。他爭辯說，這一地區作戰的成功越快越徹底，以後損失坦克的補充也就越容易。第二天他奉命同勃勞希契一起參加一次會議。

這場激烈的爭辯，以希特勒發出的一道明確命令而告結束。希特勒說要派一名他本人的聯絡官到前線去監督執行命令。於是，凱特爾奉命乘飛機前往龍德施泰特集團軍群總部，其他軍官被派往前線各指揮所。

「我始終不能理解，」哈爾德將軍說，「希特勒怎麼會認為裝甲兵團是在冒無謂的危險。在第一次世界大戰中，凱特爾在佛蘭德待過相當長的時間，希特勒的這些想法很可能是根據他講的故事而產生的。」其他德國將領也曾談過頗為類似的情節，甚至暗示說，希特勒下這道命令是出於一個政治動機，以便擊敗法國之後與英國有更好的媾和機會。

後來發現了龍德施泰特總部記載的日記，這個可靠的證明文件記載的卻是另一種說法。5月23日午夜，勃勞希契從最高統帥部帶來命令，指示第四集團軍仍由龍德施泰特指揮，以便進行「包圍戰」的「最後行動」。第二天早晨，希特勒到龍德施泰特總部，龍德施泰特對他說，他的裝甲部隊已前進了那麼遠，速度那麼快，力量已大大減弱，需要停下來整頓，重新部署，以便對敵人進行最後的打擊。他的參謀日記中寫道：這個敵人「打仗非常頑強」，而且龍德施泰特還預見到，他那分散的兵力有遭到南北兩方夾擊的可能。

事實上，魏剛計畫如果得以實行的話，顯然就是盟軍的一次反擊機會。希特勒「完全同意」阿拉斯以東的攻擊應由步兵執行，機動部隊應繼續扼守朗斯—貝頓—埃爾—聖奧梅爾—格拉夫林防線，以便截擊受到東北方B集團軍群壓力的敵人。他也考慮到為以後的作戰而保持裝甲部隊的兵力是極為必要的。然而，5月25日很早的時候，勃勞希契送來一份新的命令：總司令命令

裝甲部隊繼續前進。龍德施泰特仗著有希特勒的口頭答應，竟對這道命令置之不理。

他沒有把命令傳達給第四集團軍司令克盧格，他告訴克盧格要繼續節省使用裝甲師。克盧格對這種拖延提出抗議，可是直到第二天（5月26日），龍德施泰特才放手讓他們行動，就在這個時候，他還命令暫時不要以敦克爾克為直接攻擊的目標。

日記上記載了第四集團軍抗議這種限制命令的舉動，集團軍參謀長於5月27日打電話說：

海峽各港口的情況如下：大船停在碼頭邊，放著跳板，人們紛紛登船。所有的物資都丟在後面。我們不希望看到這些人以後重新裝備起來和我們為敵。

可以肯定地說，裝甲部隊曾經停止前進。不過，這並不是希特勒的主意，而是龍德施泰特的主意。龍德施泰特的見解無疑是有理由的，既考慮到了裝甲部隊的情況，也考慮到戰爭的總體形式，但他應該服從最高統帥的正式命令，或者，他至少應該告訴他們，希特勒在口頭上是怎樣對他說的。德軍司令官普遍認為失掉了一個大好機會。

在這一緊要關頭，影響德軍裝甲部隊行動的還有一些其他原因。

5月20日夜，德軍主要的裝甲部隊和摩托化部隊到達阿布維爾的海岸後，就沿著海岸經埃塔普勒向北方朝布洛涅、加來和敦克爾克前進，其目的顯然是企圖切斷所有從海上逃走的去路。由於上次大戰的經驗，這一地區的情形又重現在我的心頭，那時我曾使用機動的海軍陸戰旅從敦克爾克攻擊向巴黎進軍的德軍側翼和後衛，因此，我無需瞭解加來與敦克爾克之間的洪水系統，或格拉夫林洪水防線的重要性。水閘已經打開，洪水逐日奔流，這樣就在南面掩護了我們的退卻路線。

布洛涅的防禦戰，尤其是加來的防禦戰，一直在狼狽的局面下堅持到最後一刻。當時英國立即派遣守軍到達該地，5月22日布洛涅陷於孤立並遭到攻擊，擔任守備的是英國的兩個營和少數幾個反坦克炮隊中的一個炮隊，以及一些法國友軍。他們抵抗了36小時以後，報告稱難以支持，我同意將殘存

的守軍連同法國部隊從海路撤出。5月23日到5月24日的夜間，8艘驅逐艦在只損失了200人的情況下成功將英國守軍撤走，而法軍則繼續在城堡戰鬥到5月25日清晨。對於我們的撤退，我表示遺憾。

　　早在數天以前，我就已經將海峽各港口的防衛工作交由參謀總長直接指揮，我和他經常保持聯繫。我現在決定：必須死守加來，不准守軍從海路撤退。這裏的守軍計有步槍旅的一個營、第六十步槍旅的一個營、維多利亞女王步槍旅、皇家炮兵第二二九反坦克營和皇家坦克團的一個營，另外還有21輛輕坦克和27輛巡邏戰車，以及同樣數量的法軍。為了爭取兩天或三天的時間，竟要犧牲這些經過訓練的優良部隊，實在令人痛心。我們只有很少類似的部隊，而爭取到的兩天或三天時間是否有價值還有待商榷，這幾天究竟能起到什麼作用也難以預料。最終，陸軍大臣和參謀總長同意了這一令人痛心的舉措……。

　　加來是成敗的關鍵所在。有許多原因都可能阻撓我們從敦克爾克脫圍，不過可以肯定地說，由於加來防禦戰贏得的三天時間，我們保住了格拉夫林的洪水防線，否則，縱使希特勒遲疑不決、龍德施泰特發了命令，我們所有的後路也將被切斷，從而導致全軍覆沒。

　　關於英軍和法軍從敦克爾克撤退的情況，已有詳實而完善的記載。自從5月20日以來，艦隻的集結已在多佛爾港司令官拉姆齊海軍上將的指揮下進行。5月26日晚（下午6時57分），海軍部一聲令下，「發電機」作戰

▲ 在敦克爾克撤退中，被裝進一艘改造商船中的英軍。

計畫便開始實行，第一批軍隊當天夜裏就被運回英國。

布洛涅和加來失陷後，只有敦克爾克港和連接比利時邊境的開闊海灘還在我們手中。這時，我們認為最多只有兩天時間救出大約45000人。5月27日清晨，我們採取緊急措施搜尋更多的小型船隻，以「應付特殊的需要」。這一搜尋數量不得少於足夠撤退全部英國遠征軍之用。顯而易見的是，除了較大的船隻從敦克爾克港裝載士兵外，還需要大量的小型船隻，以備在海灘應用。根據海運部里格斯先生的建議，海軍部官員從特丁頓到布賴特靈錫之間的各個船塢中找到了40艘可用的汽艇，第二天便集中在希爾內斯。同時，倫敦各碼頭定期航輪上的救生艇、泰晤士河上的拖船、快艇、漁船、駁船、平底船和遊艇，只要可以沿海灘使用的運輸工具，都一律徵集備用。5月27日夜間，所有的小型船隻潮水似的湧向大海，先在我們的海峽港口集中，再從那裏開往敦克爾克，到達我們親愛的軍隊身邊。

一旦不再需要保密，海軍部馬上放手施為，英國南部和東南部沿海的船民普遍自發地行動起來。凡是有船的人，無論是汽船或帆船，都開往敦克爾克。好在準備工作早在一週前就著手進行了，許多人也紛紛自願加入我們的行動。5月29日開來的小型船隻數目還不多，而這只是之後開來的近400隻小型船隻的前驅。這400多艘小型船隻發揮了極重要的作用，從5月31日起，有大約10萬人被從海濱送到了遠離海岸的大船上。在這幾天裏，我沒有見到我的海軍部地圖室主任皮姆上校，和其他兩、三個經常見到的人。他們駕駛了一艘荷蘭小船，在四天內運送了800人。在敵人不斷空襲之下，前往營救軍隊的船隻共計860餘艘，其中近700艘來自英國，其餘的則是其他同盟國的。

此刻，在環繞敦克爾克的海岸上，我們對附近區域做了周密而細緻的部署。撤退的部隊到達時毫不混亂，他們井然有序地沿著防禦工事進行整頓，兩天之內我們的防禦力量便得到了極大的加強。陣容尚好的部隊被調去構築防線，損失較大的，如第二師和第五師，則作為後備隊留在海灘上，然後，儘早登船。

起初，英國在前線布置了三個軍，到了5月29日，由於法軍接過了更多的防線，所以有兩個軍就夠了。敵人拚命追擊我們的後撤部隊，激烈的戰鬥

一刻都沒有停過，兩翼靠近尼烏波特和伯格的地區更是激戰不已。隨著撤退的進行，英、法兩軍的數目都在不斷減少，防線也相應地縮短了。一連三、四天，成千上萬的軍隊在海灘的沙丘中間遭到無情的空襲。希特勒以為用德國空軍就可以使我們無路可逃，想把他的裝甲部隊留作戰役的最後一擊之用。他這個想法是錯誤的，但並非毫無道理。

然而，由於三個原因導致他的想法落了空。第一，接連不斷轟炸沿岸集結的大量軍隊，造成的傷亡極輕微。炸彈投入鬆軟的沙內，爆炸的彈片被沙子包住，散不開。起初，在一陣轟隆隆的空襲過後，士兵們驚奇地發現幾乎沒有多少傷亡。到處都有炸彈爆炸，但很少有人受傷。也許，有岩石的海岸會造成比較嚴重的結果吧。不久以後，部隊就不再對空襲感到在意了。只要他們沉著地蹲在沙丘之間，就有活下去的希望。雖然，面前的大海是灰色的，但並非不歡迎他們。在那邊，有救命的船——就快到家了。

第二，希特勒沒有料到他的飛行人員的傷亡。英、德兩國空軍的素質在這裏受到了直接考驗。英國戰鬥機盡最大的努力在戰場上空不斷巡邏，與敵人殊死戰鬥。它們一次又一次地衝入德國戰鬥機和轟炸機群，把它們打得七零八散，逐出上空，予敵以重創。每天都是這樣戰鬥，一直到英國空軍獲得光榮的勝利為止。無論在哪裡遇著德國飛機（有時德機一來就是四、五十架），英國飛機都會馬上向它們發動攻擊，往往我們的一個中隊或者不足一個中隊的飛機，便可打下幾十架敵機，敵機的損失不久就達到幾百架之多。我們最後的神聖後備軍——首都空軍部隊也全體出動，投入戰鬥。戰鬥機的飛行員有時一天出擊四次，戰果極為輝煌。儘管敵人很勇敢，還佔有優勢，但也被我們戰勝了，有些被擊退，有些則被打死，甚至被我們打得畏縮不前。這是一場決定性的戰鬥。

可惜，海灘上的部隊很少能夠見到空中的戰鬥場面，因為空戰時常在幾英里以外或雲層上空進行，他們一點也不知道空軍使敵人遭受的損失。他們所感覺到的只是敵機向海灘投下炸彈，這些從上空飛過的敵機，也許再也飛不回去了。由於不瞭解情況，陸軍中甚至對空軍產生了一種強烈的憤怒情緒，有些部隊在多佛爾或泰晤士河港口登岸時，還侮辱了穿著空軍制服的

人。他們原本應當和空軍緊緊握手的，但他們又怎麼能知道這些呢？在議會中，我千方百計地向大家說明這一事實。

　　但是，如果沒有海，所有海灘細沙的有利條件和空中的英勇戰鬥也起不了什麼作用。10天或12天以前所下的命令，已在緊急事態和人們高漲的情緒下結出了豐碩的果實。岸上和船上井然有序。海面很平靜。小船來往於海岸與大船之間，它們停在海灘邊接應士兵，運走涉水登船的、救起落水的，全然不顧敵人的轟炸，雖然轟炸常常使其遭受犧牲。但是船隻的數量優勢，足以彌補空襲造成的損失。就整個「蚊式」艦隊來說，它們是打不沉的。正當我們遭受失敗之時，敦克爾克海灘的戰鬥經過傳到了我們團結一致、不可戰勝的島國人民的耳裏，這一光榮之舉將被我們所有的史冊所永遠銘記。

　　雖然小船的工作很出色，也別忘了最繁重的任務是由軍艦所負擔的，它們來往於英國和敦克爾克港之間，載運了2/3的士兵。驅逐艦起了主要作用，私人船隻和商船的巨大貢獻也不容忽視。

　　對於撤退的進展，人們紛紛投以焦急的眼光，懷著日漸增長的希望時刻關注。5月27日晚，英國海軍當局認為戈特勳爵的陣地已十分危急。海軍部派往敦克爾克擔任高級海軍軍官一職的坦南特上校緊急電告，要求立即派遣所有能找到的船隻到海灘去，因為「明天夜間是否能撤退將成問題」。情勢很嚴重，甚至可以說是沒有希望了。為了滿足他的要求，我們盡了最大的努力，派去了1艘巡洋艦、8艘驅逐艦和26艘其他艦隻。

　　5月28日，又是緊張的一天。但由於英國空軍的有力支援，我們守住了陣地，緊張的局面因此逐漸緩和了下來。儘管我們在5月29日受到了巨大的損失（3艘驅逐艦和21艘其他船隻被擊沉，還有許多被擊傷），海軍的行動仍然照原計畫執行。

　　我們絕對沒有發生過把法軍士兵丟在後面不管的情況。在法國方面還沒有提出任何要求或怨言以前，我就下達了以下的命令：「……應盡量使法軍和我們共同從敦克爾克撤退，這是非常重要的。不要讓法軍僅僅依靠自己的航運工具。」

　　5月30日，我在英國海軍部作戰室召集海陸空三軍大臣和三軍參謀長舉

行會議。我們研究了比利時海岸當天的情況。軍隊撤退總數已達12萬人，其中只有6000名法國人。參加工作的各種船隻共860艘。在敦克爾克的海軍上將威克-沃克來電，儘管受到了激烈的轟炸，一小時前仍有4000人上船。他還認為，也許明天敦克爾克就守不住了。我強調迫切需要撤退更多的法軍，如果做不到這一點，將對我們和盟國的關係產生無法彌補的損害。我還說，當英軍的力量縮減到一個軍的時候，我們便應告訴戈特勳爵上船回國，留下一個軍長負責。英軍應堅守陣地，能守多久就要守多久，以便法軍得以繼續撤退。

我深知戈特勳爵的性格，所以我親筆給他下了一道命令，由陸軍部於5月30日下午2時正式發出：

應盡最大努力繼續防守目前陣地，以使目前順利進行的撤退行動能撤走最多的人。可每隔三小時透過比利時西部的拉・潘尼報告情況。如果仍能保持通訊，當我們認為你指揮的部隊已縮減到可以移交給一個軍長時，我們將對你下達命令，讓你與你覺得應當撤退的軍官返回英國。你現在即應指定這位軍長。如果通訊斷絕，當具有戰鬥力的部隊不超過三師的人數時，你就應移交指揮權，並按照約定的辦法回國。這是按正確的軍事程序部署的，此事不能由你個人自由行事。從政治上考慮，當你指揮的部隊只剩下一小部分時，你被敵人俘虜就等於是讓敵人獲得一種額外的勝利。你應當命令你所選擇的司令官繼續與法軍共同防禦，並繼續從敦克爾克或海灘撤退，當他認為已不能進行有組織的撤退，並且不能再給敵人以相當的殺傷時，他有權與法軍高級司令官協商正式投降，以免無謂的犧牲。

這封最後的電報很可能對另一位英勇的司令官的命運產生了影響。1941年12月底，我在白宮從羅斯福總統和史汀生先生那裏得知麥克阿瑟將軍和科雷希多[1]美國駐軍即將面臨的命運。我認為，在一位總司令指揮的部隊已經縮

---

1. 珍珠港事件後三日（1941年12月10日），日軍在呂宋島北岸登陸，麥克阿瑟下令全軍西撤進入巴丹半島，據守科雷希多。1942年3月17日，溫賴特（Wainwright）接替麥克阿瑟指揮美、菲軍隊。1942年4月9日，巴丹守軍被迫投降，1942年5月6日科雷希多失陷。

減到一小部分時，我們應當站在他的立場為他們指出適當的處置方法。羅斯福總統和史汀生先生都很專注地讀了那封電報，令我感到驚奇的是，那封電報好像給他們產生了很深的印象。過了一會兒，史汀生就向我要了一份電報抄件，我立刻給了他。也許（因為我不知道）這封電報促使他們作出了正確的決定，命令麥克阿瑟將軍把他的指揮權交給部下的一位將軍，這位偉大的司令官才在後來得以屢建戰功，否則即便不死也會成為日本的俘虜，不能參加後來的戰鬥。我希望我這個看法是正確的。

5月30日，戈特勳爵的參謀人員與在多佛爾的海軍上將拉姆齊會商後通知戈特說，6月1日白天是有望守住東部周邊陣地的最後時間，應採取非常的緊急措施，盡可能確保撤退時還有大約4000人的英國後衛部隊留在海岸上。我們後來發現這一兵力不足以防禦最後的掩護陣地，於是決定將英軍的防禦陣線一直保持到6月2日午夜之前，同時在完全平等的原則下撤退英軍和法軍的殘存力量。5月31日晚，當戈特勳爵遵照命令將指揮權交與亞歷山大少將並回到英國時，情況就是如此。

5月31日和6月1日兩天，雖然敦克爾克的戰事還沒有結束，但已到了最

▲ 成功從敦克爾克撤離的英軍。

後關頭。兩天來，平安登陸英國的士兵已超過132000人，其中將近有1/3是在猛烈的空襲和炮火下，由小船從海灘撤出來的。

自6月1日清晨起，敵軍轟炸機開始拚命轟炸，每當我們自己的戰鬥機必須飛回加油時，他們便乘隙而來。敵機的襲擊使密集的船隻遭受嚴重的損失，單單這一天的損失，幾乎等於上週的總和。由於空襲、水雷、快速魚雷艇的襲擊，或其他不幸事故而沉沒的船隻就有31艘，被擊毀的有11艘。在陸地上，敵人增加了對

橋頭陣地的攻擊，他們竭力想衝進去，但遭到盟軍後衛部隊的拚命抵抗，被全部擊退。

最後階段的撤退工作已經進行得很熟練和嚴密了。這是我們第一次能夠事先作好計畫，而不像過去那樣臨時看情況辦事了。6月2日拂曉，約有4000名配備著7門高射炮和12門反坦克炮的英軍，與相當數量的法軍堅守縮小了的敦克爾克周邊陣地。撤退工作現在只能在晚上進行，海軍上將拉姆齊決定把一切可以利用的船隻一併調到敦克爾克港。除拖船和小艇外，包括11艘驅逐艦和14艘掃雷艇在內的44艘艦隻於當晚從英國出發，另有40艘法國和比利時船隻也參加了行動。

英國的後衛部隊在午夜以前就上船了。然而，敦克爾克的戰事並沒有到此結束。那天夜裏，我們打算撤退更多的法軍，其人數要大大超過他們自己提出的要求。結果，當我們的船隻（其中有許多還是空的）要在拂曉撤退時，還有大量法軍留在岸上，許多法國士兵還在與敵人接觸中。我們必須再作一次努力。這些天來，儘管船員持續工作缺少休息，早已筋疲力竭，但他們還是響應了號召。

6月4日，有26175名法軍士兵成功登陸英國，其中的21000多人是由英國艦隻載運的。不幸的是，仍有數千人滯留敦克爾克未被撤走，他們在愈來愈縮小的橋頭陣地裏一直戰鬥到6月4日早晨。當時，敵人已經進入該城周邊，他們英勇地戰鬥了許多天，掩護他們的英國和法國同伴撤退，用盡了所有的力量。接下來，他們將在俘虜營裏度過漫長的歲月。請讓我們銘記：如果沒有敦克爾克後衛部隊堅持戰鬥，我們在英國重建一支保衛本土和爭取最後勝利軍隊的工作，就會大受挫折。

最後，6月4日下午2時23分，在法國同意之下，英國海軍部宣布「發電機」作戰計畫現已完成。

議會於6月4日開會，我有責任先公開，然後在秘密會議中向議員報告全部經過。我的講話稿現在還留存，這裏只摘引其中的幾段。我們不僅應當向自己的人民闡明，而且也應當向全世界闡明，我們繼續戰鬥的決心有可靠的依據，而不是一種絕望的掙扎，這是刻不容緩的。同時，把我自己對於抱有

信心的道理加以說明，也是必要的。

我們必須非常慎重，不要把這次援救說成是勝利。戰爭無法靠撤退贏得。但是，這次援救中卻蘊藏著勝利的可能，我們應當注意到這一點。

這一勝利是在我們空軍的努力下獲得的。歸來的許多士兵沒有見到空軍的活動，他們看到的只是我們空軍掩護性攻擊中逃脫的敵軍轟炸機。他們低估了我們空軍的作用。對於這件事，我曾聽到許多議論，我現在之所以要離題來談談這件事，其理由就在這裏。我一定要把這個事實告訴你們。

這一次是對英國和德國空軍實力的重大考驗。德國空軍的目的是要使我們無法從海灘撤退，並要擊沉在那裏的數以千計的密集船隻。除此以外，你們還能想像出他們有什麼更大的目的嗎？從整個戰爭的目的來說，還有什麼更大的軍事重要性和軍事意義呢？德軍曾全力以赴，但他們終於被擊退了，在執行任務中遭到了挫敗。我們成功地撤退了陸軍，而德國付出的代價，四倍於對我們造成的損失……已經證明，我們各種類型的飛機和所有的飛行人員比起現在面臨的敵人要更加優越。

當我們說起在英倫上空抵禦來自海外的襲擊將更有好處時，我應當指出，我從這些事實裏找到了一個可靠的論據，我們實際可行而又萬無一失的辦法，就是根據這個論據想出來的。首先，讓我對這些年輕的飛行人員表示敬意。龐大一時的法國陸軍，在幾千輛裝甲車的衝擊下一敗塗地，潰不成軍。難道文明事業不能由幾千名飛行員用他們的本領和忠心來保衛住嗎？

有人告訴我們，希特勒先生有一個入侵英倫三島的計畫。過去也時常有人這麼盤算過。當拿破崙帶著他的平底船和大軍在布洛涅駐紮一年以後，有人對他說，「英國那邊有厲害的雜草。」是的，自從英國遠征軍歸來後，這種雜草當然就更多了。

現在，我們在英國本土擁有的兵力，比在這次大戰或上次大戰中任何時候的不知要強大多少倍。這一事實當然能對抵抗入侵的本土防禦問題產生有利的作用，但不能這樣繼續下去。我們不能滿足於打防禦戰，我們對盟國負有義務，我們必須再重新組織、重新建立在英勇的總司令戈特勳爵指揮下的英國遠征軍。這一切都在進行中，但在此期間，我們必須使英國本土的防禦

達到某種高度的組織水準，即只需極少數人便可有效地保障安全，同時又可發揮最大的進攻潛力。而我們現在正進行這方面的部署。

我在結束語中有一段話，正如將來可以看到的，對美國的決策產生了及時的重要影響。

儘管歐洲的大片土地和許多古老聞名的國家，已陷入或可能陷入秘密員警和納粹統治的種種罪惡機關的魔掌，我們也毫不動搖、毫不氣餒，我們將戰鬥到底。我們將在法國作戰，我們將在大海和大洋中作戰，我們將具有愈來愈大的信心，和愈來愈強的力量在空中作戰；我們將不惜任何代價防衛本土，我們將在海灘上作戰，我們將在敵人登陸的地點作戰，我們將在田野和街頭作戰，我們將在山區作戰；我們決不投降；即便我們這個島嶼大部或全部被征服並陷入饑餓之中——我從來不相信會發生這種情況——我們在海外的帝國臣民，在英國艦隊的武裝和保護之下也將繼續戰鬥，直到新世界在上帝認為合適的時機，拿出它所有的力量，來拯救和解放這個舊世界。

第10章
競相爭奪：狼與熊

英國和義大利兩國間的友誼，自加里波第和加富爾時代開始就有了。義大利北部從奧地利統治下獲得解放的每一階段、義大利走向統一與獨立的每一步，都曾博得維多利亞時代自由主義者的同情。這已經產生了一種親密而持久的感情。

義大利曾在與德國和奧匈帝國締結的三國同盟條約中約定，無論在何種情況下，義大利都不得捲入對英國的戰爭。在第一次世界大戰中，義大利之所以參加協約國，受英國的影響最大。墨索里尼上臺和作為反布林什維主義的法西斯主義的建立，最初的時候曾使英國輿論分成幾派，但也沒有影響兩國人民之間廣泛的友好基礎。

我們可以看到，在墨索里尼侵略埃塞俄比亞的計畫引起嚴重爭議之前，他曾和英國一道反對希特勒主義和德國的野心……我們還看到，在綏靖主義盛行之時，張伯倫先生、撒母耳‧霍爾爵士和哈利法克斯勳爵為了和墨索里尼重修舊好，曾真心誠意地付出一番努力，結果卻是徒勞。最後，墨索里尼越來越自信，認為英國的太陽已經落山，在大英帝國的廢墟上，義大利可以藉助德國的幫助重建輝煌。緊接著，柏林─羅馬軸心便形成了。顯然，義大利在戰爭爆發的頭一天便會參加對英、法兩國的戰爭。

在墨索里尼使他和他的國家無可更改地承擔義務之前，他只要稍稍慎重一些，便應當先看看戰爭發展的趨勢。採取等待的辦法，絕非毫無益處。雙方都在爭取義大利，義大利的利益得到了其他國家的充分尊重，它簽訂了許多對自己有利的協定，並且贏得了改進軍備的時間。這樣，局勢未明的幾個月過去了。假使義大利一直保持這種政策，它的命運究竟會如何，還有待我們猜測。美國可以利用大量美籍義大利人的投票，更清楚地向希特勒表明：

90

想用武力把義大利拉到你那一邊去，將造成極其嚴重的後果。堅持中立就可獲得和平、繁榮以及力量的不斷增長。一旦希特勒與蘇聯發生糾紛，這種美好的狀態幾乎可以無限期地延長下去，好處愈來愈大。無論在和平或在戰爭行將結束的一年中，墨索里尼都將成為這個陽光普照的半島，及其勤勞富裕的人民歷史上僅有的賢明的政治家。這種情況要比他後來遇到的實際情況好得多。

1924年以後的數年間，當我在鮑德溫內閣任財政大臣時，我曾在保持義大利與英國之間的傳統友誼上盡到了最大的努力。我與義大利沃爾皮伯爵商定的

▲ 1937年9月，墨索里尼和希特勒在柏林。

債務結算辦法，比對法國採取的辦法優厚得多。這位義大利的領袖之一曾向我表示最衷心的感謝，而我費了很大力氣才謝絕他給我的最高榮譽勳章。此外，在法西斯主義和布林什維主義發生衝突的時候，我的同情和信念究竟在哪一方，這是毋庸置疑的。

我曾在1927年兩次與墨索里尼會面，我們的個人關係很親密和融洽。在埃塞俄比亞問題上，除非我們最後走上極端，準備打仗，我是決不會鼓勵英國與義大利決裂，或者鼓動國際聯盟反對墨索里尼的。對於我提議重整英國軍備的主張，儘管墨索里尼為英國輿論的反對而感到高興，但和希特勒不一樣，他是極為理解和尊重這一主張的。

我們現在處於法國戰事慘敗的危機中，我身為首相，顯然有責任盡我最大的努力，使義大利置身於戰爭之外。雖然我並沒有抱持過多的幻想，但我還是動用了我所有的手段和影響力這麼做了。在我出任政府首腦六天以後，我根據內閣的願望，給墨索里尼寫了一封呼籲信。這封信連同他的回信一起，兩年之後在與當時不大相同的情況下發表了。

首相致墨索里尼先生：

目前，我已出任首相並兼任國防大臣，回顧我們在羅馬的會晤，我甚願越過這似乎正迅速擴大的鴻溝，向你這位義大利民族的領袖申述我的友好之意。制止在英、義兩國人民之間造成血流成河的局面，是否為時已晚呢？我們兩國之間的不和，無疑將使我們互相殘殺、兩敗俱傷，並使地中海上空密布烏雲。如果你硬要這麼做，其結果必然如此。但我聲明，我從來不是偉大的義大利的敵人，打心眼裏從沒有想過要和義大利的立法者作對。目前在歐洲激烈進行的大戰，其趨勢尚難預料，但我確信，無論大陸上發生什麼事情，英國一定會像過去那樣堅持到底，即便是單獨作戰，也會堅持。我有幾分把握，相信我們將獲得美國，甚至美洲各國日益增加的援助。

請你相信，我之所以發出這種莊嚴的呼籲，並不是因為我們力量軟弱或內心恐懼，這一點將來是會載諸史冊的。凌駕於若干世紀以來其他種種要求之上的，是這樣一種呼聲：拉丁文明和基督教文明的共同繼承者，切莫陷入你死我活的鬥爭中。請傾聽這一點，在可怕的信號發出以前，我以一切榮譽和尊敬懇求你：我們決不要發出這樣的信號。

1940年5月16日

回信很冷淡，優點是至少說話很坦率。

墨索里尼先生致首相：

我之所以回答你的來信，是為了告訴你，你一定知道使我們兩國處於敵對陣營的偶然的重大歷史原因。不必追溯得太遠，我願提醒你，貴國政府於1935年在日內瓦首先提出要對義大利進行制裁。當時義大利不過是為了要在非洲的陽光下獲得一小塊空間，它絲毫未損害貴國或其他國家的利益和領土。我也願提醒你，看看義大利在它領海裏受人奴役的真實情況。如果貴國政府對德宣戰是為了給你的簽字增添榮譽，那麼，你就應當明白，無論發生什麼事情，我們對義德條約擁有同樣的榮譽感和尊嚴感，這將指導義大利現在和未來的政策。

1940年5月18日

從這時起，我們對墨索里尼打算在對自己最有利的時刻參戰，已毫不懷

疑了。實際上，當法國戰敗的跡象已經很明顯時，他就跟著下定決心了。他在5月13日告訴齊亞諾，要在一個月之內對英、法兩國宣戰。5月29日，他通知義大利的三軍參謀長，他已正式決定在6月5日以後的恰當時機宣戰。後來，在希特勒的要求下，這一宣戰的日期最終延長到了6月10日。

在法國政府的建議下，我們曾於5月25日聯合請求羅斯福總統進行干預。在致羅斯福的信中，我們授權他說明：英、法兩國瞭解義大利在地中海地區的領土問題上懷有宿怨，我們打算考慮義大利提出的任何合理要求，同盟國允許義大利以一種與任何交戰國相等的地位參加和平會議，還將邀請羅斯福總統監督所達成的一切協議的實行。羅斯福總統照辦了，但他的說明被這位義大利獨裁者極端粗暴地拒絕了。在我們與雷諾會談的時候，我們就已經得到了羅斯福總統的答覆。法國總理則提出了更明確的建議。顯然，如果用他的那些建議來矯正義大利在「自己的領海裏受人奴役的情況」，那肯定會影響直布羅陀和蘇伊士的地位。法國準備就突尼斯問題作同樣的讓步。

我們無法對這類意見表示出絲毫的贊同，並不是因為不應對此加以考慮，也不是因為在意是否值得花那麼大的代價去避免義大利參戰。我自己的感覺是：根據我們當時的處境來看，如果我們戰敗的話，任何墨索里尼想要的，他都盡可以親自去拿，或者由希特勒送給他。在一方看來已將死亡時，是很難與他人討價還價的。一旦與其開始所謂友好調停的談判，就會破壞我們繼續作戰的力量。我發覺同僚們都很堅決，毫不動搖，我們更偏向於當墨索里尼宣戰時，馬上轟炸米蘭和都靈，看看他的反應如何……。

這樣的態度並沒能阻止法國政府幾天後直接向義大利提出領土的讓步，這讓墨索里尼更加輕蔑。齊亞諾在6月3日向法國大使說：「墨索里尼對透過和談從法國收回任何領土的建議毫無興趣，他已決定對法宣戰。」這正是我們早已預料到的。

雖然美國盡到了最大的努力，但沒能使墨索里尼回心轉意。當最後的時刻到來時，我們應對新的攻擊和糾紛的準備早已相當充分了。6月10日下午4時45分，義大利外交部部長通知英國大使，義大利認為從當天午夜起就與聯合王國處於戰爭狀態了，同樣的照會也送達了法國政府。

在齊亞諾將照會遞交給法國大使弗朗索瓦-蓬塞時，弗朗索瓦-蓬塞先生一面走向門口，一面說：「你們會發現，你們的德國主子不是那麼好侍候的。」在羅馬，站在自己陽臺上的墨索里尼向組織好的群眾宣稱，義大利與英、法兩國已處於交戰狀態。據說，齊亞諾之後曾為之辯解，這是「5000年才有一次的機會」。這樣的機會雖然少見，但不一定會是個好機會。

義大利立即進攻阿爾卑斯陣地的法軍，英國也立即對義大利宣戰，奪取了被阻攔在直布羅陀的5艘義大利艦隻，英國海軍奉命截奪海上所有的義大利船隻，並將它們帶到我們控制的港口。5月12日夜晚，我們的轟炸機隊從英國起飛，經過長距離飛行（即輕載飛行）之後，在都靈和米蘭投下了第一批炸彈。在我們的預期中，一旦我們能夠使用法國的馬賽機場，我們就要讓對方嘗嘗比這還大得多的炸彈滋味。

我會簡單地介紹一下法意戰役，這也許比較方便。法國只能集結三個師以及相當於三個師多一點的要塞部隊，抵禦義大利西部集團軍從阿爾卑斯山山口和里維艾拉沿岸發動的進攻。該集團軍共有32個師，處於義大利翁伯托親王的指揮下。此外，德國強大的裝甲部隊，正迅速地沿羅納穀而下，馬上就要橫斷法國的後方。儘管如此，義大利人還是遭到了抵抗，甚至在新陣線的每一點上都被法國阿爾卑斯部隊牽制住。即便在巴黎陷落、里昂也已落入德軍之手後，義軍仍毫無進展。因此，在6月18日墨索里尼和希特勒在慕尼克會面時，這位義大利領袖沒有什麼可吹噓的。於是，義大利在6月20日發動了新的攻勢。然而法軍的阿爾卑斯陣地被證明是難以攻陷的，義軍向尼斯方向的主攻在芒通的郊外停滯了。雖然法軍在東南邊境上保住了它的榮譽，卻被德國從南面抄了後路，從而無法再繼續戰鬥。同時，法國與德國締結的停戰協定，也連帶有向義大利要求停止敵對行動的條款。

我對義大利悲劇的敘述，也許可以用不幸的齊亞諾在他的岳父下令處決他前寫給我的一封信來結束。

邱吉爾先生：

你也許不會感到驚奇，當我臨近死期的時候，竟要向你略道衷曲，因為我對你景仰備至，把你看作一位十字軍的戰士，雖然你有一個時期曾對我說

過不公正的話。

在違背祖國和違反人道的罪行中，在與德國人共同作戰時，我從來不是墨索里尼的幫兇。事實恰恰相反，如果說我去年8月在羅馬失蹤，那是因為德國人使我相信，我的孩子們已處於緊急的危險中。他們滿口答應把我送到西班牙，但違反我的意志將我和我的家屬放逐到巴伐利亞。現在，我在維羅納的獄中已將近三個月了，備受黨衛軍的野蠻虐待。我的末日已經臨近。有人告訴我說，數日之內我的死期即將決定，然而在我看來，這正好使我免受這每天的苦難折磨。我寧死也不願看到義大利在德國的統治下，蒙受恥辱和不可補償的損害。

我現在要贖我的罪：我曾親眼目睹而且深深痛恨希特勒和德國人為發動這次戰爭所做的冷酷而無情的準備。在密室中看到這些萬惡的匪徒準備將世界投入一場血戰的外國人，只有我一個。按照匪徒的規矩，他們現在計畫要鎮壓一個危險的證人。但他們的估計錯了，因為很早以前我就把自己的日記和各種文件存放在一個安全的地方了。它們比我本人更能證明這些人所犯的罪行，證明後來那既可悲又卑鄙的傀儡墨索里尼為了他的虛榮和無視道德的價值，而加入他們那一夥的情形。

我已作了安排，在我死之後，這些文件（佩西・洛恩爵士出使羅馬時就知道這些文件）會儘快由盟國的報紙發表。也許我今天向你貢獻的只是很少的一點，但是我只有這一點以及我的生命能貢獻給自由和正義的事業，我深深相信這種事業終將要得到勝利。

請把我的證詞發表出去，好讓世人瞭解，讓世人痛恨和記住，並讓那些對未來下判斷的人不至忽略這一事實：義大利之所以遭到不幸，不是它的人民的過失，而是一個人可恥行為的罪過。

你誠實的格・齊亞諾

維羅納，1943年12月23日

羅斯福總統於1940年6月10日夜間發表了一篇演說。大約在午夜時分，當時我仍在海軍部辦公，和一部分軍官在海軍部作戰室收聽了這篇演說。他強烈地譴責義大利，「1940年6月10日這一天，手持匕首的人將匕首刺進了

他的鄰人的後背」，這時室內發出了一陣滿意的呼喊。我不知道在即將來到的總統選舉中美籍義大利人會如何投票，但我知道羅斯福是一位很有經驗的美國政黨政治家，為了表明自己的決心，他從來不畏懼風險。這是一篇極為漂亮的演說，充滿了情感，並給我們帶來了希望的資訊。在臨睡前，我趁自己印象深刻之際，給總統寫信表示我的謝意。

前海軍人員[1]致羅斯福總統：

昨天夜裏，我們收聽了你的演說，你宣言中的遠見卓識增強了我們的信念。你關於美國將給予戰爭中的盟國以物質援助的聲明，對於目前正處於黑暗但還不到絕望時刻的盟國是種有力的鼓舞。必須竭盡所能使法國繼續戰鬥，並防止任何這樣的想法，即巴黎一旦陷落就成為談判的時機。你所激起的希望，將賦予他們堅持的力量。法國應當繼續保衛每一寸土地，並發揮他們陸軍的全部戰鬥力量。這樣，想速戰速決的希特勒將受挫折，從而轉向我們，我們現在正準備抵抗他的兇焰，保衛我們的疆土。由於救出了英國遠征軍，我們本土並不缺乏軍隊，一旦我們有了適合大陸軍事需要的更好裝備，就會把它們派往法國。

我們的打算是組織一支強大的軍隊到法國作戰，進行1941年的戰爭。關於飛機，包括飛艇在內，我已給你發去電報。在當前這個生死存亡的關頭，我們非常需要這些，但更需要的是驅逐艦。義大利的暴行使我們必須利用驅逐艦以應付更多的潛艇，這些潛艇可能進入大西洋，也許還會在西班牙的港口建立它們的基地。唯一能對付潛艇的艦隻是驅逐艦。對我們來說，最重要不過的，就是要把你們為我們重新裝備的三、四十艘舊驅逐艦拿到手。很快，我們就可以給它們裝上我們的潛艇探測器。在我們戰時新建造的艦隻下水之前，這可以在這六個月內彌補我們艦隻的不足。無論什麼時候你需要這些艦隻，請提前六個月通知，我們一定把原艦或價值相等於原艦的艦隻歸還給你，決不延誤。

今後的六個月至關重要。如果我們一面要保衛東海岸免遭敵人入侵，一

---

1. 邱吉爾與羅斯福的通信中，常用這個詞來稱呼自己。

面又要應付德、義潛艇對我們商船發動的新襲擊，將是我們力所不能及的，我們賴以生存的海洋交通就可能被切斷。一天也不容損失。我和我的同僚對你為我們當前確應稱之為共同事業所做的，以及想要做的種種努力，謹此表示由衷的感謝。

1940年6月11日

競相搶奪的場面開始了，但墨索里尼並不是唯一爭食的餓狼，和狼合夥的還有熊。

我曾經講到截至戰爭爆發及敵對行動開始以前的英、蘇關係。在蘇聯侵略芬蘭期間，蘇聯和英、法兩國的關係實際上已瀕於破裂。這時，德國和蘇聯在深刻的利害衝突能容許的範圍內緊密合作。作為極權主義者，希特勒和史達林有許多共同之處，兩者的政府制度也頗類似。在每一個重要場合，莫洛托夫對德國大使舒倫堡伯爵總是笑臉相迎，冒失而卑鄙地贊同德國的政策，並稱讚希特勒的軍事措施。當德國進攻挪威時，他（4月7日）說蘇聯政府瞭解德國是被迫採取這種措施的，還說英國人的確做得太過分了，完全忽視了中立國的權利……「我們希望德國在它的防禦措施中完全成功」。

5月10日上午，希特勒煞費苦心地把自己將對法國和保持中立的荷蘭、比利時、盧森堡三國發動的進攻通知了史達林。舒倫堡寫道：「我拜訪莫洛托夫。他讚賞這個消息，還說他瞭解德國必須反抗英、法的攻擊以保護自己。他毫不懷疑我們將獲得成功。」

當然，我們在戰爭結束以前並不瞭解他們所說的話之含義。對於蘇聯的態度，我們絲毫不抱幻想。我們仍然遵循一種耐心的政策，試圖與蘇聯重建互相信賴的關係，把希望寄託在事態的演變和蘇聯與

▲ 1939年波蘭戰役中，與蘇聯指揮官謝苗・克里沃申（右）談笑風生的海因茨・古德里安（中）。

德國根本的對立上。我們認為聰明的辦法是藉助斯塔福德・克里普斯爵士的才能，由他出任駐莫斯科的大使。他願意接受這一前途黯淡且無成功希望的任務。那時的我們還沒有充分體會到，比起對保守黨人或自由黨人的痛恨來說，蘇聯共產黨人更加痛恨左翼的政治家。除非這個人加入了黨，否則他在情感上越和共產主義接近，便越是會受蘇聯人的厭惡。

蘇聯政府同意接受克里普斯為大使，並將這一消息通知了他們的納粹同夥。5月29日，舒倫堡向柏林報告：「蘇聯非常希望以木材換取英國的橡膠和錫。克里普斯出使蘇聯，沒有使人忐忑不安的理由，因為沒有理由懷疑蘇聯對我們的忠誠態度，而且由於蘇聯並沒有改變自己對英政策的方向，因而對德國或德國的重大利益絕無危害。沒有任何跡象表明，德國最近的成功曾在蘇聯政府中引起對於德國的驚慌或恐懼。」

法國的崩潰、法軍的毀滅以及西方一切勢力均衡的破壞，應該會在史達林的頭腦裏產生某種反應，但蘇聯的領袖似乎對自己的危險沒有任何警覺。在6月18日法國遭到全面失敗時，舒倫堡報告：「莫洛托夫今晚請我到他的辦公室去，代表蘇聯政府對德國武裝力量的偉大成就表示最熱烈的祝賀。」

從這時算起，差不多正好是一年以後，同一武裝力量，完全出乎蘇聯政府的意料之外，將瀑布似的炮火和鋼鐵傾瀉到了蘇聯的領土上。我們後來才知道，希特勒在1940年擊敗法國僅僅四個月之後，便毅然決定了要對蘇聯進行殲滅戰，那些曾經一度被蘇聯熱烈祝賀過的德軍，向東方開始了路程遙遠、規模龐大且隱秘無聲的進軍。蘇聯政府和它的共產黨代理人以及遍布世界的夥伴們，在對他們錯誤的估計和過去的行徑進行反思後，不得不發出了開闢第二戰場的呼聲，而曾被他們認為註定要遭受毀滅和奴役的英國，則將在這第二戰場上扮演主要的角色。

然而，比起那些冷酷無情的策劃者，我們更能真實地洞察未來，我們更瞭解他們的危險和利益所在。這時，我第一次寫信給史達林。

首相致史達林先生：

在此歐洲面貌時刻處於變化之際，我願趁你接見英王陛下新大使的機會，請他轉交我本人寫給你的一封信。

競相爭奪：狼與熊

　　從地理上看，我們兩國位於歐洲的兩端，再從政治制度來看，我們兩國代表了兩種極不相同的政治思想體系，但我相信，這不會妨礙我們兩國之間在國際交往中形成和諧互利的關係。必須承認，過去（誠然是在最近的過去）我們的關係由於互相猜疑而受到危害。去年8月，蘇聯政府決定，為了蘇聯的利益中止與我們的談判，並與德國結成密切的關係。因此，德國幾乎是在成為我國敵人的同時成了貴國的朋友。

　　但從那時起便發生了一種新的因素，使我敢於設想，我們兩國都願意重新建立以前的關係，以便在必要時能就那些必然與我們雙方都有利害關係的歐洲事務進行商談。

　　目前擺在全歐洲（我們兩國也包括在內）面前的問題，就是歐洲各國對於德國在大陸建立霸權的形勢將如何反應。由於我們兩國都不是位於歐洲中央而是位於它的兩端，所以我們擁有一種特殊的地位。其他國家在地理位置上沒有我們幸運，因此我們能夠比它們更好地抵抗德國的霸權。正如你所知道的，英國政府的確想利用其地理位置和龐大資源來達到這一目的。

　　事實上，英國的政策集中於兩個目的，一個是使英國免遭納粹政府企圖強加在它頭上的日耳曼統治；另一個是把歐洲的其餘部分從德國正在強加在它們身上的統治中解放出來。

　　德國正試圖在歐洲建立的霸權是否威脅蘇聯的利益，這有待蘇聯自己來判斷。如果構成威脅的話，最好應該用什麼樣的辦法來保衛，也只能由你們自己決定。但我已感覺到，歐洲（實際是全世界）目前經歷的危機是如此嚴重，因此，我認為應將英國政府所感受到的情況如實地向你坦白陳述。我希望這樣做可以保證：蘇聯政府在與斯·克里普斯爵士的任何商談中，對英王陛下政府的政策，或者對英國政府準備就德國目前試圖在歐洲推行分階段征服與吞併的嚴密計畫而引起的廣泛問題，與蘇聯政府進行充分磋商的願望，不至有所誤解。

1940年6月25日

　　蘇聯沒有答覆，我也不期待能得到答覆。斯塔福德·克里普斯爵士平安抵達莫斯科，並與史達林舉行了一次純屬禮儀性的冷淡會見。在這個時候，

▲ 1940年6月14日，德軍開進巴黎，一位法國男人無法抑制地哭泣，這是巴黎四年被佔領時光的開始。

蘇聯政府正忙於攫取擄獲物。在6月14日，即巴黎陷落的那一天，莫斯科方面對立陶宛下了最後通牒，指控它和其他波羅的海國家對蘇聯搞軍事陰謀，要求它徹底改組政府並作軍事上的讓步。6月15日，紅軍進犯立陶宛，斯梅托納總統逃往東普魯士。拉脫維亞和愛沙尼亞遭到同樣的命運。這些小國必須立即成立親蘇政府並准許蘇軍進駐，抵抗則是根本談不上的。拉脫維亞的總統被放逐到蘇聯，維辛斯基先生到來，指定了一個臨時政府，辦理新的選舉。在愛沙尼亞也如法炮製。6月19日，日丹諾夫到達塔林，建立了同樣的政權。從8月3日到8月6日，在拿掉了友好、民主的親蘇政府假幌子後，克里姆林宮將波羅的海各國併入蘇聯。

蘇聯對羅馬尼亞的最後通牒，於6月26日晚10時送交羅馬尼亞駐莫斯科公使。羅馬尼亞被要求割讓比薩拉比亞和布科維納省北部，並要求於第二天立即答覆。德國雖然被蘇聯這種威脅它在羅馬尼亞經濟利益的突然行動所激怒，但受1939年8月的德蘇條約約束，該條約承認蘇聯在東南歐這些地區享有獨佔的政治利益，德國政府遂勸羅馬尼亞屈服了。

6月27日，羅馬尼亞軍隊從上述兩個省撤退，羅馬尼亞領土落入蘇聯之手。蘇聯武裝部隊牢牢地駐紮在了波羅的海沿岸和多瑙河河口。

第11章
慘烈的不列顛空戰

於 1940年夏天，我們在法國淪陷後陷入了孤立無援的境地。英國各自治領、印度或各殖民地都無法給予我們有力的支援或及時的供應。不斷取得勝利的德軍，不但裝備齊全，後方還有許多繳獲的武器和兵工廠。它們正大批集結，準備對英國作最後的一擊。擁有強大軍隊的義大利已向我們宣戰，一心要在地中海和埃及把我們打垮。在遠東，日本心懷巨測地瞪大了眼睛看著我們，並直截了當地提出要封鎖滇緬公路，以斷絕對中國的物資供應。蘇聯對納粹德國負有條約義務，並在原料方面大力支援希特勒。西班牙已經佔領了坦吉爾國際共管區[1]，並要求取得直布羅陀，隨時可能與英國為敵，或請德軍協助它進攻直布羅陀，抑或架設大炮封鎖直布羅陀海峽的通道。在貝當和波爾多政府統治下的法國，剛剛被遷至維希，隨時有可能被迫向我們宣戰。而在土倫，殘存的法國艦隊也將落入德國人之手。

的確，我們的敵人可真不少。

奧蘭事件以後，各國已經看清了英國政府和英國人民戰鬥到底的決心。然而，雖說英國不存在士氣不振的弱點，可又如何克服那些嚴重的具體困難呢？要知道，英國國內的陸軍除了步槍以外，其他什麼武器也沒有。事實上，英國所有的各型火炮不足500門，中型和重型的坦克不到200輛。那些要用來彌補敦克爾克損失的軍火，工廠要好幾個月之後才產製得出。全世界普遍認為英國的末日已經到來，這一點都不奇怪。

---

1. 第二次世界大戰前，坦吉爾由英、法、西、義四國共管。大戰爆發後，法國戰敗，西班牙遂於1940年6月14日派兵進佔坦吉爾；至同年12月，宣布廢除「國際共管」，把坦吉爾併入西屬摩洛哥。摩洛哥獨立後，恢復了對坦吉爾的主權。

▲ 不列顛空戰期間，睡在衣櫃中的英國孩子。

極度不安的情緒彌漫了整個美國，其他所有倖存的自由國家也是如此。當時，許多美國人都懷著沉重的心情暗自忖度：為了這樣一種慷慨而無望的感情浪費自己有限的資源真的合適嗎？他們不正該盡心竭力愛護每一件武器，以補救自己疏於備戰的過錯嗎？

要撇開這些令人信服、以事實為根據的論點，就需要有非常正確的判斷。美國那位賢明的總統和他的重要官員與高級顧問，即便面臨第三屆總統大選，也從未對我們的命運和意志失去信心，英國對他們實在感激不盡。

英國人民具有那種既樂觀又沉著的特質，能用詞語描述它是我的一種光榮，有了這種特質就可挽回頹局。我們英國人，曾在戰前的歲月裏陷入極端和平主義，既缺乏遠見，又沉迷於政黨政治的角逐；疏於防備，卻又漫不經心地涉獵於歐洲事務的中心。這一時刻，我們面臨著一項任務，要同時清算過去的善良心意和疏忽的安排。對此，我們一點也不感到沮喪。

我們藐視那些歐洲的征服者，寧願血染英倫本土，也不願投降。這必然會在歷史上寫下光榮的一頁。這類故事歷史上比比皆是，雅典人曾經被斯巴達所征服，迦太基人曾獨力抗擊過羅馬。在過去的史冊上，這樣的記載並不少見——還有好多悲劇根本沒有記載，或被人們永遠遺忘，一些英勇、自豪和開明的國家，甚至連整個民族都被消滅，只有名字留了下來，有些國家甚至連名字也失傳了。

我們島國的地位有其獨特軍事技術上的有利條件，瞭解這一點的英國人並不多，而外國人則更少。甚至在戰前那些舉棋不定的年代裏，怎樣在海防以及後來的空防上保持重要設施這一點，也不是每一個人都能認識到的。不列顛人在英格蘭土地上看到敵人的營火，已經是將近一千年以前的事了。

在不列顛抗戰的關鍵時刻，每一個人的表現都很沉著，寧願豁出自己的性命去決一死戰。這就是我們的心情，全世界無論是敵是友都逐漸認清了這一點。這種心情根據的是什麼呢？那就是只有用暴力才能解決問題。

那時，我們的命運取決於能否贏得空戰的勝利。德國領導人已經看出，他們能否實現入侵不列顛的一切計畫，完全取決於能否控制英吉利海峽，及其在英國南部海岸選定登陸地點的制空權。無法防禦英國空軍的襲擊，意味著無法進行登船港口的布置、運輸艦隻的集結、航道的掃雷和敷設新的水雷區。完全掌握運輸艦隻和海灘上空的制空權，是德國實現橫渡海峽和登陸的決定條件。因此，最終的結果如何，要看是否能夠摧毀英國空軍和倫敦與海岸之間的機場系統。

我們現在知道，希特勒曾在7月31日對海軍上將雷德爾說：「如果經過八天的激烈空戰之後，德國空軍還未大量摧毀敵人的空軍、港口和海軍的話，作戰行動就勢必要推遲到1941年5月。」那時要打的就是這樣一場戰爭。

對這場即將到來的實力對決，我個人在心理上毫無畏懼。

我曾在6月4日對議會說：「龐大一時的法國陸軍在幾千輛裝甲車的衝擊下一敗塗地、潰不成軍了。難道文明事業不能夠由幾千名飛行員用他們的本領和忠心來保衛住嗎？」我又在6月9日對史末資說：「我現在只看到一條唯一可靠的出路，那就是讓希特勒來進攻，在他進攻的時候摧毀他的空中武器。」這個時機已經到來了。

在法蘭西之戰中，德國對其空軍的使用已經到了極限。和德國海軍在挪威戰役以後的情況一樣，德國空軍需要數週甚至數月的休整。這段時間對我們也是有利的，因為除三個中隊以外，我們所有的戰鬥機中隊都先後參加了歐洲大陸的戰鬥。希特勒沒有想到的是，在法國崩潰以後，英國還是不肯接受和平建議。像貝當元帥、魏剛以及法國許多將軍和政治家一樣，他不理解一個島國單獨具有、不依靠外援的智慧。而且，和這些法國人一樣，他錯誤地判斷了我們的意志力。我們已經走過了一段漫長的道路，而且從慕尼克以後學到了不少的東西。

6月間，希特勒在逐漸看清了新的形勢後，便針對這種新形勢作出努力，同時，德國空軍也恢復了戰鬥力，並對他們的下一個任務進行了部署。下一個任務是什麼，這是不言而喻的。希特勒必須進攻並征服英國，否則他就可能面臨一場曠日持久的戰爭，以及由此產生的難以預測的危險與困難。這樣的可能始終存在：如果在空中戰勝英國，就可使英國停止抵抗。至於真正的侵犯，即使可行，也沒有必要，除非他想要佔領這個已經戰敗的國家。

德國空軍在7月初便已恢復了戰鬥力，還進行了整編，被部署在法國和比利時的所有飛機場，準備從那裏起飛進攻，並用偵察和試探性的襲擊來估量將要遇到的抵抗強弱和規模。直到7月10日，德國空軍才開始進行第一次猛烈的襲擊，通常就把這一天視為不列顛空戰開始的日子。

另兩個有重大意義的日子是8月15日和9月15日。在德國人的攻勢中，還有三個彼此銜接而又互相重疊的階段。

第一個階段從7月10日到8月18日，德國空軍對英吉利海峽的英國護航艦隊和位於多佛爾到普利茅斯之間的英國南部港口進行騷擾，以試探英國空軍的力量，引誘其出戰，並乘機將其消耗殆盡。這樣做還可以使那些被劃作即將入侵目標的沿海城鎮受到破壞。

第二個階段從8月24日到9月27日，德國空軍想透過對倫敦進行猛烈、連續的轟炸，以此來消滅英國空軍及其相關設施，從而打開一條通向英國首都的道路，並切斷其與受到威脅的英國沿海各地區之間的聯繫。但在戈林看來，有充分的理由相信，這樣做還可以收到更大的效果，那就是使當時這個世界上最大的城市陷入混亂和癱瘓，使英國政府和人民產生畏懼心理，從而屈

▲ 英國空軍的四架無畏式戰鬥機，圖中的編號V-PS在1940年8月28日不幸被擊落。

服於德國的意志。德國海軍和陸軍的參謀人員一心希望結果如戈林所料。然而，隨著事態的發展，英國空軍並沒有被消滅，而且他們為了毀滅倫敦，就顧不上自己迫切需要的「海獅」作戰計畫了。

接著，當他們對一切都失望了的時候，由於缺少最重要的條件——制空權——而無限期地推遲入侵，就進入了第三個階段，也就是最後一個階段。想在白天空戰中獲得勝利的希望幻滅了，英國空軍仍然精神抖擻，這讓德國人感到頭痛，就連戈林也無可奈何，於是他們在10月時開始對倫敦及各工業生產中心城市進行不分青紅皂白的狂轟濫炸。

我們應當把9月15日看作最高潮的日子。那一天，德國空軍繼9月14日的兩次猛烈空襲後，集中最大力量對倫敦再次進行白天空襲。

這是此次戰爭中的決定性戰鬥之一，而且和滑鐵盧之戰一樣，也是在週日。那一天我在契克斯。在這以前，我曾到第十一戰鬥機大隊指揮部去過幾次，想要親眼看看指揮空戰的情況，但是那幾次都沒有發生什麼事。不過，今天的天氣似乎對敵人有利，於是我便驅車前往阿克斯布里奇，到大隊指揮部去。第十一戰鬥機大隊所轄的戰鬥機中隊有25個之多，它負責的地區包括埃塞克斯、肯特、蘇塞克斯、漢普郡以及所有經由這些地方通往倫敦的道路。空軍少將派克指揮這個與我們命運攸關的戰鬥機大隊已經有六個月了。從敦克爾克之役開始，所有英格蘭南部白天的戰鬥全都由他指揮，他的一切部署和指揮系統都已達到了最完善的地步。

我和妻子被帶到距地面深達50英尺的防彈指揮室去。如果沒有這種地下指揮中心和電話系統，「旋風」式和「噴火」式戰鬥機的一切優越性能都無法得到發揮，戰前在道丁的建議和敦促下，這種系統由英國空軍部設計和建造。不朽的功績應歸功於全體有關人員。在英格蘭南部，當時有第十一戰鬥機大隊的指揮部和它所屬的六個戰鬥機駐防中心。正如前面已經談到的，它們的擔子都很重。在斯坦莫爾的空戰司令部，代表最高統帥部行使職權，但是它明智地把實際指揮戰鬥機中隊的權力交給第十一戰鬥機大隊，而大隊又透過駐紮在各郡的戰鬥機駐防中心控制各個中隊。

大隊作戰指揮室一共有兩層，縱深約60英尺，就像一座小劇場。我們坐

在樓上的特別座廂裏。座廂的下面是一張大型地圖臺，臺子周圍約有20名受過專業訓練的年輕男女，以及他們的電話助手。在我們的對面，在應當懸掛舞臺帷幕的地方有一塊遮蓋了整面牆壁的大黑板，黑板分成六個裝有燈泡的縱行，代表六個戰鬥機駐防中心，這些駐防中心的每個戰鬥機中隊又有它自己的小格，並且用橫線劃開。

當最下面一排的燈泡亮起時，就代表哪些中隊已做好準備，能在命令下達後的2分鐘內「立即起飛」；當第二排的燈泡亮起時，則表示哪些中隊已經「準備完畢」，能在5分鐘內起飛；再上面一排的燈泡亮起，又表示其他一些中隊已經「準備完畢」，能在20分鐘內起飛；又上一排的燈泡亮起，表示哪些中隊已經起飛；再上面一排的，表示哪些中隊已經發現敵機；再一排燈泡——紅色燈泡——表示哪些中隊正在戰鬥，而最上面的一排燈泡則表示哪些中隊已經返航。

我們左邊有一個類似玻璃座廂的小屋子，裏面有四、五名軍官負責分析、判斷從對空監視哨收回的情報。當時，在我們對空監視哨工作的，不分男女老少，一共有50000多人。那時，雷達還處在試驗階段，在敵機接近英國海岸時可以發出警報，而敵機飛臨我們上空的情報，則主要由那些攜帶著望遠鏡和手提電話機的對空監視員提供。在一場戰鬥中，我們往往會收到好幾千件情報。在這個地下指揮部的其他地方，還有好幾間類似的屋子，裏面擠滿了經驗豐富的人，他們迅速地對回饋的情報加以甄別，每分鐘一次把結果直接傳達給圍坐在樓下桌子邊的座標員，和在玻璃座廂裏指揮的軍官。

我們右邊則是另外一個玻璃座廂，裏面都是陸軍軍官，負責報告我們高射炮隊的作戰情況。那時，我們有200個隸屬空戰司令部的高射炮隊。在夜間，我們不能讓高射炮向自己的戰鬥機飛向敵機的那些空域開炮，這一點是極重要的。我過去對這個指揮系統的大致輪廓並不是毫無所知，因為在戰前一年到斯坦莫爾拜訪道丁時，他已經向我講解過了。這個指揮系統在不斷的實戰中得到發展和改進，各部門結合成一部完備的作戰機器，像這樣的機器，全世界當時都找不出第二個。

當我們走下樓去時，派克說：「我不知道今天會不會發生什麼情況。目

前還平靜無事。」然而，過了一刻鐘後，空襲座標員開始來回走動。據報告，「40多架」敵機正從迪埃普地區的德國機場飛來。當各個中隊完成「立即起飛」的準備時，牆上指示牌底層的那一排燈泡也隨著亮了。緊接著傳來了「20多架」「40多架」的信號，很顯然，10分鐘以後馬上就要進行一場激烈的戰鬥了。天空上開始布滿了敵我雙方的飛機。

信號接連傳來，「40多架」「60多架」，甚至有一次是「80多架」。在我們下邊的那張桌子上，每分鐘都在沿著不同的飛來路線推動座標，標明所有分批入侵的敵機行動；在我們對面的黑板上，一個接一個亮起來的燈光表示我們的戰鬥機中隊已經升空，直到最後只留下四、五個中隊處於「準備完畢」的狀態。這些關係重大的空中戰鬥，從開始接觸時起，只打了一小時多一點。敵人有足夠的力量派出更多批次的飛機進攻，而我們的戰鬥機中隊，由於全力搶佔高空，因此在70～80分鐘後必須加油，或在作戰5分鐘後必須降落，以補充彈藥。在飛機加油或補充彈藥的時候，如果敵人再派來幾個中隊無法阻攔的飛機，我們的戰鬥機就有可能在地面被擊毀。因此，在指揮我們的戰鬥機中隊時，要注意的主要事項之一，就是白天不要讓過多的飛機同時在地面加油或補充彈藥。

不久，紅燈亮起，表明我們大部分的戰鬥機中隊都已投入戰鬥。樓下有人壓低了聲音嘟嘟囔囔地說話。在那裏，忙碌的座標員正在根據迅速變化的情況來回地推動座標。

派克少將發布了戰鬥機中隊部署的總指示，坐在樓上「特別座位」中心的一年輕軍官根據他的指示，作成詳細的命令，傳達給各戰鬥機隊的機場，我那天就坐在這位年輕軍官的身旁。幾年後，我才打聽到他的名字，他名叫威洛比·德·布魯克勳爵（後來在1947年，賽馬俱樂部——他是這個俱樂部的一位幹事——邀請我觀看德比賽馬會時，我又見到了他。他對於我還記得那時的情景感到驚奇）。這時，他根據地圖臺上出現的最後情報，命令個別中隊起飛巡邏。空軍中將本人則在後面踱來踱去，警惕地觀察這場戰鬥的每一個動態，注意觀察這個執行命令的部下是否做得正確，他只是偶爾下達一些明確的命令，無非是對某一個受威脅的地區進行增援。轉眼之間，我們

所有戰鬥機中隊都已投入戰鬥，有些已經開始飛回來加油了。所有的戰鬥機都已在天空中，下面一排燈光熄滅了。留作後備的中隊，一個也沒有了。這時，派克打電話給駐紮在斯坦莫爾的道丁，要求從第十二戰鬥機大隊抽調三個中隊歸他指揮，以防當他的戰鬥機中隊在補充彈藥或加油時，敵人再來一次大襲擊。他的要求被照辦了。當時特別需要這三個中隊來保護倫敦和我們的戰鬥機機場，因為第十一大隊已經盡了他們的努力。

那位年輕的軍官就像是在處理例行公事一樣，繼續按照大隊司令官的總指示，用一種平靜、低沉而無變化的語調發布命令，三個增援的中隊很快就加入了戰鬥。這時，我覺察到司令官有點焦灼不安，仍然靜靜地站在他那位部下的椅子後面。在此之前，我一直是默默地察看。於是我問道：「我們還有什麼其他的後備隊嗎？」「一個也沒有。」派克空軍少將回答道。他在事後所寫的一篇關於回憶裏說，我聽到這句話時「顯得很沉重」。我很可能是這樣的。如果我們加油的飛機在地上又受到「40多架」或「50多架」敵機襲擊的話，我們的損失將多麼慘重！這種可能性很大，我們倖免的機會很少，真是危險極了。

又過了5分鐘，我們大部分的中隊都已降落，需要加油。在許多時候，由於我們力量所限，無法對這些飛機給予空中掩護。後來，我們發現敵機飛回去了。下邊桌子上移動著的座標表明德國轟炸機和戰鬥機不斷地向東移動，再沒有出現新的襲擊了。

又過了10分鐘，戰鬥結束了。我們重新登上通向地面的樓梯，我們剛一走出去，「解除警報」的信號便響了。

「首相，我們感到高興的是，你親自看到了這次空戰，」派克說道，「當然，在最後20分鐘，情報來得太多，讓我們有些無法應付。你可以看出我們目前力量的極限。今天使用的力量遠遠超過了它們的限度。」

我問他們是否已經接到關於戰果的報告，我接著說，看來這次打退敵人進攻的空戰打得很好。派克回答說，他感到不滿意的是，我們截擊到的敵機不如他所希望的那樣多。顯然，敵機到處突破了我們的防線。據報告說，有好幾十架德國轟炸機及其護航戰鬥機進入了倫敦上空。當我在地下室時，有

十幾架敵機被擊落，但當時無法得知關於戰果、破壞或損失的全部情況。

　　下午4時30分，我回到了契克斯，並立刻上床睡午覺。

　　因為觀看第十一大隊的作戰經過，我太疲倦了，所以一直到晚上8時才醒。當我按鈴時，我的私人秘書約翰‧馬丁拿著來自世界各地的夜間消息彙報進來。這個彙報真讓人不滿意。不是這裏出了差錯，就是那裏耽誤了時機，或是某某的答覆不能令人滿意，在大西洋又沉沒了許多船隻。「但是，」馬丁在他結束這段敘述時說，「這一切都由空戰補償了。」

　　「我們一共擊落了183架敵機，損失還不到40架。」雖然戰後的資料表明，敵人在那天的損失僅僅是56架，但9月15日仍不失為不列顛空戰的關鍵一天。當天晚上，我們的轟炸機大規模地襲擊了從布洛涅到安特衛普各港口的船舶。安特衛普遭受的損失尤其嚴重。

　　正如我們現在所知道的，德國元首在9月17日決定無限期地推遲「海獅」作戰計畫，直到10月12日才正式宣布把入侵推遲到第二年春天。1941年7月，希特勒再度把它推遲到1942年春，「到那時對蘇聯的戰爭就將結束了」。這是一個徒然的但是很美妙的幻想。1942年2月13日，雷德爾海軍上將為「海獅」作戰計畫最後一次謁見希特勒，並說服他同意將整個計畫完全「擱置起來」。「海獅」作戰計畫就這樣完蛋了。而9月15日就可以算作它斷命的日子。

　　……對倫敦的轟炸持續了57夜。對當時世界上最大的這個城市來說，這是一場嚴峻的考驗，結果如何，誰也無法預料。從來沒有這麼大的一片住宅區遭受過這樣的轟炸，從來沒有這麼多的家庭被迫面臨轟炸所造成的困難和恐怖。

　　將近8月底的時候，敵人又對倫敦進行狂轟濫炸，我們也立刻還以顏色，對柏林進行了一次報復性的襲擊。由於我們必須飛越較遠的距離，所以同從鄰近的法國和比利時機場襲擊倫敦的德國空軍相比，我們空襲的規模就不能不小得多。戰時內閣極力主張還擊，主張拼一下，向敵人挑戰。我深信他們是正確的，並且深信，只有讓希特勒認識到英國人的憤怒和意志，才能使他感到震驚或打亂他的計畫。我相信，他在內心深處是佩服我們的。

　　當然，希特勒利用了我們對柏林的報復大做文章，公開宣布德國的既定目標——要把倫敦和英國其他城市炸成一片廢墟。他在9月4日宣稱：「如果他們襲擊我們的城市，我們就乾脆把他們的城市夷為平地。」他的確曾拚命這麼做了。

　　德國人的第一個目的是要摧毀我們的空中力量，第二個目的是粉碎倫敦人的鬥志，至少要使這個當時世界上最大的城市無法居住。這些目的，敵人都沒有達到。我們飛行員的本領和勇敢，我們飛機的優異性能以及飛行中隊的嚴密組織，使英國空軍贏得了勝利。千百萬普普通通的人民也表現出了各種各樣同樣優秀的、為不列顛生存不可或缺的美德，他們向全世界證明了一個受自由薰陶的社會，力量是多麼的強大。

　　有一天午餐後，財政大臣金斯利・伍德到唐寧街十號來找我洽商公事。我們聽見泰晤士河對岸的倫敦南區發出巨大爆炸聲。我帶著他去看出了什麼事。炸彈落在佩克漢姆，那是一顆很大的炸彈，也可能是一顆地雷。它徹底炸毀或破壞了二、三十幢三層樓的小型住宅，在這個非常貧窮的地區炸出了一片相當大的空地。這時，瓦礫堆中已經插起了許多小小的英國國旗，使人百感交集。

　　當居民認出了我的汽車時，他們從四面八方跑來，很快就聚集了1000多人。這些人的情緒都很高昂。他們圍在我們的周圍，一面高聲歡呼，一面用各種形式表達對我的熱愛。人們想摸摸我的衣服，可能認為我給他們帶來了某些改善生活命運的美好的實際利益。我實在忍受不住，流下了眼淚。當時跟我在一起的伊斯梅記述，他聽見一位老太太

▲　1940年9月倫敦東區，一群孩子的家在德國飛機轟炸後變成了一片瓦礫。

說：「你們看，他真的關心我們，他在哭呢！」

我這不是悲哀的眼淚，而是讚歎和欽佩的眼淚。「你看這兒。」他們一面說，一面把我領到廢墟的中心。那兒有一個巨大的彈坑，大概有120英尺寬，20英尺深。緊靠彈坑的邊緣，魁立著一個安德森式家庭防空掩體。一個年輕人、他的妻子和三個孩子在被炸歪了的防空掩體入口處迎接我們，他們一點也沒有受傷，但顯然受到了炸彈的驚嚇。

當炸彈爆炸時，這家人正在那裏。雖然說不出當時經歷的情景，但他們依然活著，並且顯得十分得意。鄰居們把他們當作稀奇寶貝。當我們重新坐上汽車時，這群面色憔悴的人們喊道：「我們要還擊！叫他們也嘗嘗這種滋味！」他們表現出了一種激憤的心情，而我立即答應會實現他們的願望，也確實履行了這個諾言……。

11月3日晚，倫敦幾乎有兩個月的時間沒有響警報了。對這種平靜，許多人感到奇怪，他們以為出了什麼事。第二天晚上，敵人的空襲遍及我們島上的各個角落，這種空襲繼續了一段時期。德國又一次改變了它的空襲辦法。雖然倫敦仍然是主要目標，但他們卻把主要精力放在摧毀英國工業中心上。德國曾訓練了配備新式導航設備的特殊轟炸機中隊，以襲擊指定的重要地點。舉個例子，他們曾訓練了一個編隊，專門用於摧毀格拉斯哥市的羅爾斯-羅伊斯航空發動機工廠。這純粹是種權宜之計，一種過渡的辦法。

入侵不列顛的計畫暫時被德國人放棄了，對蘇聯的進攻則尚未開始，除了希特勒的親信以外，沒有誰會這樣想。因此，殘冬季節對德國空軍來說是一個試驗時期，試驗夜間轟炸的技術裝置，以及對英國海上貿易的襲擊，並企圖破壞我們的軍事生產和民用生產。如果他們每次只專心於一件事，並且做到底，也許效果會好得多，但他們已經受到挫折，一時也拿不定主意。

這些新的轟炸戰術是從11月14日晚上對考文垂進行閃電式轟炸開始的。倫敦這個目標似乎太大，很難收到決定性的效果，於是戈林希望能有效地摧毀各地方城市或軍火生產中心。

空襲從11月14日黃昏時分開始，到天亮時，近500架德國飛機總共投下了600噸烈性炸藥炸彈和好幾千顆燃燒彈。這是我們遭到破壞性最大的一

▲ 《等等我，爸爸》，加拿大二戰紀念郵票。

次空襲。考文垂的中心區被炸得粉碎，在短時期內，所有的活動完全停止。有400人被炸死，受重傷的人數更多。德國的廣播電臺放言，英國其他城市也將同樣遭到「考文垂那樣的轟炸」。雖然如此，所有重要的航空發動機工廠和工作母機工廠並未就此停工，在此以前從未受過轟炸考驗的居民也未停止活動。緊急重建委員會花了不到一週的時間，就在恢復考文垂日常生活方面作出了出色的成績。

11月15日，敵人趁皓月當空，又回頭向倫敦進行了一次猛烈的空襲。這次損失很大，特別是教堂及一些名勝古蹟。下一個目標是伯明罕，自11月19日到11月22日，德國對伯明罕接連進行三次空襲造成了極大破壞和傷亡。近800人被炸死，2000多人被炸傷，不過，伯明罕的生活和居民的精神經受住了這次考驗。

一、兩天後，當我到這個城市去視察工廠並親自看看轟炸的損失時，發生了一件很令我高興和感動的事情。那時正是晚飯時間，一位漂亮的少女向我坐的汽車跑來，把一盒雪茄煙扔進車裏。我馬上讓汽車停了下來，她說道：「我這週因為生產成績最好，得到了獎金。我在一個鐘頭前才聽說您要來。」這件禮物得花費她兩、三個英鎊。我很高興地（以首相的身分）親吻了她。

之後，我就去看那長長的集體墳墓，那裏剛剛埋葬了許多市民及其兒女。伯明罕精神閃耀著燦爛的光輝，那高度組織起來的自覺而明理的100萬居民，絲毫沒有被肉體上受到的痛苦所嚇倒。

在11月的最後一週和12月初，德軍空襲的重點轉移到各港口。布里斯托爾、索斯安普敦，尤其是利物浦，都受到了猛烈的轟炸。後來，普利茅斯、謝菲爾德、曼徹斯特、里茲、格拉斯哥以及其他軍火生產中心也都毫無畏懼

地經受住了炸彈的考驗。不論敵人襲擊什麼地方，我們的國家都堅如磐石，硬似鋼鐵。

12月29日，週日。這幾週的空襲在倫敦再一次達到了高潮。所有德國人苦心積累的經驗都用在這次轟炸中。這是一次典型的縱火行為，空襲的重點集中在倫敦市中心的金融商業區，轟炸的時間正好是潮水最低的時刻。德國人一開始就使用帶降落傘的重型烈性炸藥包破壞自來水的主要管道。我們要撲滅的大火差不多有1500處之多，火車站和碼頭遭到了嚴重的破壞，8座「雷恩」式教堂受損或被炸毀，市政廳毀於大火和炸彈，而聖保羅教堂全靠人民的奮力撲救才得以保全。直至今日，在英國的最中心還有一片空曠的廢墟。但是，當英王與王后到現場視察時，人們歡迎他們的熱情，遠遠超過了任何皇家的盛典。

在這場好幾個月才能結束的漫長考驗中，國王陛下通常都留在白金漢宮。雖然白金漢宮的地下室裏正在修建合適的隱蔽處，但需要很長時間才能建成。有好幾次，國王陛下由溫莎到倫敦時都恰好遇上空襲，有一次他和王后差一點被炸……。

大概就是從這時開始，國王陛下改變了接見我的方式。在我上任最初的兩個月裏，通常每週他會正式接見我一次，時間是在下午5時左右。此時的安排則是每逢週二他和我共進午餐，有時候王后也在座。這的確是個共商國事的好辦法。有時，我們甚至不得不端著自己的盤子和酒杯，到還沒有完工的防空室裏去吃完我們的午餐。這每週一次的午餐變成了一種經常性的制度。

幾個月以後，每當國王陛下決定用餐時，一個僕從也不要，由我們自己上菜，互相招待。這一情形一直繼續了四年半，在此期間我發現國王陛下非常專心地閱讀所有呈交給他的電報和公文。按英國的憲法制度，君王有權瞭解他的大臣們所負責的一切事務，並擁有向政府提出意見的無限權力。我也特別注意，努力使國王瞭解一切情況。在我們每週的會見中，我常常看出他已徹底洞悉那些我還沒有批閱過的文件。在這些決定英國命運的年代裏，能有這樣好的國王和王后真是英國的福氣！作為一名君主立憲制的忠實擁躉，我把我——作為首相——受到英王如此親切的接待，看作無上的光榮。我認

為，這是安娜女王在位、馬爾巴羅[1]執政以後，就沒有出現過的親密關係。

就這樣，這一年的年末來臨了。為了照顧到情節的連貫，我已敘述到整個戰局的前面了。讀者將看到，所有這些霹靂和暴風雨反而更加襯托出我們泰然處之的冷靜態度，我們的作戰活動就是依靠這種冷靜態度來維持的，我們的政策和外交也是按這種冷靜態度進行的。

真的，我必須寫明，就最高當局來說，這些傷害不但沒能致之死地，反倒起了積極的推動作用，使我們有明確的看法、忠實的友誼和明智的措施。當然，要是以為敵人的空襲比現在猛烈十幾二十倍——甚至只猛烈兩、三倍——也會產生我所描述的積極效果，那也是不明智的。

在這些危險的日子裏，議會應當怎樣進行工作，也需要時時加以指導……我始終把議員們的安全惦念在心。歸根結底，在透過公正普選產生獨立自主的議會制度下，人民隨時都能推翻政府，但在最艱苦的日子裏，他們卻以支持政府為榮，這是支持我們與敵人相持的關鍵。就此而言，議會制度勝利了。

我對任何獨裁者能否在自己的整個國家裏行使像英國戰時內閣那樣多、那樣有效的權力表示懷疑。每次我們一說出自己的意圖，人民的代表就支援我們，全體人民也都心悅誠服地表示服從，從來沒有發生過侵害批評權利的事。批評家們幾乎是始終不渝地以國家利益為重。即使他們偶爾向我們挑釁，上下兩院也會以絕大多數的投票予以否決。在這一點上，我們採用的手段與集權統治恰恰相反，我們決不強迫、干涉或濫用員警和特務。

每當我想到議會民主制度或用其他任何名詞能夠表達的英國公眾生活忍受、克服並戰勝一切考驗時，我為此感到無比驕傲。看吧，就連亡國滅種的威脅都沒有把我們的議員嚇倒！當然，好在亡國滅種的事也沒有發生。

---

1. 馬爾巴羅（1650—1722年），為英國安娜女王在位時掌權的人物。

第12章
《租借法案》，來自美國的支持

在一片刀槍交響和大炮轟鳴中，一件決定世界命運的大事出現在我們的面前。11月5日，美國舉行總統大選。這是四年一度的競選，民主黨和共和黨之間將展開激烈的競爭。儘管兩個大黨在國內問題上存在重大的分歧，但兩黨的領袖人物都非常重視這一「崇高的事業」。

11月2日，羅斯福先生在克里夫蘭說：「我們的政策，是向在大西洋和太平洋對面堅持抵抗侵略的國家提供一切可能的物質援助。」同一天，他的競選對手溫德爾・威爾基先生在麥迪遜廣場花園宣稱：「我們大家——無論共和黨人、民主黨人和獨立黨人——都贊成支援英勇的英國人民。我們必須向他們提供我國工業的產品。」

這種擴大的愛國主義保障著美國聯邦的安全和我們的生存，但我仍然非常不安地等待著競選的結果。沒有哪一個新上臺者能夠具有或在短期內取得如富蘭克林・羅斯福那樣的知識和經驗。誰也沒有像他那樣的指揮才能。我和他的個人關係，是經我極其小心謹慎地建立起來的，看似已經達到了推心置腹、親密無間的地步，在我全部的思想中形成了一個重要的因素。要結束這種慢慢建立起來的友誼，要中斷我們正在進行的種種商談，去和一個思想狀況及個性特徵都陌生的人重新談起，對我來說，這不是一件令人快意的事。自從敦克爾克之後，我還沒有感到過這樣的焦灼不安。當我得到羅斯福總統再度當選的消息後，我的欣慰之情真是難以形容。

到目前為止，我們向美國提交軍火訂單，雖然和美國陸軍部、海軍部和空軍部磋商，但並不透過他們的手。由於我們各方面需求的日益增加，時常會發生訂貨重疊的現象。儘管大家都是一片好心，但仍有可能在較低級的官員中引起摩擦。斯退丁紐斯寫道：「只有政府對一切防務用的物資採取統一

的單獨採購政策，才能完成我們當前的這項艱巨任務。」這意味著美國政府將統籌安排所有在美國的軍火訂單。

在重新當選後的第三天，羅斯福總統就公開宣布，將按「根據實際經驗得來的辦法」來分配美國的軍火產品。軍火一出廠，其中的一半將被分給美軍，另一半則分給英軍和加拿大軍。戰時物資優先分配局批准了英國的要求，答應我們在英國定購的11000架飛機以外，再供應12000架。但是這筆錢該怎麼償付呢？

11月中旬，洛西恩勳爵從華盛頓乘飛機回國，和我一起在迪奇利盤桓了兩天……我覺得洛西恩完全變了。在我認識他的這些年裏，他給我的印象是學識淵博，卓爾不群，一派貴族風範。他對風度極為講究，有主見，不隨便依附他人，舉止端莊，批評嚴苛，但態度卻很輕鬆和活潑，始終是位很好的夥伴。但是，在共同遭受的嚴重打擊下，我發現他成了一個十分踏實、凡事深思熟慮的人了。他對美國的態度瞭若指掌，曾主持過「驅逐艦與海空軍基地交換」的談判，並博得了華盛頓的好感和信任。他和羅斯福總統建立了親密的私人友誼，回國之前一直都和總統保持密切聯繫。他現在把全部心思都用來考慮「美元問題」，這個問題的確很難處理。

在戰爭爆發之前，由於美國受中立法的約束，羅斯福總統不得不在1939年9月3日頒布禁運令，禁止把武器運往任何交戰國家。10天後，他召開國會舉行特別會議，建議撤銷禁令，因為這項禁令表面上似乎很公平，實際上卻剝奪了英、法兩國在運輸軍火和供應品方面擁有制海權的優越條件。經過好幾週的討論和爭執，一直到了1939年11月底，美國才撤銷中立法，代之以「現金購貨，運輸自理」的新原則。這樣，美國方仍保持著一副嚴守中立的樣子，因為美國人既可以把武器自由地賣給盟國，也可以自由地賣給德國。事實上，我們的海軍力量阻止了德國的一切海上運輸，而英、法兩國只要有「現金購貨」，就可以自由地「運輸」。在這項新法令通過後第三天，以才能出眾的亞瑟・珀維斯先生為首的採購委員會就開始工作了。

英國參戰時，有45億美國的資產，其中包括美元現金、黃金和可折算的投資。增加這些資財的唯一方法是：在英國——當然主要是在南非——開採

新的金礦，以及千方百計地向美國輸出商品，特別是奢侈品，如陶瓷、威士忌酒和上等毛織品等。在戰爭爆發的頭16個月中，我們用這種方法獲得了20億美元。在「晦暗不明的戰爭」中，我們左右為難。一方面，我們急欲向美國定購軍火；另一方面，我們打心眼裏擔心自己的美元儲備會被消耗殆盡。在張伯倫先生執政期間，財政大臣約翰·西蒙爵士就時常向我們訴苦，英國的美元儲備已經少得可憐，並一再強調要保留美元。我們中的許多人或多或少地承認，應當對我們向美國購買商品的行為嚴加限制。就像珀維斯先生有一次向斯退丁紐斯說的那樣，「我們好像是在一個荒涼的海島上，口糧不足，應儘量靠這點口糧多維持幾天」。

這意味著，我們必須精打細算，以彌補我們款項的不足。在和平時期，我們可以自由進口，交付貨款不受限制。當戰爭到來的時候，為了動用美元、黃金和私人財產，為了防止那些心術不正者把資產轉移到他們認為比較安全的國家，為了削減浪費金錢的進口貨和其他的開支，我們不得不設立一個管制機構。除了確保不浪費貨幣以外，更重要的是必須察看其他國家是否還接受我們的貨幣。

英鎊區的國家和我們是站在一起的：他們和我們一樣，採取了同樣的外匯管理政策，而且也願意接受和持有英鎊。我們與其他國家作出安排，對他們用英鎊支付，使英鎊可以在英鎊區的任何地方使用。他們還答應保存暫時不用的英鎊，並按官方的外匯價格進行貿易。這種辦法是在1940年春季以後商妥的，起初是同阿根廷和瑞典商定的，後來擴大到歐洲大陸和南美的一些國家。我們在這樣困難的環境裏能夠商定和維持這種辦法是一件令人滿意的事——足見英鎊是受人信任的。這樣，我們就能夠用英鎊在世界上的許多地方進行貿易，把我們大部分寶貴的黃金和美元保存下來，以便向美國購買重要物資。

1940年5月，當戰爭急轉直下時，我們不得不面對可怕的現實，我們意識到英、美關係已進入了一個新時代。自從我組成新政府，由金斯利·伍德爵士出任財政大臣以來，我們遵循了一個比較簡單的政策，也就是說，我們盡可能地訂購一切物資，而把未來的財政問題交給「永生的上帝」去解決。

▲ 一位地面防空觀察員正眺望著倫敦遠方的天空。

在敵人持續不斷地轟炸，虎視眈眈地即將入侵之際，我們為生存而戰，幾乎成了孤軍，如果過分擔心美元告罄的後果，那是錯誤的節約方法和不恰當的小心。

我們意識到，美國輿論正在發生著巨大的變化。而且，不僅是華盛頓，而就是整個聯邦也越來越相信，他們的命運是和我們連在一起的。況且，這時，在全美掀起了一個同情和欽佩英國的巨大浪潮。他們從華盛頓直接給我們送來了非常友好的資訊，還透過加拿大轉告、鼓勵我們勇敢戰鬥，並指出無論如何都要想出一個辦法來。後來，由摩根索先生當財政部長，盟國的事業就有了一位始終不渝的擁護者。

6月間，我們接手了法國在美國的訂貨合約，外匯開支因此幾乎增加了一倍。除此以外，我們還向各方面發出了新的訂貨單，訂購飛機、坦克和商船，推動了美國和加拿大大規模興建新的工廠。

截至1940年11月，我們付清了收到貨物的全部貨款。此時，我們已經賣掉了價值3.35億美元的美國股票，這些股票都是用英鎊從英國的私人持有者那裏徵購來的。我們共支付了45億美元以上的現金，只剩餘20億美元，其中大部分是投資，許多無法立刻售出。顯然，我們不能再這樣繼續下去了。即使我們賣掉了全部的黃金和國外資產，也付不清訂貨貨款的一半數額，更不用說曠日持久的戰爭讓我們需要的訂貨量增加10倍。我們手頭必須留點錢，以供日常使用。

洛西恩確信，羅斯福總統和他的顧問們正認真地尋找一條最好的途徑來幫助我們。現在，選舉已經結束，採取行動的時刻已經到來。弗雷德里克・

菲力浦斯爵士和摩根索先生代表雙方的財政部，正在華盛頓繼續不斷地進行會談。大使催促我寫一封信，向美國總統全面地陳述我們的處境。於是，在那個週日，我和他在迪奇利商量著草擬了一封致美國總統的私信。

11月16日，我打電報給羅斯福說：「我正給你寫的一封長信，闡述了1941年的展望，將於數日後由洛西恩勳爵面交。」由於這份文件需經英國參謀長委員會和財政部的一再審核，而且還要經過戰時內閣批准，所以在洛西恩返回華盛頓以前，並沒有能完成手續。

11月26日，我給洛西恩發了一封電報：「我仍在忙著致美國總統的那封信，希望能夠在幾天之內拍發給你。」這封信最後是在12月8日定稿，並且立即拍發給美國總統。由於這封信闡明了倫敦各有關方面對整個形勢的共同看法，而且對我們的前途有了顯著的作用，所以值得研究。

親愛的總統先生：

將近年關之時，我覺得你也許希望聽到我們對1941年的展望。我這樣做是出於至誠和信心。因為，我覺得，美國絕大多數公民都深信，美國的安全、英美兩個民主國家的未來以及我們所代表的文明，是和英聯邦國家的生存和獨立分不開的。只有這樣，那些為控制大西洋和印度洋所必不可少的制海權，才能掌握在忠實而友好的國家手中。美國海軍控制太平洋和英國海軍控制大西洋，是保障我們兩國的安全和通商航道所必不可少的，也是防止戰火蔓延到美國海岸最可靠的方法。

還有另外一個原因。把一個現代國家的工業改變為滿足戰爭目的的工業，需要三、四年的時間。當最大的工業能力儘可能地從民用轉向軍需生產的時候，便達到了飽和點。德國無疑已在1939年年底達到了飽和點。我們在英國範圍內只進行到第二年的一半。我認為，美國在這方面一定不如我們走得遠。而且，我知道，美國目前正從事於大規模的海、陸、空防禦計畫，完成這些計畫無疑需要兩年。在美國準備妥當之前，堅持陣地並與納粹勢力搏鬥，是我們英國人對共同利益應盡的職責，同時也是為了我們自己的生存。也許兩年之內勝利便可到來，但我們不應這樣打算，從而放鬆任何人力所能作的努力。因此，我懷著莫大的敬意請你以友好和善意考慮這一點，只要上

述情況還存在，英國和美國之間的利益就是完全一致的。正是從這一點出發，我才冒昧給你寫這封信。

這場戰爭已經採取了這樣的形式，並可能會繼續採取這種形式，因此我們很難在有任何德國人能夠集結主力的戰場上和他們的陸軍抗衡。然而，我們也能藉助海軍和空軍的力量，在德軍只能投入較少部隊的地區和他們周旋。

我們必須竭盡全力以防德國的統治從歐洲擴展到非洲和南亞。我們還必須在本島保持隨時可以投入戰鬥的軍隊，這支軍隊必須強大到使渡海入侵成為敵人無法解決的問題。正如你已經知道的，為了這些目的，我們正在儘快籌編50～60個師。即使美國成了我們的盟國，而不僅是我們的朋友和必不可少的夥伴，我們也不會請求美國派遣一支龐大的遠征軍。限制的因素是船舶而不是人員，必須把力量儘先用來運輸軍火和供應品，然後再用來從海上運送大量士兵。

對同盟國和歐洲來說，1940年上半年是一個災難深重的時期。最後5個月，大不列顛堅強地孤軍作戰，也許能出人意料地挽回了頹勢。當然，這和你第三次被選為元首的那個偉大的共和國在軍火和驅逐艦方面給予我們的莫大援助是分不開的。

大不列顛被敵人以優勢兵力一擊而潰的危險，目前已經大大地減少了。隨之而來的，是另一種逐漸形成的長期危險，雖然不像前一種危險那樣突如其來、觸目驚心，但也同樣能致人死命。這種致命的危險就是我們的船舶噸位繼續不斷地、一天一天地減少。在德軍不分青紅皂白的轟炸之下，房倒屋塌，平民慘遭殺傷，這我們是能夠忍受的。我們希望，隨著我們科技的進展，能夠逐步應付空襲，而且在我們的空軍力量更接近敵人的力量時能夠回敬他們，去襲擊德國的軍事目標。

1941年的成敗決定於海上。除非我們明確能維持本土食品供應和輸入所需的各種軍火，除非我們明確能把軍隊調動到各個戰場，去迎擊希特勒和他的同夥墨索里尼，並駐紮在那裏，把所有的這一切一直進行到使歐洲的獨裁者精神崩潰；否則，我們就可能中途失敗。同時，美國也將失去進行防禦準

備所需要的時間。因此，整個
1941年戰爭的進展取決於船舶
以及遠涉重洋——特別是大西
洋——的運輸力量。另一方
面，如果我們能使我們所需的
船舶運輸無限期地在海洋上來
去航行，那麼，我們就可把優
勢的空軍力量轉用於德國本
土，再加上德國人民以及其他
慘遭納粹蹂躪的民族日益增長
的反抗，也許就能給遭受浩劫
的文明帶來幸福，使它重見光
明。

▲ 1941年的聖約翰教堂。

　　但是我們千萬不可低估這項任務。

　　我們船舶損失的程度，幾乎和上次戰爭損失最大的一年不相上下。在11月3日以前的5週內，損失共達42.03萬噸。為了使我們的作戰活動保持充分的力量，我們估計每年應進口的噸數是4300萬噸；9月間，進口噸數只達到了3700萬噸，10月份達到3800萬噸。如果船舶噸數繼續這樣減少，那麼，除非真能及時得到遠遠超過目前補充的噸數，否則後果不堪設想。

　　我們雖已想了許多新辦法來應付這種局面，但要減少損失顯然比上次戰爭困難得多。我們缺少法國海軍、義大利海軍和日本海軍的協助，特別是缺少美國海軍的協助，雖然美國海軍曾在緊張的年代裏給予我們重大的援助。敵人已控制法國北部和西部海岸的所有港口，越來越把這些港口和法國海岸附近的島嶼當作潛艇、飛艇和戰鬥機的基地。我們不能利用愛爾蘭的港口和領土，以便從空中和海上對我們的海岸進行巡邏。

　　事實上，我們只有一條可以進入英倫三島的航道，即北部航道，但是敵人正在那裏集中兵力，並以潛艇和遠程轟炸機不斷騷擾。此外，近幾個月以來，在大西洋和印度洋還出現了襲擊商船的敵艦，我們還需要對付強大的襲

擊軍艦的敵艦。我們既需要能夠追擊敵艦的艦隻，也需要能夠用於護航的艦隻。儘管我們的資源和準備都如此充分，但還是不夠用。

在未來的六、七個月裏，我本土水域內戰艦力量的對比不太能令人滿意。「俾斯麥」號和「提爾皮茨」號在1月份內一定可以服役。我們已經有了「英王喬治五世」號，並且希望「威爾斯親王」號也能同時參加到戰鬥行列。這些新式戰艦的裝甲方面，特別是在防禦空襲方面，當然大大勝過20年前設計的「羅德尼」號和「納爾遜」號這類艦隻。最近，我們不得不把「羅德尼」號用於橫渡大西洋護航。但是，當船隻的數目這樣少的時候，任何時候一個水雷或是魚雷就會斷然改變戰鬥行列的力量。

當「約克公爵」號在6月份竣工時，我們就可以鬆一口氣。當「安森」號在1941年年底進入戰鬥行列的時候，我們的情況就更好了。但德國那兩艘3.5萬噸、裝設15英寸口徑大炮的第一流新式戰艦，使我們不能不集中一支自開戰以來還未出現過的雄厚的海軍力量去對付。我們希望義大利那兩艘「利特里奧」級戰艦暫時無法投入戰鬥，而且只要不配備德國海軍，就沒有什麼了不起。也許它們會配備德國海軍的！我們非常感激你在「黎歇留」號和「讓‧巴爾」號方面所給予的幫助，而且，我敢說，這樣做就行了。

但是，總統先生，沒有一個人比你更清楚，在這幾個月裏，我們必須考慮到在這次戰爭中將第一次出現這樣的艦隊行動，即敵人至少將有兩艘戰艦相當於我們那兩艘最優秀，也是僅有的新式戰艦。因為土耳其的態度，我們不能縮減在地中海的兵力，實際上整個東地中海的局勢都取決於我們是否在那裏保有一支強大的艦隊。那些非近代化的陳舊戰艦要用來作護航艦。因此，即使在戰艦級的艦隻上，我們也是十分緊張的。

還有第二種危險。維希政府或者參加希特勒的歐洲「新秩序」，或者用某種辦法，如從海路派遣一支遠征軍去侵犯自由法國的殖民地，使我們不得不去打擊他們。這樣，他們就可以找到一個藉口，把尚留在他們手中的那支相當大的、沒有受到損失的法國海軍用來和軸心國家一起作戰。如果這支海軍參加軸心國，則西非將立刻落到他們手中，從而嚴重危及我們北大西洋和南大西洋之間的交通，而且也會影響到達喀爾，當然也會隨之影響到南美。

　　第三種危險是在遠東。看來很顯然，日本正在穿過印度支那向南挺進到西貢和其他海、空軍基地，這樣他們就和新加坡以及荷屬東印度相距不遠了。據悉，日本人正在準備五個精銳師，以便有朝一日充當海外遠征軍。這種形勢如果任其繼續發展，則以我們在遠東的兵力就無法應付。

　　面對這些危險，我們必須儘量利用1941這一年來建立足以奠定勝利基礎的武器供應，尤其是飛機，一面在英國本土冒著敵人轟炸的情況下提高產量，一面得到海外的供應。從我羅列的那些事實以及其他許多類似的事實可以看出，這項任務極為艱巨。因此，我覺得我有權，不，我覺得我有責任向你提出各種各樣的辦法，以便美國能夠給予這個從某些方面看來是共同的事業以崇高的和決定性的援助。

　　最迫切的需要，是在大西洋通向英國本土的航道上防止和減少船舶的損失。要做到這一點有兩個辦法：一個是增加對付襲擊的海軍力量；一個是增加我們所需要的商船數目。

　　為了達到第一個目的，似乎有下列幾種可供選擇的方法：

　　第一，美國重申海上自由通航的原則，船舶不受非法的和戰爭的野蠻手段騷擾，這是上次大戰之後已有的決議，而且德國在1935年欣然承諾並作了規定的。根據這項原則，美國船隻可以和一些沒有受到有效、合法、封鎖的國家自由進行貿易。

　　第二，我認為，接著就應以美國的武力，即護航戰艦、巡洋艦、驅逐艦和空軍編隊，保護這種合法的貿易。你如何能在戰爭期間在愛爾蘭獲得基地，這種保護措施就會更加有效。我想，這種保護措施大概不致引起德國向美國宣戰，雖然很可能不時發生一些危險的海上意外事件。可以看出，希特勒先生想避免德皇的錯誤。在他還沒有徹底摧毀英國的軍隊以前，他是不想捲入對美國的戰爭的。他的名言是「一個時期打擊一個敵人」。

　　我冒昧陳述的這項政策，或與此相類似的政策，可使美國的斷然行動被解釋為積極的非交戰性行動，而且，比其他任何方法都更能確保英國的抵抗能夠有效地想進行多久就進行多久，一直到取得勝利。

　　第三，如果以上所述難以辦到，那麼，為了維護大西洋航線，便不得不

請你們贈與、借與或供給我們一大部分現在在大西洋上航行的美國軍艦——特別是驅逐艦。此外，美國海軍難道不能在靠近美國那面的大西洋擴大海上控制，以防止敵人的艦隻侵擾通向美國正在西半球英屬各島上修建的海、空軍基地的新航線？美國海軍力量是如此強大，所以美國給予我們的上述援助將不會危及它對太平洋的控制。

第四，我們還需要美國從中斡旋，需要美國政府不斷地運用其全部影響力，為大不列顛在愛爾蘭南部和西部海岸取得停泊小艦隊的便利，更重要的是，為我們的飛機取得向西於大西洋上空活動的便利。如果宣布英國的長期抵抗，以及為了源源運送在北美為大不列顛準備的重要軍需品而確保大西洋航線暢通無阻，是美國的一種利益。那麼，在美國的愛爾蘭人也許願意向愛爾蘭政府指出，愛爾蘭當前的政策正在給美國本身造成危險。

如果愛爾蘭由於它所採取的行動有招致德國進攻之虞，英國政府當然會事先採取最有效的保護措施。我們不能強迫北愛爾蘭人民違背他們自己的意志，脫離聯合王國而參加南愛爾蘭。但是，我不懷疑，如果愛爾蘭政府在這緊急關頭表明它和英語世界各民主國家團結一致，就能夠成立一個全愛爾蘭的防務委員會，而且，從這個委員會起，或許在戰後能以某種形式實現愛爾蘭的統一。

以上措施的目的，是把目前海上的大量損失縮減到可以控制的程度。除此之外，為供應大不列顛和供大不列顛全力從事戰爭需要用的商船噸數，應當大大增加，並超過現在我們能夠達到的最高年產量125萬噸，這一點極其重要。護航系統、繞航、「之」字航行，目前輸入供應品的航程遙遠以及我國西部各港口的擁擠，這一切已使我們現有船舶的效率大約降低了1/3。為了確保最後的勝利，至少必須增加300萬噸的商船建造能力。只有美國能夠供應這種需要。

展望將來，1942年的生產規模似乎應和上次戰爭在霍格島計畫的生產規模相近。與此同時，我們請求美國在1941年把它所擁有的或是控制的商船，除供自己的需用外，悉數提供我們，並設法把目前正在為國家海務局建造的商船撥出一大部分來供我們使用。

再者，我們指望，美國的工業力量能夠彌補我國戰鬥機製造能力的不足。如果我們在這一方面得不到大規模的增援，我們便無法在空中取得絕對優勢，去削弱並摧毀德國在歐洲的控制。我們目前正在從事一項計畫，要在1942年春季把我們的一線飛機增加到7000架。但是非常明顯，這項計畫還不能使我們具備需要的優勢去衝開通向勝利的大門。為了取得這種優勢，我們顯然需要美利堅合眾國提供對我們的事業支援最多的飛機。我們雖處於敵人不斷的轟炸之下，但迫切希望能把原定生產計畫在本國完成一大部分。根據目前的安排，我們可以從美國的計畫生產中得到飛機，但即使把這些飛機全部撥給我們的空軍中隊，我們仍然沒有希望取得必要的優勢。所以，總統先生，可否請你認真考慮一批緊急的訂貨，以聯合結算的方式每月再增加2000架作戰用的飛機？

我認為，在這批飛機中，絕大部分應當是重型轟炸機，因為我們主要係依靠這種武器去粉碎德國軍事力量的基礎。我知道，這將使美國的工業組織承擔十分艱巨的任務。但由於我們的迫切需要，我們要滿懷信心地向世界上最有辦法、最有才能的技術人員發出呼籲。我們要求他們作出前所未有的努力，我們相信他們是可以辦到的。

你也收到了有關我們陸軍的需要的情況。在軍火製造方面，我們雖然處於敵人的轟炸之下，但仍然穩步增長。在工作母機的供應和某幾種物品的讓與方面，如果沒有你一貫的協助，我們就不可能在1941年裝備50個師。我感激已經充分作好的安排，感激你們對我們計畫編成的部隊支援裝備，感激你們對我們的10個補

▲ 1941年，空襲警報警長約翰·布拉姆利在倫敦街頭站崗。

充師及時提供美式武器，以便投入1942年的戰鬥。但是，當獨裁統治開始衰退的時候，許多力圖恢復自由的國家便可能要求得到武器，而他們除了指望美國的工廠以外，別無其他來源。因此，我們必須著重指出美國儘量擴大小型武器、大炮和坦克生產能力的重要性。

我正準備向你提出一份完善的計畫，說明我們希望從你們那裏得到的各種軍火，當然，其中的絕大部分是已經取得到雙方同意的。如果美國軍隊選用的武器類型，和那些已經在實際戰爭中——無論什麼時候都能——證實了它的性能的武器類型一致，那麼，就可以大大地節約時間和精力。這樣，儲存的大炮、軍火和飛機就可以交換，從而大大增加它們的數量。然而，這是一個深奧的技術問題，我就不在此詳述了。

最後，我要談一談財政的問題。你們能夠支援我們的軍火和船隻越迅速、豐富地源源而來，我們的美元存款就消耗得越快。正如你所知道的，我們已經提取了我們大部分的美元存款來支付到期的帳款。的確，正如你所知道的，那些已經提交或正在磋商中的訂單，包括那些為在美國建立軍需工廠業已支付或有待支付的開銷在內，已經超過大不列顛手中殘存的全部外匯儲備若干倍。我們不能再以現金支付船舶和供應品的時候即將到來。當我們作出最大的努力，不惜任何正當的犧牲用外匯來支付的時候，我相信你會同意這樣的看法，如果大不列顛在這場鬥爭的高潮中被奪去全部可以銷售的資財，以致用我們的鮮血贏得了勝利，拯救了文明，替美國爭取了充分武裝以防不測的時間之後，卻一貧如洗，那在原則上是錯誤的，其結果對雙方都是不利的。

這樣的方針在道義和經濟上不符合我們任何一國的利益。戰後，我們從美國進口的貨物就不能多於我們對美國出口的貨物，購買的產品範圍將不超過那些適合你們的關稅條件和工業經濟的出口數量。不僅我們在大不列顛要備嘗艱苦，就是美國也將因出口能力的削減而引起廣泛的失業。

再者，我不相信美國政府和人民會認為把他們慷慨答應給予我們的援助，限制於要立即付款才能供應的軍火和商品，是符合指導他們行動的原則的。請你相信，為了正義事業，我們是決心要忍受一切痛苦，作出最大犧牲

的，而且我們也因為自己是維護這一事業的鬥士而感到光榮。我們滿懷信心地把其他的事情留給你和你的人民去考慮，我們深信，你們一定能夠找到將來為大西洋兩岸的子孫後代所讚頌的途徑和方法。

總統先生，我深信，如果你認為摧毀納粹和法西斯暴政對美國人民和西半球是一件大事，那麼，你就不會把這封信看成是乞求援助的信，而是將把它看作是一份陳述書，其中說明為了達到我們的共同目的應當採取的最低限度的必要行動。

白廳，唐寧街十號

1940年12月8日

這封信附有一個統計表，列明在這段時間內英國、同盟國和中立國的商船因遭受敵人的襲擊而損失的噸數。

這封信是我寫的最重要書信之一，當它送到我們偉大的朋友的手中時，他正乘著美國軍艦「圖斯卡露莎」號在陽光燦爛的加勒比海遊弋，左右的人全是他的親信。哈里‧霍普金斯——那時我還不認識他——後來告訴我，羅斯福先生獨自一人坐在他的帆布躺椅上一再閱讀這封信，而且，經過了兩天他都還沒有得出什麼具體的結論。他絞盡腦汁，默默沉思。

羅斯福總統從默默沉思中得到了一個非比尋常的決策。總統的問題絕對不是他不知道他應該做什麼，而是該如何使他的國家跟他走，如何說服國會聽從他的引導。據斯退丁紐斯說，早在1939年夏天，總統就在船舶資源防務諮詢委員會的會議上提議：「英國無需自己出資在美國建造船隻，也無需我們向他們提供貸款來達到這一目的。值此非常時期，我們沒有理由不把造好的船隻租借給他們使用。」這種想法最初似乎來自於財政部，是財政部的法律顧問，特別是緬因州的奧斯卡‧斯‧考克斯，在財政部長摩根索的啟示下提出來的。

原來，根據1892年的一項法令，陸軍部部長「在認為符合於公眾利益的時候」，在國家不需要的前提下，可以把陸軍的財產租借出去，為期不超過五年。這項法令的應用有先例可援，租借陸軍各項用品的情況是屢見不鮮，有案可查的。因此，羅斯福總統心中早就有了「租借」這個詞和運用租借的

▲　倫敦，一位美國軍官與自己收養的戰爭孤兒談話。

原則來滿足英國的需要之意，以之作為代替不久就要使英國失去所有償付能力的無限期借貸政策的一種辦法。所有這一切一變而為果斷的行動，宣告了「租借」這一光輝燦爛概念的誕生。

12月16日，美國總統從加勒比海歸來，第二天便在記者招待會上說明了他的計畫。他舉了一個簡單的例子：「如果我鄰居的房子著了火，而我在離他四、五百英尺遠的地方有一條澆水用的水龍帶。如果能拿我的水龍帶去接在他的水龍頭上，我就可以幫他把火撲滅。現在我怎麼辦呢？在救火以前，我不會對他說，『鄰居，我這條澆水用的水龍帶值15美元，你得給我15美元才能用。』不能這樣做！那怎麼辦呢？我不要這15美元——在把火撲滅之後，我把水龍帶拿回來就是了。」他還說：「毋庸置疑，絕大多數美國人都認為美國最直接有效的防衛在於大不列顛得以保衛其本身。因此，姑且不談我們在歷史和在當前都對在全世界維繫民主制度深感興趣，就是從自私的觀念和美國的國防出發，我們也應竭力幫助英國去保衛它自己。」最後，他說：「我打算消除美元符號。」

在此基礎上，永垂不朽的《租借法案》很快草擬完畢，並提交美國國會。後來我向議會說：這「在任何國家的歷史上都是最光明磊落的行為」。法案一經美國國會通過，就馬上改變了整個局面。它使我們能夠透過協定，毫無約束地為我們所有需要制定包羅萬象的長期計畫。沒有規定償付的條款，甚至連以美元或英鎊計算的正式帳目也沒有。我們所得的全是借的或租借的，因為我們對希特勒暴政的繼續抵抗，被認為是和偉大的美利堅共和國

休戚相關的。按照羅斯福總統的說法，今後決定美國武器去向的，不是美元而是美國的國防。

在1940年11月到1941年3月通過《租借法案》這段時間內，我們的美元儲備非常緊張。我們的朋友想出了各種各樣的應急方法。美國政府買下了根據我們的訂單在美國建立的幾個兵工廠，把這些工廠納入美國防務計畫之內，但囑咐我們繼續盡量使用。美國國防部定購了一些並非他們所急需的軍需品，以便製成之後轉讓給我們。

另一方面，美國也做了幾件在我們看來是苛酷難堪的事。總統派了一隻軍艦到開普敦，要把我們儲存在那裏的黃金悉數運走。在美國政府的要求之下，我們把英國在美國的大企業——科陶爾股份公司按比它應有價值低得多的價格賣掉了。我有一種感覺，之所以採取這些步驟，是用來著重反映我們的困難處境，並激發人們的同情心去抵制那些反對《租借法案》的人。無論如何，我們透過種種辦法總算渡過了難關。

12月30日，美國總統透過廣播發表了「爐邊談話」，勸告美國人擁護他的政策。「危險就在眼前，我們必須防患於未然。但是我們深知，我們不能爬上床去，以被子蒙頭的辦法逃避危險……如果大不列顛一旦崩潰，我們整個美洲的人將生活在槍口之下，槍膛裏裝滿一觸即發的子彈，經濟的和軍事的子彈都有。我們必須竭盡我們所能支配的人力和物力，生產武器和艦隻……我們必須成為民主國家的大兵工廠。」

第13章
心懷叵測的「盟友」

希特勒並沒有打敗或征服不列顛，這個島國顯然打算堅持到底。我們都知道，缺少了制海權或制空權，德國便不可能把軍隊運過海峽。冬季以及隨之而來的風暴，使得德國想用轟炸來恐嚇不列顛民族及粉碎其作戰能力和作戰意志的企圖都已破滅。閃電戰的代價十分昂貴，要想恢復「海獅」作戰計畫，勢必有許多個月的耽延。每過一週，英軍的發展、編制和裝備便更為好轉，希特勒便需要一個更大規模的「海獅」計畫，運輸也愈益困難。到1941年的四、五月間，即使裝備齊全的75萬人，也難勝任這一計畫。那時到哪去找這樣大規模的渡海襲擊所必需的船舶、駁船和特別的登陸艇呢？在英國日益增長的空中力量下，他們又該怎樣集結？

同時，英國的空中力量，由於有了英、美兩國工廠積極生產的支持，並在以加拿大為中心的各自治領採取了訓練飛行人員的龐大計畫，將在品質上超過德國的英國空軍，一年左右從數量上便超過了德國。當希特勒認識到戈林的希望和吹噓已經破滅時，便把目光轉向東方，這有什麼奇怪呢？正如拿破崙在1804年的情形一樣，在沒有完全弄清東方無後顧之憂以前，是遲遲不敢進攻我們這個島的。希特勒覺得，在孤注一擲地入侵不列顛以前，應不惜任何代價把和蘇聯的關係搞清楚。

和拿破崙率領大軍由布洛涅到烏爾姆、奧斯特利茨和弗里德蘭的情況一樣，希特勒也受到了同樣的壓力，按同樣的想法行事，暫時放棄毀滅大不列顛的欲望和需要。如此一來，這齣戲就只能這樣收場。毫無疑問，他在1940年9月底就已經打定主意了。從那時以後，德國對英國的空襲，雖然時常由於普遍增加飛機而顯得規模較大，但在元首的思想和德國的計畫中，重要性都只佔第二位了。

空襲也許是用來有效地掩飾其他計畫的，希特勒已不再指望靠空襲來取得決定性的勝利了。向東去吧！從純軍事的觀點來看，我個人並不討厭德國於1941年春季或夏季發動對英國的進攻。我相信，敵人將遭受任何一個國家在一次特定的軍事冒險中從未遭受過的慘敗和傷亡。但我也不會僅僅為了這個緣故就希望敵人真來入侵。在戰爭中，你不反對的事，敵人也往往不做。況且，在指揮一場長期的戰爭中，

▲ 1941年倫敦，一位母親在讀自己參軍兒子的來信。

當時間在一年或兩年內對我們有利，並且還會獲得強大的盟國時，我感謝上帝，使我們的人民免於遭受一場嚴峻的考驗。

從我在這一時期所寫的文件就可看出，我從來沒有認真考慮過德國會在1941年侵襲英國。到了1941年年底，情況就不同了，我們不再是單獨作戰，世界上有3/4的國家是站在我們一邊的，而且，有許多難以預料的驚心動魄的大事，都出現在這令人難忘的一年裏。

當不明白真相的歐洲人和外界人士認為我們的命運似乎已經絕望，或者最多也不過是生死未卜的時候，納粹德國和蘇聯之間的關係卻在世界事務中占了首位。一但看出英國不能像法國和低地國家那樣被嚇倒和制服時，這兩個專制暴虐的大國之間的基本矛盾便又顯現出來了。

說句公道話，史達林盡了最大努力，在忠實地和希特勒合作的同時，也在蘇聯的廣大群眾中儘量聚集他所能聚集的一切力量。德國每打一次勝仗，他和莫洛托夫都照例畢恭畢敬地表示祝賀。他們把大批的食物和重要的原料源源不斷地送到德國。他們第五縱隊的共產黨員極力擾亂我們的工廠。他們的廣播對我們倍加誣衊和誹謗。他們隨時準備就兩國之間的許多懸而未決的

重要問題與納粹德國進行永久的解決，幸災樂禍地希望英國的力量遭到最後的毀滅。但是，他們也一直認識到這項政策可能失敗。他們打定主意利用各種方法爭取時間。就他們對這一問題的估計來看，他們無意把蘇聯的利益或野心單單置於德國勝利的基礎之上。這兩大集權國家，都缺乏道德上的節制，在彼此的相互關係中彬彬有禮，卻又冷酷無情。

當然，對於芬蘭和羅馬尼亞，雙方意見是不一致的。蘇聯領袖們對法國的淪陷和第二戰場的結束（不久以後，他們大聲疾呼地要求重開這個戰場）感到震驚。他們沒有預料到會這樣突然的瓦解，滿以為在西線會出現雙方長期互相消耗的局面。現在沒有西線了！但在尚未看清英國1940年是否將屈服或被消滅以前，對勾結德國的辦法大肆改變，那也是愚蠢的。由於克里姆林宮逐漸認識到，英國能夠應付一場持久、無限期的戰爭，而且在戰爭期間，在美國周圍和日本本土可能發生任何事情，史達林就更加意識到他的危險，就更加想爭取時間。

正如我們行將見到的，史達林為了與納粹德國保持友好，顯然犧牲了許多利益，冒了許多風險。更令人驚奇的是，他對於即將臨頭的大難作出了許多錯誤的估計，表現得愚昧無知。從1940年9月開始，直到希特勒1941年6月發動進擊為止，史達林真是一個既冷酷無情，又詭計多端，且孤陋寡聞的巨人。

略加交代前文的情況後，我們不妨來談談1940年11月12日莫洛托夫訪問柏林的插曲。當這布爾什維克使者到達納粹德國的心臟地區時，他聽到了各式各樣的恭維話，受到了一切隆重的款待。在之後的兩天中，莫洛托夫同里賓特洛夫——也和希特勒——進行了冗長而緊張的會談。他們艱難可怕地交換意見和當面折衝，這一切，在1948年初美國國務院從繳獲的文件選編的《納粹-蘇聯關係，1939—1941年》一書中暴露無遺。為了要敘述或瞭解其中的經過，就必須引用其中的材料。

莫洛托夫第一次是和里賓特洛夫會談的。

德國外交部部長說，他在致史達林的信中已表明，德國堅信：世界上沒有力量能夠改變英國的末日業已來臨這一事實。英國已被擊敗，最後承認失

敗只是一個時間問題。它也許不久就要認輸，因為英國的形勢正日漸惡化。當然，德國也歡迎及早結束戰鬥，因為在任何情況下，它也不願意不必要地犧牲人的生命。如果英國不在最近打好主意，承認失敗，那來年也一定是要求和的。德國正夜以繼日地轟炸英國。德國也將逐步充分利用其潛艇，使英國遭受嚴重的損失。

德國認為，英國也許會由於這些襲擊而被迫放棄鬥爭。在英國，顯然有了某種不安的心情，看來事情將採取這樣的解決途徑。但如果目前的攻擊方式還不能使英國屈膝的話，則德國一到氣候條件許可，就要堅決進行一次大規模的進攻，從而徹底摧毀英國。到目前為止，這種大規模的進攻迄今之所以未能進行，完全是由於天候不良的緣故……。

英國自身或在美國的支持下，想從歐洲大陸登陸或採取軍事行動，從一開始就註定要徹底失敗的。這根本不是一個軍事問題。這一點，英國人還不瞭解，因為在大不列顛顯然還存在著某種程度的混亂。

另外，因為這個國家是由一個名叫邱吉爾的人領導的，此人在政治和軍事上都是外行，他以前的事業，每到關鍵時刻都徹底失敗，這一次必然還會失敗。

再說，軸心國已經在軍事上和政治上在歐洲壓倒英國。甚至法國——法國業已戰敗，而且要為戰爭付出代價（附帶說一下，法國人對這一點是很清楚的），也接受了這一原則：法國將來決不支持英國和唐·吉訶德式的非洲的征服者戴高樂。軸心國由於具有異常強大的實力地位。因此，它們所考慮的，不是如何打贏這場戰爭，而是如何迅速結束這場已經打勝的戰爭。

1940年11月12日

午餐後，德國元首接見了這位蘇聯使節，並再次侈談英國的全盤失敗。他說，戰爭帶來了許多違背德國意圖的複雜情況，時常迫使他不得不從軍事上對某些事情作出反應。接著，元首向莫洛托夫概述了到目前為止的軍事行動的進程，還說這樣的軍事行動已使英國在大陸上沒有盟國了。

當前，德國不僅要為這場最後的戰爭進行軍事部署，而且要澄清在這次最後攤牌中和攤牌之後的極其重要的政治問題。因此，他重新檢查了與蘇聯

的關係，他不是從消極的精神出發，而是想要積極地加以調整——如果可能的話，使之經歷一個長時期。他在這方面得出了以下幾點結論：

第一，德國不想從蘇聯獲得軍事援助。

第二，由於戰事蔓延極廣，德國為對付英國，曾被迫深入遠離其本土的地方，而它對這些地方無論在政治或經濟上都根本不感興趣。

第三，雖然如此，德國也有某些需要，這些需要的全部重要意義只有在戰爭中才能顯示出來，它們對德國是絕對重要的。

在這些需要中，包含有某些原料的來源，德國認為這些原料極重要，絕對不可缺少。

莫洛托夫對這一切含糊其辭地隨聲附和了一番。

莫洛托夫問到了《三國條約》[1]對歐洲和亞洲的新秩序意味著什麼，在這個新秩序中要蘇聯扮演什麼角色？這些問題，在柏林會談和德國外交部部長預計的莫斯科之行中必須加以討論，蘇聯人肯定期望德國外長訪問成行。而且，關於蘇聯在巴爾幹和黑海的利益，關於保加利亞、羅馬尼亞和土耳其，也有些問題需要澄清。如果蘇聯政府能夠獲得關於以上各項問題的解釋，它也許更容易對元首的問題提出更明確的答覆。蘇聯對歐洲的新秩序表示關心，特別是對這種新秩序的進度和形式表示關心，它也想瞭解所謂大東亞圈的範圍。

元首回答說，《三國條約》的宗旨是要根據歐洲國家的天然利益來調整歐洲的局面，因此，德國要求蘇聯自己表示它感興趣的地區。在任何情況下，沒有蘇聯的合作，就不能決定。這不僅適用於歐洲，也適用於亞洲，要求蘇聯合作，一起來劃定大東亞圈，並提出它對那裏的要求。德國在這方面的任務是擔任調停人。蘇聯決不會碰到任何一項既成事實。

當元首著手建立上述各大國的聯合時，他認為最困難的一點倒不是蘇、德關係，而是德國、法國以及義大利之間的合作是否可能的問題。只有現在……他才覺得，可能透過與蘇聯的磋商來解決黑海、巴爾幹和土耳其的問題。

---

1. 1940年9月27日德國、義大利和日本簽訂的條約。

　　當會談結束時，元首總結道，這次會談在一定程度上向著廣泛的合作邁出了第一個具體步驟：會談充分考慮到西歐的問題，要由德國、義大利以及法國來解決，同時認為遠東的問題，主要是蘇聯和日本的事情，但德國願以調停人的身分居中調解。這是一個反對美國企圖「靠歐洲發財」的問題。美國對歐洲、非洲或亞洲沒有置喙的餘地。

　　莫洛托夫表示，他同意元首關於美國和英國的地位說法。他認為，只要蘇聯能以夥伴而不僅僅是以對象的身分進行合作，則蘇聯參加《三國條約》在原則上是完全可以接受的。在這種情形下，他認為，蘇聯參加共同事業沒有什麼困難。但是，條約的目的和意義，特別是關於大東亞圈的區劃，必須首先予以更明確的規定。

　　當11月13日恢復會談的時候：

　　莫洛托夫提出立陶宛那條狹窄的領土的問題，並著重說蘇聯政府在這一問題上尚未獲得德國明確的答覆，但是，這一問題正在等待著決定。關於布科維納，他承認，這牽涉到另外一塊土地，在秘密議定中沒有載明這一塊土地。蘇聯最初的要求僅限於北布科維納。不過，在目前的情況下，德國應當瞭解蘇聯對南布科維納的關心。在這個問題上，蘇聯也沒有獲得答覆。相反，德國卻保證羅馬尼亞的領土完整，而完全不顧蘇聯對南布科維納的願望。

　　元首答覆道，蘇聯哪怕只佔領布科維納的一部分，那就是德國方面很大的讓步了……但莫洛托夫堅持他以前說過的話：蘇聯所希望的重新劃分都是極微小的。

　　元首答覆道，如果蘇、德合作要在將來產生實際的結果，蘇聯政府必須瞭解德國正在從事生死攸關的戰爭，它無論如何要勝利地結束這場戰爭……雙方在原則上同意芬蘭屬於蘇聯的勢力範圍。因此，兩國與其繼續純理論的討論，不如轉入更重要的問題。

　　英國被征服以後，英國將要作為一份擁有4000萬平方公里、範圍遍及世界的破產者的龐大財產被人瓜分。在這份破產者的財產中，蘇聯可以分到真正通往大洋的不凍的出海口。4500萬的少數英國人迄今統治著大英帝國的6億居民。他就要摧毀這個少數了。就算是美國，它事實上也無非是要從這份

破產者的財產中揀幾項特別適合於美國的東西。

當然，德國要避免在它攻擊英國心臟英倫三島的戰鬥中再遇到其他分散其力量的衝突。因此，他（元首）不喜歡義大利對希臘發動的戰爭，因為，這樣做，就要將部隊分散到外國，而不能集中兵力於一點來攻擊英國。

在波羅的海區域發動戰爭也是一樣。對英國的戰爭將進行到最後為止，他毫不懷疑，英倫三島一被挫敗，即可使英國趨於瓦解。如果以為可從加拿大來統治並團結英國，那是在做夢。在這種情況下，就會出現世界範圍的前景了。在以後的幾週中，這些問題都要在與蘇聯的聯合外交談判中解決，並作出使蘇聯參加解決這些問題的安排。一切對這份破產者的財產有興趣的國家，彼此都應當盡棄前嫌，專心考慮瓜分英帝國的問題。這適用於德國、法國、義大利、蘇聯和日本。

莫洛托夫回答說，他很感興趣地傾聽了元首的議論，並對其所瞭解的每一件事情表示同意。

柏林會談對於希特勒內心深處的決定絲毫沒有發生影響。10月間，凱特爾、約德爾和德國總參謀部都根據他的命令擬定計畫，把德國軍隊東調，以便於1941年初夏進攻蘇聯。

在這一階段還沒有必要規定正式的日期，因為這也受天氣的影響。考慮到越過國境以後還需要走那麼遠的距離，而且要在冬季開始以前攻克莫斯科，所以5月初顯然是最相宜的。而且，沿波羅的海到黑海長達2000英里的戰線集結與部署德國軍隊，以及準備所有的兵站、營房和鐵道側線，所有這一切都是從來沒有承擔過的最艱巨的軍事任務之一，無論在計畫和行動上都不容有所延誤。在這一切之上，還需保守秘密，矇騙對方。

為了達到這一目的，希特勒利用了兩種不同形式的掩護，每種形式都各有其優點。第一種是在瓜分和分配英國遠東殖民地的基礎上，進行有關共同政策的細緻談判，第二種是透過匈牙利不斷地增派軍隊，以控制羅馬尼亞、保加利亞和希臘。這在軍事上有重大的收穫，同時又可掩蓋或解釋在該戰線南翼集結德國軍隊，進行針對蘇聯的部署。

談判採取由德國提出建議草案的方式，邀請蘇聯參加《三國條約》，把

英國在東方的權益給予蘇聯。如果史達林接受了這一方案的話，事態也許會在一個時期內向著不同的方向演變。希特勒隨時都可暫時擱下進攻蘇聯的計畫。擁有百萬軍隊的大陸兩大帝國結為軍事同盟，會怎樣分割巴爾幹、土耳其、波斯和中東，甚至進一步圖謀攫取印度，同時還有那熱衷的夥伴日本所宣導的「大東亞計畫」，結果如何，我們真是難以設想。但希特勒一心要摧毀布爾什維克，他對他們恨之入骨，相信有力量使他一生的大志能如願以償。以後，一切都可以歸他所有了。從柏林會談和其他的接觸中，他必然已經看出，他讓里賓特洛夫送交莫斯科的建議遠遠不能滿足蘇聯的野心。

在繳獲的德國外交部致德國駐莫斯科大使館的信件中，曾發現一份《四國公約》的草案，上面沒有載明日期。據說舒倫堡於1940年11月26日曾與莫洛托夫會談，這份草案顯然就是他們會談的基礎。根據這一草案，德、意、日三國同意尊重彼此的天然勢力範圍。由於這些勢力範圍互相接觸，因此，由此引起的問題，他們將以友好的方式經常地互相磋商。

德、意、日三國又共同宣布，承認並尊重蘇聯目前的領土範圍。四國決不參加或支持以反對四國中任何一國為目的的國家聯合。它們將在經濟上彼此通力協助，並且要補充和擴大彼此現有的各項協定。協定的有效期為10年。

在《四國公約》之外，還有秘密議定書。在議定書中，德國聲明，除在締結和約時重新劃分的歐洲領土以外，它的領土願望集中於中非的土地；義大利聲明，除了重新劃分的歐洲領土以外，它的領土願望集中於北非和東北非的土地；日本聲明，它的領土願望集中於日本帝國本土以南的東亞地區；蘇聯聲明，它的領土願望集中於蘇聯國土以南通向印度洋的地區。四國聲明，除特殊問題尚待解決外，都互相尊重這些領土願望，並且不反對它們獲得這些領土。

不出所料，蘇聯政府沒有接受德國的方案。他們在歐洲單獨同德國周旋，而日本在世界的另外一邊又對其施加壓力，但是，他們對自己逐漸增長的力量和廣大的領土深有信心，他們的領土占地球陸地面積1/6之多。因此，他們一再討價還價。

　　1940年11月26日，舒倫堡把蘇聯的反建議草案送到柏林。蘇聯的反建議提出：德國軍隊應立即撤離芬蘭，因為根據1939年的條約，芬蘭屬於蘇聯的勢力範圍。其後幾個月內，為了保證蘇聯在博斯普魯斯海峽和達達尼爾海峽的安全，由蘇聯與在地理位置上位於蘇聯黑海疆界安全區以內的保加利亞締結互助條約，以長期租借的方式，在接近博斯普魯斯海峽和達達尼爾海峽的範圍內為蘇聯陸軍和海軍建立基地。德國承認巴統和巴庫以南凡是通往波斯灣的地區為蘇聯領土願望的中心。日本放棄在北薩哈林島開採煤炭和石油的權利。

　　對於這一建議，希特勒沒有給出明確的答覆。他根本不打算和蘇聯進行調和折中。像這樣嚴重的問題是值得雙方本著友好的精神進行長期的仔細研究的。蘇聯當然希望也的確在等待德國的答覆。在這期間雙方都向本已大軍雲集的邊境開始增兵，希特勒的右手已經伸向巴爾幹了。

　　凱特爾和約德爾根據元首的命令擬定的計畫，已充分成熟，使元首能在1940年12月18日從司令部發出他那具有歷史意義的第二十一號指令。

　　「巴巴羅薩」作戰計畫：德國武裝部隊必須做好準備，以便在結束對英戰爭之前，就能在一場快速戰中摧毀蘇聯……。

第14章
地中海、大西洋和北非的硝煙

回顧擾攘不安的戰爭年代，我想不起有任何時期像1941年上半年這樣，戰事急如星火，許多問題一起湧來，或接踵而至，更直接地困擾著我和我的同僚的了。事件的規模逐年增大，但是必須作出的決定，卻並非更加困難。

1942年，我們在軍事上遭受更大的災難，不過那時我們已不再孤立，我們的命運已經和偉大同盟的命運結合在一起了。我們在1941年中的問題，沒有一部分不是和其他問題相互關聯而獲得解決的。撥給一個戰場的物資，必須取自另一戰場。把力量用在這裏，便意味著在那裏冒著危險。我們的物質資源極為有限。有十幾個強國的態度，是友好，是觀望，還是有敵對的可能，尚在未定之時。

在國內，我們必須應付潛艇戰、敵人入侵的威脅和接連不斷的閃電戰；在中東，我們必須進行一系列的戰役；此外，我們必須試圖在巴爾幹半島開闢一條對德作戰的戰線。在以前一段漫長的時期內，我們不得不孤軍作戰。在經過一場大風大浪之後，我們又得在急流中掙扎了。我們憑著獨自的努力，逐日為不致在急流中溺斃而奮戰並克盡自己的職責，然而比之前更重大的事件卻又在冷酷無情地向前發展著，這篇記述的困難之一，就是這二者之間的比例失當。

我們在大不列顛總算有了一個穩固的基礎。我確信，只要我們在國內保持高度的戒備和必要的兵力，德國在1941年進攻我國的嘗試對我們並不是不利的。德國空軍在各個戰場的實力和1940年相比較，幾乎沒有什麼增長；而我們國內的戰鬥機中隊則已從51個擴充到78個，轟炸機中隊已從27個擴充到45個。德國人並沒有在1940年的空戰中獲勝。看來，他們在1941年也沒

▲ 1941年，機械師向一名將飛往被佔領的法國進行突襲的盟軍飛行員發出起飛信號。

有獲勝的希望。我們本土上的陸軍已經大大加強。從1940年9月到1941年9月，已從26個現役師增加到34個現役師，另有5個裝甲師。

加之軍隊已經訓練成熟，他們所使用的武器也已大量增加。國民自衛軍已經從100萬人增加到150萬人，並且這時都持有槍枝。在兵員數額、機動性、裝備、訓練、組織和防禦工事各方面都有了巨大的改進。當然，希特勒為了侵犯我國，需要時時擁有超過需要的兵員。他要征服我們，至少需運送100萬名士兵和所需要的補給橫渡英吉利海峽。

到1941年，他可能擁有大量的——縱然不是足夠的——登陸艇；但是，由於我們擁有優勢的空軍和海軍，足以控制海、空，我們深信我們有摧毀或重創德國入侵艦隊的能力。因此，我們在1940年所依靠的一切論據，現在都無可比擬地更加強有力了。只要我們不放鬆警惕，或者，不大肆削減我們自己的防衛力量，戰時內閣和參謀長委員會便不會感到憂慮。

雖然我們的美國朋友——他們當中有些將軍曾經訪問過我們——對於我們的處境很擔心，而且全世界一般都認為德國進攻不列顛是很可能的事，但是，我們自己卻放心大膽地盡我們現有船舶的運輸能力，把所有軍隊運送到海外去，投入中東和地中海地區的攻勢作戰。我們贏得最後勝利的關鍵即在於此，而其最初的一些重大事件就是從1941年開始的。

在戰爭中，軍隊必須戰鬥。非洲是我們唯一能夠和敵人在陸地上周旋的一個洲。保衛埃及和馬爾他島是我們的職責，而義大利帝國的毀滅則是我們能夠獲得的第一個戰利品。英國在中東抵抗耀武揚威的軸心國家，我們試圖聯合巴爾幹各國和土耳其共同抵禦敵人，這些便是我們當前敘述的主題與線索。

地中海、大西洋和北非的硝煙

自從納爾遜時代以來，馬爾他島就像是一名忠誠的英國哨兵，捍衛著地中海中部那條狹窄的、重要的海上走廊。在最近這次戰爭中，它在戰略上的重要性比過去更大了。為滿足我們在埃及部署大量軍隊的需要，我們的運輸船隊自由地通過地中海，同時阻止敵人向的黎波里增援軍隊，已成為我們頭等重要的任務了。同時，德國新式空中武器不但對馬爾他島，而且對英國在這些狹窄的海面上有效地保持制海權，進行了嚴重的打擊。如果沒有這種現代武器的威脅，我們的任務就簡單多了。我們原來能夠在地中海自由通航，並可以斷絕所有其他國家的海上往來。現在已不可能以馬爾他島作為主力艦隊的根據地了。該島本身就受到敵人從義大利各港口出擊的威脅，並遭受經常的、多次的空襲。敵人的空軍也使我們的運輸船隊因危險莫測，幾乎無法通過突尼斯海峽及馬爾他海峽，只好繞道好望角，經歷漫長的航程。與此同時，敵人佔優勢的空軍使我們的戰艦若不甘冒重大的損失和危險，便不能在中地中海充分展開活動，這樣他們便得以保持一條向的黎波里運送軍隊和補給的補給線。

意屬班泰雷利亞島距馬爾他島約140英里，扼著西西里島與突尼斯之間西部海峽的咽喉。該島素以設防鞏固著稱，並有一個極有價值的飛機場。這是敵人通往突尼斯和的黎波里航線上的重要據點，它如果落到我們手中，將顯著地擴大我們能在馬爾他島周圍布置的空軍掩護區。

1940年9月，我曾請海軍上將凱斯制訂一項計畫，用新編成的突擊隊奪取班泰雷利亞島。我們的設想是，兩、三艘軍隊運輸艦跟在我們一支防守力量很強的運輸船隊後面。當運輸船隊吸引住敵人的注意力時，這幾艘軍隊運輸艦便在黑暗中轉換方向，出其不意地猛撲該島。這一被稱為「車間」的作戰計畫，越來越獲得三軍參謀長的支持。凱斯熱情洋溢地聲稱，他要拋開海軍上將的身分，親自領隊進攻。

我和左右的人並不認為實際攻佔該島有多大困難，但是，當我們在馬爾他島已受到沉重的壓力時，要保持這一戰利品的困難卻引起了我們的疑慮……。

大家的意見已完全一致，但是，由於從事其他方面的工作，沒有來得及

在原定1月底的日期開始行動。1月18日晨，在契克斯舉行的一次會議中，我同意第一海務大臣和其他參謀長等的意見，把日期推遲一個月。我想，我本來是能夠使會議通過維持原定計畫的決議，但是，我和其他人，一則忙於更加重大的事務，再則聽說突擊隊還沒有完全訓練好，所以沒有堅持原定的日期。凱斯當時不在場，他聞悉後大失所望。這次推遲使這項計畫成為泡影。在1月底以前，德國空軍早就進駐西西里島，於是，局勢完全改觀。我們沒有得到這項戰利品的價值是無可置疑的。如果我們在1942年占領班泰雷利亞島，在我們的運輸船隊衝破敵人攔截駛往馬爾他島的航程中，有許多優秀艦隻可以免遭損失，而且敵人通向的黎波里的航線也會受到更大的騷擾。從另一方面來看，我們也很可能被德國的空中進攻所壓倒，失去有利地位，而使馬爾他島的防務在這時更加複雜起來。

我深深感到迫切需要班泰雷利亞島，但是時機已經失去了。我們面臨大量的各種各樣的問題，直到1943年5月，我們摧毀了在突尼斯的德國和義大利軍隊以後，一支英國登陸部隊奉艾森豪將軍的命令在經過猛烈的轟炸之後，才攻佔了班泰雷利亞島。那時，我們在這一戰場上已有極為強大的力量，雖然在事前認為任務非常艱巨，結果卻沒有受到損失。

我方海軍與德國空軍第一次激烈的遭遇戰，發生於1月10日。那時，艦隊正掩護一系列的重要行動，這些行動包括：一支運輸船隊從西面駛過中地中海，其他船隻正從東面向馬爾他島運送補給，以及各種小規模的運輸船隊正駛往希臘。

那天清晨，驅逐艦「豪俠」號在馬爾他海峽內護送主力艦隊時觸了水雷。不久便出現了尾隨偵察的敵機；當日下午，德國轟炸機開始猛烈襲擊。敵機集中轟炸由博伊德上校指揮的新航空母艦「光輝」號。在3次空襲中，「光輝」號被巨型炸彈擊中6次，重創起火，死83人、重傷60人。該艦幸虧有裝甲甲板，才能有效地進行抵禦，艦上配備的飛機至少擊毀了5架來襲的敵機。這天夜間，在空襲愈益加劇、舵機失靈的情況下，博伊德上校把「光輝」號駛進了馬爾他。

當夜，坎寧安海軍上將率領主力艦隊在馬爾他島以南護送向東行駛的運

輸船隊，未受阻撓。第二天，巡洋艦「索斯安普敦」號和「格羅斯特」號在快要駛抵馬爾他島東岸時，受到了俯衝轟炸機的襲擊，這些敵機是從太陽照射過來的方向飛來的，因此未被發現。「格羅斯特」號被擊中一彈，未引發爆炸，受創輕微。但是，「索斯安普頓」號的機艙卻被擊中了，烈火熊熊，無法撲滅，該艦不得不被放棄，隨後便沉沒了。這樣，運輸船隊雖然安全地駛到目的地，艦隊卻付出了慘重的代價。

德國人覺察到那艘受傷的「光輝」號在馬爾他島的處境，所以決心要摧毀它。但是，我們駐在該島的空軍已經增強，因此在戰鬥中，一天之內便擊落敵機19架。儘管「光輝」號在船塢中又被炸彈擊中，它還能於1月23日晚起航。敵人發現它已駛去，千方百計地搜尋，但該艦於兩天後安抵亞歷山大。

這時，從西西里島出擊的德機不下250架。馬爾他島在1月間受到58次轟炸，從這以後直到5月底，每天遭到三、四次轟炸，中間只有短暫的間歇。但是我們的人力、物力增加了。1941年4～6月間，海軍上將薩默維爾的H艦隊曾出動六次，將相當數量的飛行小隊運送到馬爾他島的航程以內，同時有224架「旋風」式戰鬥機連同少數其他型號的飛機從西面飛抵戰場。補給和增援部隊也從東面運到。到了6月，擊退了敵人第一次猛烈的襲擊，該島才得以倖存。大難的來臨是在1942年……。

在紛至遝來的嚴重事件中，有一件事使我們最感不安。戰鬥可勝可負，冒險可成可敗，領土可得可失，但是支配我們全部力量，使我們能夠進行戰爭甚至得以生存下去的關鍵問題，就是我們控制自己的遠洋航線，以及使我們的船隻得以自由駛近並出入我們的港口。我在前面曾談到，德國佔領北起北角南至庇里牛斯山脈的歐洲海岸線給我們帶來的危險。

敵人的潛艇在速度、續航力和活動半徑方面都不斷有所改進，它們能夠從這條漫長的海岸線的任何港口或海灣出擊，摧毀我們海上運輸的糧食和商品。它們的數目也在不斷增加。在1941年的第一季度，新潛艇的生產率是每月10艘，不久後就增加到每月18艘。這些潛艇包括所謂500噸型和740噸型兩種，前者的巡航航程為11000英里，後者則達15000英里。

這時，除了德國潛艇帶來的災難以外，又加上遠端飛機在遠洋所進行的空襲。在這些飛機中，被稱作兀鷹的「福克烏爾夫200」式飛機是最可怕的一種，幸虧其最初數量有限。它們可以從布列斯特或波爾多起飛，在不列顛島上空盤旋一周，到挪威加油，然後於次日返航。我們由於缺乏護航艦，不得不編成包括四、五十艘船隻的龐大運輸船隊，敵人的遠端飛機在途中可以從高空俯瞰這些運輸船隊的出航或返航，它們可以用毀滅性的炸彈襲擊這些運輸船隊或個別船隻，也可能把方位告知伺機而動的潛艇，以便進行截擊。還在12月的時候，我們就已經開始準備作為最後手段的辦法：從默爾西河口及克萊德河河口起，到愛爾蘭西北600英尺深的水域線止，設置水中爆炸網。

這時，我們已下令擴充並重新部署空軍海防總隊，優先供給駕駛員以及飛機。我們計畫到1941年6月，海防總隊的飛機增加到15個中隊，而且在這些增援的飛機中，包括我們預期在4月底收到的57架美國「卡塔利娜」式水上飛機在內。南愛爾蘭拒絕給予我們一切便利，再次對我們的計畫產生了有害的影響。我們在北愛爾蘭以及蘇格蘭和赫布里底群島加緊建造新飛機場。

以上談到的種種不利條件繼續存在，而且有些還變本加厲。由於英國科學和技術取得成就，由於兩萬名忠實的工作人員攜帶著許許多多、形形色色的新奇儀器，不辭辛苦地把研究成果在上千隻小艇上運用起來，我們才使磁性水雷這條絞索鬆動一些，不讓敵人勒緊。我們沿不列顛東海岸的整個海上運輸工作，經常處於德國輕轟炸機或戰鬥機的威脅之下，因此海運量受到了嚴重的限制和削減。在第一次世界大戰時被認為對我們的生存有極大關係的倫敦港，這時的吞吐量已降到原有的1/4。英吉利海峽是實際作戰的水域。敵人對默爾西河、克萊德河和布里斯托爾的空襲，嚴重地破壞了這些僅存的主要商港。愛爾蘭海峽和布里斯托爾海峽則遭受封鎖，或受到嚴重阻礙。每一位權威的專家，如果在一年前遇到現在這些情況，都會立即宣布我們的處境是毫無希望的，這是一場生死攸關的戰爭。我們的保護措施規模很大，要求又非常細緻，其中包括護航、變更航線、使用消磁電纜、掃雷、不走地中海航線等。大多數船隻的航行時間和航行距離都有所延長。同時，由於轟炸與燈火管制，船隻在港口也要拖延一些時日。

以上種種原因，使得我們船舶的有效運輸力大為降低，這種情況比實際遭受的損失更為嚴重。在開始的時候，海軍部首先想到的當然是使船隻能夠安全進港，並以沉船愈少成就則愈大的標準來衡量他們的成就。但是，現在卻不能以此來作為衡量的標準了。我們一致認識到，國家的生存和作戰活動，都依靠安全起岸的進口物資的數量。我在2月中旬向第一海務大臣發出的備忘錄中說：「我瞭解到，1月份載貨進口的船隻不及去年1月份的一半。」

壓力在不斷地增加，同時我們損失的船舶遠遠超過了我們新建的船舶。美國的龐大資源只能緩慢地發生作用。我們不能再期望意外地獲得大量的船隻，像1940年春季挪威、丹麥、荷蘭與比利時被敵人佔領後那樣，有大量船隻落入我們手中。而且被擊傷的船隻數量很多，遠遠地超過我們的修復能力，同時我們的港口一週比一週擁擠，使我們窮於應付。

3月初，被擊傷的船隻共達260萬噸位，其中有93萬噸位邊修理邊裝貨，近170萬噸位的船隻無法使用，必須修理。我如果能迴避得了這些嚴重的麻煩問題，而在軍事方面從事雖不順利，卻是生氣勃勃的冒險行動，那簡直是如釋重負。我是多麼願意用進行一場大規模的進攻來替代這些用圖表、曲線和統計數字表明的難以捉摸、難以估量的危險啊……。

現在，潛艇戰發生了重大變化。3月間，我們消滅了三名德國的海上「王牌」，我們的防禦措施也有所改進，這些都對潛艇戰術產生了影響。敵人發現西部海口地區戰事過於激烈，便把潛艇西移到更遠的海域。由於南愛爾蘭拒絕我們利用它的港口，我們只有少數小型艦隊的護航艦隻可以駛入那些海港，而且在那裏也得不到空中掩護。我們從聯合王國海軍基地出航的護航艦，只能在通往哈利法克斯航線約1/4的航程中，對我運輸船隊提供有效的掩護。

4月初，一個「狼群」在西經28°襲擊一支運輸船隊，當時護航艦還沒有趕到。在一場歷時很久的戰鬥中，22艘船中有10艘被擊沉，一艘德國潛艇也被擊毀。我們無論如何總得設法擴大我們的控制範圍，否則我們能生存的日子便屈指可數了。

直到現在為止，來自大西洋彼岸的援助還只限於物資供應；但是，在目

前這種日益加劇的緊張狀態下，美國總統依據他作為三軍統帥所享有的，並載明於美國憲法的各項權力行事，開始給予我們武裝援助。他決意不容許德國潛艇和攻擊艦艇所進行的戰爭逼近美國海岸，並且要確保他運送給不列顛的軍火，至少要運過運輸途中的一半路程。早在1940年7月，他就派遣了一個海、陸軍使團到英國來進行「探索性的會談」。

美國海軍觀察員戈姆利海軍上將不久就滿意地見到，不列顛已經下了百折不回的決心，並且能夠抵禦得了逼到眼前的任何威脅。他和英國海軍部共同擔負的任務是，確定怎樣才能更好地將美國的力量集中用於：第一，根據現行政策的「除了參戰以外的一切援助方面」；第二，一旦美國被捲入戰爭時，與英國武裝部隊聯合作戰。

從一開始便產生了兩大英語國家對大西洋聯防的廣泛計畫。1941年1月，在華盛頓開始了參謀人員的秘密會談，會談範圍涉及整個戰局，並制定了一項聯合的世界戰略。美國軍事首腦同意，一旦戰火蔓延到美洲和太平洋，大西洋和歐洲應被認為是決定性的戰場。必須首先擊敗希特勒，美國在大西洋戰役中所提供的援助便是根據這個概念籌劃的。為了適應大西洋中聯合遠洋運輸船隊的需要，各項準備工作已著手進行。

1941年3月，美國軍官訪問大不列顛，為他們的運輸船隊和空軍選擇基地，隨即開始了建造基地的工程。在這期間，美國在西大西洋英國領土內發展基地的工作（這項工作自1940年便已開始），進展非常迅速。北大西洋的運輸船隊的最重要基地是紐芬蘭的阿根夏。美國的武裝部隊藉助於這一基地和聯合王國的港口，可以對大西洋戰役發揮他們最大的作用，或者說，在規劃這些措施的時候，看來是能夠發揮最大作用的。

在加拿大與大不列顛之間有紐芬蘭、格陵蘭和冰島。這些島嶼都位於哈利法克斯港與蘇格蘭之間那條最短的，也可以說是弧形的航線的一側，離航線不遠。以這些「踏腳石」為基地的武裝部隊，可以分段地控制整條航線。格陵蘭是完全缺乏資源的，但是我們可以對其餘兩個島迅速地善加利用。有人說過：「誰佔領了冰島，誰就牢牢地握著一把手槍對著英國、美國和加拿大。」當丹麥在1940年遭受蹂躪時，我們之所以在冰島人民的同意下佔領該

島，就是根據這種想法。

現在我們可以利用它來對付德國潛艇了，於是我們於1941年4月在該島設立了基地，以供我護航艦分隊和飛機使用。冰島成為一個單獨的指揮區，從那裏起，我們把海上護航艦的活動範圍擴展到西經35°。雖然如此，西面仍有一個不祥的缺口，暫時還無法彌補。5月間，一支從哈利法克斯港出航的運輸船隊在西經41°受到猛烈的襲擊，並在我反潛艇護航艦能夠趕到以前喪失了船舶9艘。

這時皇家加拿大海軍的力量正在增長，他們的新式護航快艇開始大量地從造船廠駛出。在這危急萬分的時刻，加拿大準備在這場生死攸關的戰鬥中擔任重要角色。從哈利法克斯港出航的那支運輸船隊的損失，十分清楚地表明，要護航，就非得實施從加拿大到不列顛的全線護航不可。

於是，英國海軍部於5月23日請求加拿大和紐芬蘭政府同意，利用紐芬蘭的聖約翰斯為我們聯合護航艦隊的前哨基地。他們立即表示同意，到月底，全線的連續護航終於實現了。從那時起，皇家加拿大海軍便負起了護航責任，用他們自己的人力、物力保護那條遠洋航線西段的運輸船隊。我們能從大不列顛和冰島保護其餘航程上的艦隻。儘管如此，可資利用的艦艇數目仍然極少，難以完成護航的責任。這時，我們的損失急劇上升。

到5月為止的三個月中，僅由德國潛艇擊沉的船隻就有142艘，共計81.8萬噸。其中99艘，共約60萬噸是英國的。德國人為了獲得這些戰果，在北大西洋繼續不斷地保持12艘左右的潛艇，此外，還在自由城附近的海域進行猛烈襲擊，力圖扼殺我們的防務。在這一海域內，僅在5月一個月中，6艘潛艇便擊沉32艘船隻。

在美國，總統正一步一步地靠近我們，而且他有力的干涉不久便起了決定性的作用。因為我們看到有必要在冰島發展基地，他也在同月採取措施，在格陵蘭設立了一個專供美軍使用的航空基地。據悉，德國人已在格陵蘭東海岸面對著冰島的地方設置了氣象站，因此總統的行動是十分及時的。

此外，我們還可根據其他決定，將我們在地中海或其他海域的激戰中受傷的商船和軍艦，都送往美國的船廠修理，這就使我們國內極其緊張的人

力、物力立即得到了非常必要的緩和。總統在4月4日的電報中證實了這一點，這封電報還提到，他已撥出經費另行修建58處下水場，並新建船舶200艘……。

　　一週後，傳來了關係重大的消息。總統於4月11日打電報告訴我，美國政府打算把從戰爭初期以來就劃定的所謂安全地帶和巡邏區域，擴展到包括西經26°左右以西全部北大西洋水域在內的一線。為了這一目的，總統建議利用從格陵蘭、紐芬蘭、新斯科細亞、美國、百慕達群島和西印度群島（以後還可能再擴大到巴西）出動的飛機與海軍艦隻。他敦促我們極其秘密地將運輸船隊的行蹤通知他，「從而使我們的巡邏艦隻，得以尋覓侵略國家在安全地帶的新線以西出動的任何艦隻或飛機」。

　　就美國方面來說，只要在他們的巡邏區域內發現可能是侵略國家的艦隻或飛機，將會立即公布其位置。總統最後說：「我不一定就此發表特別的聲明。我可能決定發布有關海軍行動的必要命令，而讓時間去證實這個新的巡邏區域的存在。」

　　我把這封電報轉到海軍部，心中如釋重負……。

　　我們在巴爾幹成立一條戰線的所有努力，都是以確保在北非的沙漠側翼為基礎的。這一側翼或許應該設在托卜魯克，但是，韋維爾的迅速西進和班加西被攻克已使我們佔領了昔蘭尼加全境。這一區域的門戶就是阿蓋拉的海角一隅。在倫敦和開羅的有關當局一致認為，應不惜一切代價據守阿蓋拉，這是超過所有其他軍事行動的重要任務。義大利軍隊在昔蘭尼加全軍覆沒，而敵人調集新軍又必須跋涉漫長的路程，所有這一切都使韋維爾相信，在今後一段時間內，他可以用少量的軍隊據守這個重要的側翼，而以訓練較差的軍隊去替換他那支久經戰鬥的部隊。沙漠側翼是影響全局的關鍵所在，任何方面都無意使它為了希臘或巴爾幹的任何事件而受到損失或威脅……。

　　這時，我方情報人員的報告開始引起了三軍參謀長的關心。2月27日，他們向韋維爾發出一封電報，提出警告說：「鑑於德國裝甲部隊和空軍已抵達的黎波里塔尼亞，此間已在考慮埃及和昔蘭尼加的防務問題。請簡要電告你的意見。」他針對這封電報發來了一封經過深思熟慮的重要回電，其中包

括下列內容：「……航運的危險、陸路的困難和酷暑的臨近，都將使敵人難以在夏末以前發動這樣的攻勢……」

但是這時有一位新人物躍登世界舞臺，他是將在德國軍事史佔有一席地位的一名德國軍人。埃爾溫‧隆美爾於1891年11月生於符騰堡省的海頓海姆。他童年時代體質孱弱，在家讀書讀到9歲才轉入當地的公立學校，他的父親就是這所學校的校長。1910年，他在符騰堡團中任見習軍官。當他在但澤軍官學校受訓時，他的教官們說道，他身材雖小，但很強壯。他在智力方面並不出色。在第一次世界大戰時，他轉戰於阿爾貢地區、羅馬尼亞和義大利，曾經兩次受傷而獲得最高級的鐵十字勳章和戰功勳章。在兩次大戰之間，他擔任團級軍官，並任職於參謀部。

第二次世界大戰爆發時，他在波蘭戰役中任元首行營的司令官，其後擔任第十五軍第七裝甲師司令。這一個師的綽號叫「鬼怪」，是德軍突破馬斯河的先鋒。英軍於1940年5月21日在阿拉斯反攻時，他幾乎被俘。之後，他統率著他的師經由拉巴西向利爾推進。如果這一次突擊再多獲得一點點成就，或者如果沒有被德國最高統帥部下令進行限制的話，便可能把包括蒙哥馬利將軍所指揮的第三師在內的大部分英軍切斷。他指揮的這一個師是越過松姆河、沿著塞納河直指盧昂的尖兵，曾席捲法軍左翼，而在聖梵勒利附近俘獲大批英、法軍隊。他的這一個師最先進抵英吉利海峽，而在我們最後的一批軍隊剛剛撤退後進入瑟堡，隆美爾在這裏接受了該港與法國俘虜30000人的投降。

由於這許多戰績和功勳，他於1941年年初被任命為德國派往利比亞的軍隊的司令。2月12日，他率部下抵達的黎波里，協同他從前

▲ 1940年法國戰役，隆美爾（中）正召開作戰會議。

曾與之對壘從而建立了殊勳的那個盟國作戰。那時,義軍希望只據守黎波里塔尼亞,而隆美爾則負責指揮在義軍司令統率下日益擴充的德國分遣隊。他立即爭取進行攻勢行動。4月初,義軍總司令試圖說服他,在未獲得他的同意前,德國的非洲軍團不得前進。這時,隆美爾抗議道:「作為一名德國將領,他必須按照形勢的需要發布命令。」他宣稱,因供應問題而提出任何保留都是「毫無道理的」。他要求並獲得了行動的完全自由權。

隆美爾在非洲戰役中自始至終表現出是運用機動部隊的能手,特別擅長於在一次戰役之後迅速整編,爭取新的勝利。他是一位卓越的軍事賭博家,善於掌握供應問題,而且藐視種種阻礙。德國最高統帥部最初是放手讓他去做,後來對他的成就感到驚愕,因此有意抑制他。他熱心作戰,一往無前,使我們受到嚴重的災難。但是,他對於我1942年1月在下院對他的稱讚是當之無愧的(這番話曾經引起公眾的指責),當時,我提到他時說道:「我們遇到了一個非常勇敢善戰的對手,而且如果我可以撇開戰爭造成的破壞來說,他是一位偉大的將領。」他也值得受我們的尊敬,因為儘管他是一名忠誠的德國軍人,後來卻憎恨希特勒和他的所作所為,並且參與了1944年企圖驅除這個狂徒與暴君以拯救德國的密謀。為此,他犧牲了生命。在現代民主政治下進行的殘酷戰爭中,俠義行為是沒有地位的。大規模的無情屠殺和群眾意向壓倒了一切公平意見。我對隆美爾所表示的敬意,雖然曾被評判為不合時宜,但我仍不懊悔,也無意收回。

在倫敦,我們接受韋維爾3月2日發來的電報作為我們行動的基礎。阿蓋拉隘路是全局的核心。如果敵人突破阿傑達比亞,那麼班加西以及托卜魯克以西的一切據點便都岌岌可危了。他們可以選擇通往並越過班加西的那條良好的沿海公路,或者選擇利用直通梅基利與托卜魯克,而把200英里長、100英里寬的沙漠突出部分切斷的那些小路。我們曾於2月間採取後一路線,因而切斷並俘獲經由班加西撤退的數千義軍。如果隆美爾也走這條沙漠路線,用同樣的辦法欺騙我們,那是不足為奇的。但是,只要我們據守在阿蓋拉的門戶,敵人就沒有機會用這種方式來愚弄我們。那裏有良好的地形,但是卻沒有很好的布防,部分原因在於托卜魯克向外運輸的任務過於緊張,而

班加西的港口據鑑定還不能使用。

這一仗打得如何，不僅依靠是否熟悉地形，也要看是否熟悉沙漠作戰的條件。我們以前的前進是十分迅速，我們的勝利是十分容易、十分徹底，以致我們在這一時期沒有牢牢掌握這些戰略要領。但是，如果我們在裝甲和品質方面而不是在人數方面佔有優勢，加上空軍力量勢均力敵，那麼即使失去那個門戶，也還是能夠使比較精銳、比較活躍的軍隊在一場沙漠的混戰中獲勝的。我們所作的安排卻沒有一項達到這些條件。我們在空軍方面處於劣勢，我們的裝甲部隊大感不足（理由將在以後說明），而托卜魯克以西的軍隊，在訓練與裝備兩方面也都不完善。

3月17日，韋維爾將軍和迪爾將軍到昔蘭尼加，親自進行視察。他們乘汽車經由安特拉特到阿蓋拉，迪爾立即感覺到防衛阿蓋拉與班加西之間大片沙漠地帶很困難。他在3月18日從開羅發給國內帝國副總參謀長的一封電報中說道，顯著的事實是：在阿蓋拉與班加西以東的那些鹽田之間的沙漠，一片空曠，很適宜於裝甲車輛的行駛；因此，在其他條件相等的情況下，較強的裝甲部隊將獲得勝利。步兵在這裏無用武之地。當然，在這些遼闊的沙漠中，補給問題仍然存在，而且完全有利於守方。他說，韋維爾已經著手解決防守方面的困難問題了……。

3月間，越來越多的跡象顯示，德國軍隊正從的黎波里開往阿蓋拉。韋維爾於3月20日報告說，敵軍似乎正在準備發動一次有限度的進攻，昔蘭尼加邊境的局勢使他感到有些不安。如果我們的前哨部隊被逐出他們現在的陣地，在班加西以南將沒有阻擋敵軍的適當據點，因為這一地區是一馬平川的平原。但是，敵人由於後勤的問題，只能作一次有限度的進攻……。

隆美爾於3月31日開始對阿蓋拉進攻。尼姆將軍接到的命令是，在敵人進逼時打一場拖延戰，然後退到班加西附近，並應儘量持久地掩護該港。他還奉命在必要時在破壞該港後撤退。因此，我們在阿蓋拉的裝甲師——實際上只有一個裝甲旅和該師的支援部隊——在以後兩天內緩緩地撤退了。

在空軍方面，敵人確實是強得多。義大利空軍仍然是無足輕重，但是德國空軍約有100架戰鬥機、100架轟炸機和俯衝轟炸機。韋維爾將軍於4月2

日報告，昔蘭尼加的前哨部隊受到德國一個殖民地裝甲師的襲擊。「昨日，有幾個前哨據點受到襲擊和破壞。目前的損失雖還不算嚴重，但是裝甲旅的車輛情形使尼姆非常擔憂，損壞的車輛看來不少。至少在三、四週之內我方抽調不出裝甲部隊來。因此我提醒他，即使要撤退一大部分軍隊，甚至可能從班加西撤退，也要保存三個旅。」

我根據韋維爾將軍以前的估計，仍然覺得敵人的潛在力量有限……

4月2日，我們的第二裝甲師的支援部隊被敵軍50輛坦克逐出阿傑達比亞，而撤至其東北35英里的安特拉特境內。該師則奉命撤至班加西附近。我們的裝甲部隊在德軍襲擊下秩序紊亂，損失慘重。電訊最後說，「已下令破壞班加西的港口。」韋維爾將軍於4月3日飛臨前線，歸來後報告說，裝甲旅的大部分遭到佔優勢的德國裝甲部隊攻擊，已潰不成軍。

這將使班加西以東及東北的第九澳大利亞師的左翼失去掩護。「他們的撤退或許是必要的。」他說，由於敵人在利比亞的兵力強大，第七澳大利亞師不能開往希臘，而必須調往西部沙漠。英國第六師仍未裝備妥當，必須留作後備。「這就要推遲對羅德島的進攻。」於是，在一擊之下，而且，幾乎在一日之中，作為我們一切決定的基礎的沙漠側翼便崩潰了，並且大肆削減了本來就力量薄弱的那支派往希臘部隊的力量。攻佔羅德島是我空軍在愛琴海的作戰計畫的重要部分，現在也不能實現了……。

韋維爾的前線之行是要讓奧康納接任司令的職務。這位軍官當時尚未恢復健康，他向總司令表示，在戰爭中途，最好不要真的讓他接替尼姆的司令職務，而是用他熟知當地的專門知識從旁協助。韋維爾同意了。這次商定的辦法未順利實行，或者說，沒有實行多久。4月6日夜間，我大批軍隊從班加西撤退。第九澳大利亞師則沿著海岸公路向東撤退。為了避免交通擁擠，尼姆將軍偕同奧康納將軍乘坐一輛汽車，未帶任何護衛，從一條小路駛去。在黑暗中，他們突然被截住，一隊德國巡邏兵從車窗伸進手槍對著他們。這時，他們除了投降以外別無辦法。尼姆曾獲得維多利亞勳章，奧康納從各方面來說是我們最有經驗和最有成就的沙漠地區司令官，我們損失了這兩位英勇的陸軍中將，不勝悲痛……。

　　正當我們在希臘的冒險行動全面開展的時候，我們的沙漠側翼遭到失敗，構成了一個最大的災難。我在相當時期內對於所以造成這一災難的原因大惑不解，因此戰事略一停息，我便覺得必須要求韋維爾將軍對於事情的經過進行一些解釋。我一直等到4月24日才向他提出了對他而言是一種精神負擔的要求。

　　我們仍在等待阿蓋拉和梅基利方面的戰況。這幾場戰鬥使我們損失了第三裝甲旅和一個摩托化騎兵旅的精英。我們顯然已受到一次重大的失效。因此，為了理解你的困難以及我們自己的困難，我們有必要大概瞭解一下事情的經過和原因。是由於我們的部隊在數量上、謀略上、戰術上比不過敵人，還是因為據說是過早地破壞了汽油庫造成的錯誤？根據倖存者的報告，一定能夠使我們對於這場關鍵性戰鬥得到一個有頭有尾的報告。如果你不將情況報告的話，我便無法再幫助你了……。

　　韋維爾於4月25日電覆。他指出，因為幾乎所有有關的高級軍官都已失蹤，所以無從獲悉他們的行動和動機，他必須慎重行事，以免不公正地將責任歸咎於他們。正如他素日的性格一樣，他自己承擔了責任。同日，他又發來總結這次戰鬥的電報。他在電報中說，他曾注意到，第二裝甲師司令部和第三裝甲旅要經過相當時間，才能夠熟悉沙漠和沙漠作戰的情況。他曾經希望，在敵軍大舉進攻以前，至少能有一個月的時間在邊境上進行小規模的戰鬥，這樣他們就可以得到適應當地環境的時間了。實際上，他們還沒有安頓妥當，攻擊就開始了，而且至少比他的參謀人員根據時間與空間計算出來的可能日期早了兩週，但是敵軍的實力則大致同他的估計相符。他曾經料到，敵人將有限度地向阿傑達比亞挺進。繳獲的文件和戰俘的供述一直證實了敵人的本意不過如此。

　　我們現在知道，敵人的初步成就完全出乎他們的意料之外。後來他們之所以能夠乘勝追擊，完全是由於第三裝甲旅過早而不幸地被擊潰。我們有充分的證據證明，敵人從阿傑達比亞推進的部隊是臨時匆匆編成的，它包括由德、義兩國部隊編成的八支小縱隊，其中有幾支縱隊與後方供應脫節，不得不由飛機運送物資。

▲ 隆美爾在北非。

我第三裝甲旅是一支臨時編成的部隊，擁有機械裝備不良的巡邏坦克一個團、輕型坦克一個團和用繳獲的義大利中型坦克裝備起來的一個團。從昔蘭尼加戰役結束時我方裝甲戰車的情況來看，如果準備派往希臘的軍隊配備任何裝甲力量的話，這一個旅就可能成為他能夠投入這場戰鬥的最精銳部隊。如果它擁有充分的實力，並有較長的時間作為一支戰鬥部隊而安頓下來的話，它本來是足以對付得了預料中的進攻的……。

我好像記得艾登說過，韋維爾「一夜之間老了十歲」。我記得有人曾經這樣評論：「隆美爾已經把韋維爾新近贏得的桂冠，從他的頭上扯下來扔在沙漠中了。」這不是真實的想法，只不過是出於一時悲痛說的話。要對這一切下正確的判斷，只有依據當時可靠的文件，而且無疑也要根據以後陸續發現的其他許多有價值的證據。但是事實終歸是：在實行「戰斧」作戰計畫之後，我得出結論，認為應該進行一次人事調整了。

第15章
巴巴羅薩：蘇德戰爭的開始

內米西斯是「司報應的女神，她毀傷一切非分的幸運，抑制那隨之而來的驕傲情緒……並且是大奸大惡的懲罰者」。

我們必須揭露蘇聯政府和其龐大的共產黨機構的冷酷算計的謬誤與虛妄，必須揭露他們對自己處境認識的極端無知。他們對於西方列強的命運漠不關心，儘管這意味著「第二戰場」的破滅，但不久後他們又大聲疾呼開關這一戰場。他們似乎絲毫沒有覺察到，希特勒在六個多月之前就已經決意要毀滅他們了。

如果說，他們的情報組織曾報告過德國正向東歐部署大軍（這時正日益擴大規模）的消息，他們卻忽略了採取許多必要的對策。這樣，他們就聽任德國蹂躪所有巴爾幹國家。他們仇恨、憎惡西方民主國家，但對他們的基本利益和本身安全有莫大關係的四個國家，即土耳其、羅馬尼亞、保加利亞和南斯拉夫，本來由蘇聯聯合起來成立巴爾幹戰線是能在英國的積極援助下反抗希特勒的。他們卻讓這些國家陷入混亂，於是，除了土耳其以外，都一個一個地被德國吞併。

戰爭是人們行事失策的紀錄，但我們懷疑歷史上是否有人像當時史達林和其他蘇聯領袖所犯的那樣錯誤，他們拋棄在巴爾幹的一切機會而因循等待，他們也沒能夠覺察那即將對蘇聯發動的猛攻。我們此前一向把他們看作自私的謀略家，現實證明他們還是傻瓜。蘇聯的力量、群眾、勇敢和堅忍還有待考驗，但就戰略、政策、預見和才能來判斷，史達林和他的人民委員們是二戰中徹底的受騙上當者。

現在我們知道，希特勒在12月18日的指令中曾規定，5月15日為進攻蘇聯的日期，但是他在對貝爾格萊德革命的盛怒之下，於3月27日把進攻日期

推遲一個月，以後又推遲到6月22日。到3月中旬，德國在北面向蘇聯主要前線調動軍隊，已經不需要採取特別隱蔽措施的行動了。柏林當局於3月13日下令在德國境內工作的蘇聯考察團人員停止工作，並遣送他們返國。在德國的蘇聯人只許逗留到3月25日為止。在北部地方，德國已經集結強大的部隊。3月20日以後，還要集結更強大的兵力。

4月22日，蘇聯方面向德國外交部指控，越來越多的德國飛機連續侵犯蘇聯邊界。從3月27日到4月18日，這類事件發生80次。蘇聯的照會還指出，「如果德國飛機繼續飛越蘇聯邊界，將會發生嚴重事件」，德國的答覆是一系列對蘇聯飛機的反指控。

5月7日，舒倫堡滿懷希望地報告說，史達林已經接替莫洛托夫任人民委員會主席，成為蘇聯政府的首腦。更換的原因可能在於最近在對外政策方面所犯的錯誤，這些錯誤導致了一向火熱的蘇、德關係的冷卻，而史達林則一直有意識地致力於建立和保持雙方這種誠摯關係。

史達林有了新職位，將對政府內政、外交的方方面面負責……我深信，史達林將利用他的新地位親自致力於維持和發展蘇、德之間的良好關係。

德國海軍武官自莫斯科發來報告，用這樣的話來表示同一要點：「史達林是蘇、德合作的中心。」蘇聯對德國姑息的事例增多了。5月3日，蘇聯正式承認伊拉克親德的拉希德・阿里政府。5月7日，比利時和挪威的外交代表被蘇聯驅逐出境，甚至南斯拉夫公使也在被逐之列。6月初，希臘公使館全體人員被趕出莫斯科。

正如德國陸軍部經濟司長湯瑪斯將軍後來在論述德國戰時經濟一文中所寫的：「直到進攻前夕，蘇聯人仍在履行交貨任務。蘇聯在最後幾天，還從遠東用快車急運橡膠。」希特勒對於他的欺騙與隱瞞伎倆的成功，以及對於受害人的心理狀態，理應感到滿足……。

1941年6月22日4時，里賓特洛夫把正式宣戰書遞交駐柏林的蘇聯大使。黎明時分，舒倫堡在克里姆林宮會見莫洛托夫。後者沉默地傾聽了德國大使所宣讀的通知，然後評論說：「這就是戰爭。你們的飛機剛剛轟炸了我們十幾個未設防的村莊。你認為我們應該受到這樣對待嗎？」

面對塔斯社的廣播，要想在艾登先生已經向駐倫敦的蘇聯大使提出的各項警告之外再說些什麼，或者由我重新作出私人的努力去喚醒史達林注意他的危險，都是徒勞無益的。美國甚至經常地把更確實的

▲ 1941年巴巴羅薩行動中，一名德國士兵朝敵人陣地投擲手榴彈。

情報送交給蘇聯政府。我們之中的任何人，都無法打破史達林在他自己和那可怕的事實之間所持的愚昧偏見和固執想法。雖然按照德國的估計，蘇聯有186個師集結在它的邊界，其中有119個師面對著德國前線，但蘇軍多半受到突然襲擊。德軍在前沿地帶沒有見到任何準備進攻的跡象，而且蘇聯的掩護部隊很快地就被打敗了。

類似1939年9月1日波蘭空軍遇到的那種災難，這時又以大得多的規模重新降臨在蘇聯的飛機場上。天亮以後，數百架蘇聯飛機被發現在能夠起飛以前就被炸毀了。這樣，蘇聯的宣傳機器於午夜播送出來的仇恨英國和美國的叫囂，到了黎明時分就被德國的炮聲壓下去了。

6月20日（週五）晚上，我獨自乘車到契克斯去。我知道，德國對蘇聯的進攻不過是幾天內的事，或許是幾小時內的事。我曾經安排在週六晚上就此事發表一個廣播演說。這當然得用審慎的詞句。而且這時蘇聯政府態度傲慢，盲目無知，把我們的一切警告，當作是被打敗的人想拉別人同歸於盡的圖謀。我在汽車中思索的結果，把這次廣播演說推遲到週日晚上，我想到那時一切會明朗起來。所以週六像往常一樣，在忙忙碌碌中度過了。

我在週日（6月22日）早晨醒來以後，聽到了希特勒進攻蘇聯的消息。信念已變成了事實。我毫不懷疑我們的任務和政策是什麼，也毫不懷疑我要說的話是什麼。尚待完成的只是起草這篇演說稿了。我吩咐負責人員立刻公

告，我將在當晚9時發表廣播演說。不久，迪爾將軍從倫敦趕來，帶著詳細的消息進入我的臥室。德軍已經從一條遼闊的戰線進攻蘇聯，突然襲擊了蘇聯一大部分停留在地面上的空軍，並似乎正銳不可擋地迅速前進。這位帝國總參謀長又說：「我想，他們將會成群地被包圍。」

整整一天，我都在起草我的廣播稿，沒有時間同戰時內閣商量，而且也沒有必要。我知道，我們對這件事的看法是一致的。艾登先生、比弗布魯克勳爵和斯塔福德・克里普斯爵士（他是在10日離開莫斯科的）也一整天和我在一起。

我的私人秘書科爾維爾先生在這個週末值勤，他所寫的契克斯這個週日的情況，或許值得一讀。

6月21日，週六，我在晚餐以前到了契克斯，懷南特夫婦、艾登夫婦和愛德華・布里奇斯正在那裏。進餐時，邱吉爾先生說德國進攻蘇聯已經確定不移了。他認為，希特勒正指望得到英國和美國的資本家和右翼的同情。但是希特勒錯了，我們應當全力幫助蘇聯。懷南特說，美國的態度也是一樣。

飯後，當我同邱吉爾先生在槌球草場上散步時，他的談話又回到這個話題上來。我問他，對他這位頭號反共人物來說，這樣一來是不是就同流合污了。邱吉爾先生答道：「完全不是這樣。我只有一個目的，就是打倒希特勒，我的一生這樣一來就變得簡單多了。如果希特勒攻打地獄，我至少也會在下院為魔鬼說幾句好話。」

第二天凌晨4時，我被外交部打來的電話驚醒，電話說，德國已經進攻蘇聯了。首相曾經常說，除非敵人打到，不得因別的事情把他喚醒。因此，我延遲到8時才告訴他。他只說了一句話：「通知英國廣播公司，我在今晚9時廣播。」他從上午11時開始準備講稿，除了同斯塔福德・克里普斯爵士、克蘭伯恩勳爵和比弗布魯克勳爵共進午餐外，整天都在忙於此事……講稿在8時40分才準備好。

我在這次廣播中說：

「納粹制度與共產主義最壞的特徵相比較，並沒有什麼區別。它除了貪得無厭和種族統治而外，沒有任何宗旨和原則。

「它的殘酷行為和兇暴侵略所造成的惡果，超過了各式各樣的人類罪行。在過去25年中，沒有一個人像我這樣始終反對共產主義。我並不想收回我說過的話。但是，這一切，與正在我們眼前展現的情景對照之下，都已黯然失色了。過去的一切，連同它的罪惡、它的愚蠢、它的悲劇，都已經一閃而過了。

「我眼前看到的是，蘇聯的士兵們站在他們故鄉的門旁，捍衛著他們的祖先自古以來耕種的田地。我看到的是，他們在捍衛著他們的家園，母親和妻子們在家鄉祈禱——啊，是的，大家經常都在祈禱——她們在祝願親人平安，祝願她們的贍養者、戰鬥者和保護者歸來。我看到蘇聯上萬的村莊，那裏穿衣吃飯都依靠土地，生活雖然十分艱辛，可是那裏仍然有著基本的人類樂趣，少女們在歡笑，兒童們在嬉戲。我看到，納粹的戰爭機器正以瘋狂的進攻，向這一切猛衝過去；跟著過去的是身著華麗戎裝、佩刀和鞋跟叮噹作響的普魯士軍官們，以及剛剛威嚇過、壓制過十多個國家的那些奸詐的專業特務們。我也看到大批頭腦愚鈍、受過訓練、唯命是從而兇暴殘忍的德國士兵，像一群爬行的蝗蟲在蹣跚行進。我看到德國轟炸機和戰鬥機在空中飛翔，它們被英國人多次鞭撻仍然傷痛在身，卻想尋找它們認為是比較省力和穩當的獵物。

「在這一切令人頭暈目眩的突然襲擊的背後，我看到那一小撮計畫、組織和發動這種造成人類極大恐怖的惡棍……。

「我必須宣布英王陛下政府的決定（我確信偉大的自治領不久就會一致同意這個決定），因為我們現在必須立即宣布這項決定，一天也不能耽擱。我必須發表這個宣言，但是，我們將要採取什麼政策，你們還有懷疑嗎？我們只有一個宗旨，一個唯一的、不可改變的目標。我們決心要毀滅希特勒，以及納粹制度的一切痕跡。

「什麼也不能使我們改變這個決心。什麼也不能。我們決不和敵人談判，我們決不與希特勒或他的任何黨羽進行會談，我們將在陸地上對他作戰，我們將在海洋裏對他作戰，我們將在天空中對他作戰，直到邀天之助，把他的影子從地球上消除盡淨，把世界上的人民從他的壓迫下解放出來為

▲ 德軍轟炸中遇害的蘇聯母親和她的孩子。

止。任何對納粹帝國作戰的個人或國家，都將得到我們的援助。任何跟著希特勒走的個人或國家，都是我們的敵人……這就是我們的政策，這就是我們的宣言。根據以上的理由，我們將要對蘇聯和蘇聯人民進行我們能夠給予的一切援助。我們將向世界每一個角落的朋友和盟國呼籲，請他們採取同一方針，並且如同我們一樣，忠誠不渝地堅持到底……。

「這不是階級的戰爭，而是整個英國和英聯邦不分種族、信仰與黨派所從事的一場戰爭。美國的行動，不應當由我來講，但我要說這樣一句話：如果希特勒妄想他對蘇聯的進攻，將會使決心消滅他的偉大民主國家的目標有絲毫偏離，或者會使他們的努力有絲毫鬆懈，那麼他就大錯特錯了。

「相反，我們從他的暴政下拯救人類的努力將得到增強和鼓舞。我們將加強而不是減弱我們的決心和手段。

「有些國家和政府行事愚蠢，它們讓自己被人家各個擊破，如果它們採取聯合行動的話，它們本來是能夠拯救自己，並且能夠使世界免於發生這場災禍的，但現在不是針對它們的愚蠢向它們講清這些道理的時候。

「我在幾分鐘前談到迫使或誘使希特勒對蘇聯進行冒險所表現出來的嗜殺和貪欲時，我曾指出在他的暴行的後面還存在著一個更深的動機。他想摧毀蘇聯的力量，因為，他希望，如果他能得逞，就可以把他的陸、空軍主力從東歐調回，再大舉進攻這個島國。他知道，他必須征服這個島國，否則他就要因他的罪行而受到懲罰。他進攻蘇聯，只不過是企圖進攻不列顛諸島的前奏。

　　「毫無疑問，他希望這一切行動可以在冬季來到以前結束，他可以在美國的海、空軍進行干涉以前擊敗大不列顛，他希望用比以前更大的規模重演他各個擊破敵人的故伎。他一向就是依靠這種手段起家的。然後，他就可以為他的最後行動掃清障礙，這最後行動就是使西半球屈服於他的意志和制度之下，如果做不到這一點，他征服別國的一切戰果都是空的。

　　「因此，蘇聯的危難就是我們的危難，也是美國的危難，正如蘇聯人為保衛家鄉而戰的事業，是世界各地的自由人民和自由民族的事業一樣。讓我們吸取透過殘酷的經驗得來的教訓吧。讓我們加倍努力，只要一息尚存，力量還在，就齊心協力打擊敵人吧。」

第16章
我與羅斯福的會晤及《大西洋憲章》

那是7月下旬的一天下午，哈里‧霍普金斯來到唐寧街的花園中，我們同坐在陽光下。他一開口就說，羅斯福總統很願意在一個偏僻的港灣之類的地點與我會晤。我隨即答道，我確信內閣將允許我請假。

很快，一切就安排好了。地點選定為紐芬蘭的普拉森夏灣，日期定為8月9日。接著，命令我們最新的戰列艦「威爾士親王」號準備出發，我渴望與羅斯福先生會晤。到現在，我已和他日益親密地通信將近兩年了。況且，我們之間的一次會談，將昭告世人：英、美兩國的團結越來越密切，將使我們的敵人感到擔心，將使日本仔細考慮，並使我們歡欣鼓舞。關於美國介入大西洋、援助蘇聯、英國本身的供應等問題，最重要的是日本的威脅日益增加的問題，我們都有許多有待解決的事……。

與我一同前往的還有：外交部的亞歷山大‧卡多根爵士，國防部的徹韋爾勳爵、霍利斯上校與雅各上校，以及我個人的幕僚。此外，還有技術與行政部以及計畫部的許多高級官員。總統說，他將攜美國三軍首長和國務院的薩姆納‧威爾斯一同與會。那時在北大西洋有大量的德國潛艇，所以必須極其保密。為了確保秘密，總統表面上是休假巡遊，但在海中換乘「奧古斯塔」號巡洋艦，把他的遊艇留在後面作為迷障。

這時，哈里‧霍普金斯雖然身體很不好，但得到羅斯福的許可，取道挪威、瑞典和芬蘭，飛越一段令人疲倦而又危險的漫長航程前往莫斯科，以便直接從史達林那裏詳盡地瞭解蘇聯最新的局勢和需要，並將在斯卡帕灣登上「威爾士親王」號。

我在首相郊外官邸附近上了這列載運我們一行人員（包括大批譯電人員）的長長的專車。我們在斯卡帕灣從一艘驅逐艦登上「威爾士親王」號戰

列艦。

8月4日黃昏時分，「威爾士親王」號同護送它的幾艘驅逐艦駛入大西洋浩瀚無際的洋面。我發現哈里·霍普金斯在長途飛行和莫斯科吃力的會議之後是那樣疲憊不堪。的確，兩天以前抵達斯卡帕的時候，他是那樣地精神萎靡，以致海軍上將龐德先生立刻讓他躺在床上，並留他在那裏休息。雖然這樣，他卻像往常那樣快活，在航程中慢慢地恢復了氣力，並告訴我他出使莫斯科的全部經過……。

當船停泊在港內的時候，那些位於螺旋槳上面的寬敞艙房最舒適，但如果在海上遇到大風大浪，這些艙房會因為擺動而使人難以安身，所以我就遷移到艦橋上艦隊司令的艙房內，在那裏工作和睡眠……

第二天，海上風浪是這樣大，使我們不得不減慢速度，否則就得拋開我們的驅逐艦護航隊。第一海務大臣龐德上將作出了決定，自此以後，我們就單獨以高速繼續航行。據報告，曾發現幾艘德國潛艇，因此，我們曲折前進，並作大迂迴，以躲開它們。艦上嚴禁發出無線電波的聲音。我們能夠收到電報，但在一段時期內，我們只能偶爾交談。因此，我的日常工作暫停，並且有一種生疏的空閒感，這是自從開戰以來從來沒有過的。

許多個月以來，我第一次能夠看一本消遣的書。駐開羅國務大臣奧利弗·利特爾頓曾送給我一本書，叫作《皇家海軍霍恩布洛爾上校》，我發現這本書非常有趣。我趁一個適當的機會電告他說：「我發現霍恩布洛爾好得很。」這竟在中東司令部中引起了不安，那裏的人以為「霍恩布洛爾」是他們不曾獲悉的某項特殊軍事行動的暗號。

由於海面波濤洶湧，後甲板不能使用，但是我每天三、四次出入各個艙房，並上下通向艦橋的各個扶梯，因而得到充分的運動。我們有一個很好的電影院，晚間在那裏為我們一行人和那些不值勤的軍官放映最新、最好的影片。卡多根在他的日記中寫道：「晚餐後，觀看《漢密爾頓夫人》影片。非常好。首相看過五次，還是深受感動。放映完畢後，他對大家說，『諸位，這部影片的內容很像你們親身經歷的那些大事，所以我想，它會使你們感興趣的』。」這次航行是一支令人愉快的插曲……。

▲ 邱吉爾和羅斯福在「威爾遜親王」號甲板上。

我們於8月9日（週六）上午9時抵達紐芬蘭普拉森夏灣的會晤地點……。

在海軍互致例行的敬禮以後，我登上「奧古斯塔」號軍艦向羅斯福總統致敬。總統以完全的禮儀接待我。在奏兩國國歌時，他由他的兒子伊里亞德攙扶而站立著，然後對我致最熱烈的歡迎詞。我把國王的一封信交給他，並介紹我們一行人員。隨後，總統和我本人、薩姆納‧威爾斯和亞歷山大‧卡多根爵士以及雙方的參謀人員之間分別開始會談，在我們逗留的幾天內幾乎是持續不斷地進行會談，有時個人對個人，有時舉行較大的會議。

在週日（8月10日）的早晨，羅斯福先生帶著他的僚屬和幾百名美國海軍和海軍陸戰隊各級的官兵代表來到「威爾士親王」號艦上，在後甲板上參加禮拜儀式。我們都感覺到，這次禮拜是兩國人民信仰一致的一種極為動人的表現。凡是參加這次禮拜儀式的人，都不會忘記那個陽光燦爛的早晨呈現在那擁擠的後甲板上的景象——講壇上掛著英、美兩國的國旗，美國和英國的牧師共讀祈禱文，英、美兩國的最高級海陸空軍軍官們成為一個整體，聚集在總統和我的背後，密集的水兵隊伍完全混合在一起，他們合用著一本《聖經》，熱烈地參加雙方都熟悉的祈禱與唱詩。

我親自選擇了兩首讚美詩——《海上遇險歌》和《基督徒進軍歌》。我們結束時唱了《上帝是我們千古的保障》這首詩，麥考利的著作使我們憶起，這是鐵騎軍在把約翰‧漢普登的遺體送入墳墓時曾經歌唱的那首詩。每一個字都好像震動心弦。這是生活中的偉大時刻。唱詩的人中約有一半人在

不久後戰死。

羅斯福總統在最初會晤的一次談話中對我說，他認為，我們最好能夠擬訂一項聯合宣言，規定一些廣泛的原則，以便沿著同一道路引導我們的政策。我極願意依從這項極其有益的建議，因而於第二天（8月10日）交給他一篇初步的宣言大綱⋯⋯。

考慮到所有關於我的反動的「舊世界」觀點的傳說，以及據說使總統因此感到的痛苦，我願意紀錄下後來稱為《大西洋憲章》的文件全稿的實質與精神，是出自英國方面，是我自己的手筆。當我們在早晨會晤時，總統交給我一份修正稿，我們以此稿作為討論的基礎⋯⋯。

8月12日，大約在中午時候，我去看總統，為了就宣言的最後形式同他取得一致。我向總統提出內閣對於第四點的修正文，但是，他寧願依從業已同意的措辭，我對這點也就沒有再堅持。他欣然同意插入內閣希望添入的關於社會安全的那一節。許多詞句上的改動都經雙方同意，於是宣言定稿。

美國總統和英國首相的聯合宣言

美利堅合眾國總統和代表聯合王國國王陛下政府的首相邱吉爾先生舉行會談，認為應當公布某些有關兩國國策的共同原則，他們希望在這些原則的基礎上改善世界的前途。

第一，他們的國家不尋求領土和其他方面的擴張。

第二，兩國反對不符合有關民族自由表達願望的領土變更。

第三，兩國尊重各國人民選擇他們在其管轄下生活的政府形式的權利，兩國主張凡是被強制剝奪主權和自治權的民族恢復這些權利。

第四，兩國在適當照顧到它們現有的義務條件下，力圖使一切國家，不論大國或小國，戰勝國或戰敗國，在平等條件下進行貿易，並在全世界範圍內取得為其經濟繁榮所必需的原料。

第五，兩國願意在經濟領域內促成一切國家之間的最充分合作，目的在於使所有國家改善勞動標準，發展經濟，享有社會安全。

第六，在最終摧毀納粹暴政以後，兩國希望見到建立這樣一種和平，以使一切民族得以在自己的疆界內安居樂業，保證一切地方的所有居民都可以

過無所恐懼、不虞匱乏的生活。

第七，這樣一種和平應使所有的人能夠在公海不受阻礙地航行。

第八，兩國相信，世界上所有的國家，基於實際的和精神上的原因，必須放棄使用武力。如果在自己的國界以外進行侵略威脅或可能進行侵略威脅的國家繼續使用陸、海、空軍備，就不能保持未來的和平。兩國相信，必須在建立更廣泛和更持久的普遍安全體系以前解除這類國家的武裝。兩國也將贊助和提倡一切實際可行的方法，以減輕愛好和平的各國人民在軍備方面的沉重負擔。

1941年8月12日

這次聯合宣言影響深遠的重要性是顯而易見的。美國在名義上仍屬中立，卻同一個交戰中的國家發表這樣的宣言，僅就這一事實而論，意義就是驚人的。宣言中包括有「最終摧毀納粹暴政以後」的詞句（這是根據我的原稿中的一句話寫的），這等於是一個挑戰，這種挑戰在平時意味著戰爭行動。最不容忽視的一點，就是最後一節的現實意義。這一節清楚而鮮明地宣告，在戰後，美國將和我們聯合起來維持世界的秩序，直到建立起一種較好的局面為止。

羅斯福總統和我本人也擬就聯名致史達林的一封電報。

哈里‧霍普金斯自莫斯科歸來後提出了一個報告，我們趁著研究這一報告的機會磋商，當你們正在對納粹的進攻進行英勇抵抗的時候，我們兩國怎樣才能最有效地幫助你們的國家。目前，我們正通力合作，儘量提供你們最急需的物資。

許多船已經載運物資駛離我們的海岸，最近將有更多的貨船駛出。

現在，我們必須考慮到一項更長期的政策，因為，在能夠獲得完全的勝利以前，我們還要走過一段漫長而艱苦的道路。如果不能贏得完全的勝利，我們的努力和犧牲就白費了。

戰爭在許多戰線上進行著，而且，在這場戰爭結束以前，還可能發展出更多的戰線。我們的資源雖然雄厚，也是有限的，因而必然要產生這樣的問題：究竟在何時何地才能最有效地利用這些資源，以使我們的共同努力達到

最大限度。這也同樣適用於軍用產品和原料。

你我武裝部隊的各種需要，只有憑著充分瞭解我們在作出決定時所必須考慮到的那些因素，才能決定。為了便於我們迅速規定統合資源的分配，我們建議，籌備在莫斯科舉行一次會議。我們將派遣高級代表出席，以便直接和你討論這些問題。如果你同意舉行這個會議，我們想要告訴你，在這個會議作出決定以前，我們將繼續儘快地運送軍需物資和材料。

我們充分認識到，蘇聯英勇而堅決的抵抗，對於擊敗希特勒主義是多麼重要，因此，我們覺得，在任何情況下，我們必須迅速行動，立即制定將來分配我們的合在一起的資源的方案。

1941年8月12日

我在起航回國以前收到英國國王的一份賀電。在航程中，我答覆了這封電報和其他電報……。

到冰島的航程一路無事，只是在某一個地點，由於附近發現德國潛艇而不得不改變航線。我們這一段航程的護航艦隻有兩艘美國驅逐艦，總統的兒子海軍少尉小富蘭克林·羅斯福就在其中一艘驅逐艦上。8月15日，我們遇到由73艘船隻組成的駛向英國的一個聯合運輸船隊，所有的船隻在幸運地通過大西洋上一段航程後，秩序井然，陣容整齊。這種情景令人振奮。那些商船上的海員見到了「威爾士親王」號也很高興。

我們在8月16日（週六）晨抵達冰島，停泊在赫瓦爾斯灣，從那裏換乘驅逐艦至雷克雅未克。在抵達港口時，我受到一大群人的熱烈歡迎。在我們逗留期間，只要有人認出了我們，就會向我們表示友好的歡迎，到我們在下午離開時，熱情洋溢的場面達到最高潮，歡呼聲和鼓掌聲不絕於耳。人們告訴我，這樣的歡呼和鼓掌聲在雷克雅未克的大街上是很少聽到的。

我到冰島議會大廈進行了短時間的訪問，向攝政者和冰島內閣成員表示敬意，隨後參加聯合檢閱英、美軍隊的儀式。一長列三人一排的隊伍走過，當時《美國海軍進行曲》的曲調深深印入我的記憶中，以致長時間在我的腦際縈繞。我抽空去視察我們正在建造的飛機場，參觀那些奇異的溫泉和利用溫泉而設置的溫室。我立刻想到，這些溫泉也可以用來為雷克雅未克取暖，

並且試圖甚至在戰時就推行這個計畫。我高興地獲悉，這個計畫已經實現了。我同站在我旁邊的總統的兒子一起接受了軍隊的敬禮，這次檢閱又一次為英、美的團結一致提供了一個鮮明的例證。

在回到赫瓦爾斯灣後，我視察了「拉米伊」號，並對港灣中停泊的英、美艦船的船員代表講話。這些艦隻中也包括驅逐艦「赫克拉」號和「邱吉爾」號。

經過這次長時間、令人非常疲倦的跋涉後，我們在一片暮色中向斯卡帕灣駛去。一路平安無事，於8月18日早抵達英國。第二天，我就回到了倫敦。

第17章
對蘇聯人的援助

已過去兩個月了，德軍對蘇聯前線進行了多次猛烈攻擊，但戰況已經有了新的變化。儘管蘇聯損失慘重，卻仍堅持抵抗。他們的士兵拼死作戰，他們的軍隊從中獲得了寶貴的經驗與技術。遊擊隊出現了，在德軍背後不斷地襲擊交通線。被德軍佔據的蘇聯鐵路系統，實際上並不能滿足後勤的需要。公路在繁重的運輸過程中日益損壞，而雨後的行動又往往離不開公路。許多運輸車輛出現了損壞的跡象。再過三個月就要進入嚴寒的冬天了，莫斯科會在這段時間內被攻陷嗎？即使莫斯科被攻陷了，戰爭難道就到此為止了嗎？

決定命運的問題就在於此。

雖然希特勒還在為基輔之戰的勝利而洋洋得意，德軍將領們可能已經意識到，他們最初的疑慮並不是沒有原因的。蘇聯前線已成為了決定勝負的關鍵，而德軍的行動已被拖延了。中路集團軍群還沒有完成「殲滅白俄羅斯地區敵軍」的任務。

在深秋時，蘇聯前線最大的危機已迫在眉睫，蘇聯便迫切地向我們提出了要求……。

在艾登先生的陪同下，蘇聯大使麥斯基先生和我進行了一個半小時的談話。他以激烈的措辭強調，蘇聯是怎樣在過去十一週內單獨抵禦德國的猛烈進攻。蘇聯軍隊正經受著前所未有的攻擊。他說自己不是在駭人聽聞，這可能成為歷史的轉捩點。是的，如果蘇聯戰敗，我們怎能打勝這場戰爭呢？麥斯基先生著重指出蘇聯前線危機的嚴重性，言詞沉痛，博得了我的同情。但是，我馬上從他的呼籲中聽出了暗含著的威脅意味，於是我被觸怒了。

我告訴這位相識多年的大使：「請記住，僅僅在四個月以前，就在這個島國上，我們還不知道你們會不會加入德國那邊來與我們為敵。的確，我們

▲ 「俄羅斯雖大，背後就是莫斯科」，二戰時期蘇聯最有名的宣傳照之一。

曾認為你們很可能會那樣做。即使在那時，我們也確信我們會贏得最後的勝利。我們從來沒有想過要依靠你們的選擇而生存下去。無論發生了什麼，無論你們做了什麼，都沒有權利來責備我們。」

在我慷慨陳詞的時候，大使大聲勸道：「邱吉爾閣下，請您冷靜一下吧！」但很明顯，他隨後的語調改變了。

當討論轉入往來電報所涉及的問題時，大使請求我們立即在法國或比利時與荷蘭的海岸登陸。我當即闡明了無法採取這一行動的軍事理由，並強調即使這樣做了也無法解救蘇聯。我說，我曾同專家花了五個小時的時間研究提高橫貫波斯鐵路運輸量的方法。我提到比弗布魯克和哈里曼的莫斯科之行。我還提到，我們決意要給予蘇聯我們所能節省和運出的一切供應物資。

最後，我和艾登先生都告訴他，站在英國的立場上，我們要對芬蘭表明，如果芬蘭軍隊向蘇聯進軍，越過1918年的邊界線，我們就要對芬蘭宣戰。麥斯基先生當然不能放棄立即開闢第二戰場的要求，而繼續爭辯是無益的……。

9月15日，我又收到史達林發來的一封電報：

我曾在上次電報中說明蘇聯政府的觀點，即為了我們的共同事業，開闢第二戰場是改善局勢的最根本方法。而你在來電中再次強調目前不可能開闢第二戰場，作為回答。我只能重申，沒有第二戰場，只會對我們共同的敵人更有利。

我毫不懷疑，英國政府願意蘇聯獲得勝利，並正在尋找達到這一目的的途徑和方法。據他們所設想的那樣，如果目前不可能在西歐開闢第二戰場，

是否還能夠找到其他方法給予蘇聯以積極的軍事援助？

在我看來，英國無需冒任何風險派遣25～30個師在阿爾漢格爾斯克登陸，或者取道伊朗運往蘇聯南部地區。

這樣，英、蘇兩國的軍隊就可以在蘇聯的國土上建立軍事合作。在上次大戰時，類似的情況曾在法國出現。這個辦法對我們來說，會起到很大的幫助，也會是對希特勒侵略行為的一個沉重打擊。

蘇聯政府的首腦，既然能從許多軍事專家那裏獲得建議，竟會產生這樣荒唐的想法，這簡直令人難以置信。同一個想入非非的人爭辯，看來是沒有希望得出什麼結果來了……。

10月2日，我從羅斯福總統那裏獲悉了美國生產坦克和飛機的計畫。從1942年7月到1943年1月為止，美國每月會將1200輛坦克分配給英、蘇兩國，並在以後6個月內提高至每月2000輛。美國通知其派往莫斯科的代表團，可以答應從7月1日起每月供給蘇聯400輛坦克，並在同我們的代表討論後，增加這一日期之後的供給數目。美國應當能夠履行這項增加坦克供應的義務，因為當時它的坦克生產量增加了一倍，每月生產的坦克將達到2500輛以上。

總統又告訴我，他已經答應，美國從1942年7月1日到1943年7月1日為止，向蘇聯前線提供超出商定數目的飛機，共計3600架。結果，美國和蘇聯在莫斯科達成了一項友好協議。有關方面簽訂了一項議定書，列舉了1941年10月到1942年6月期間，英國和美國能夠向蘇聯供應的物資，這使我們由於極度缺乏軍火而受到妨礙的軍事計畫被打亂了。一切都落在我們身上，我們不但要拿出自己的產品，還必須放棄本來美國運交給我們的最重要的軍火……。

我的妻子深深地感到，德國軍隊如潮水般越過蘇聯的草原，而我們卻不能給予蘇聯任何軍事援助，幾個月以來，全國人民越來越焦慮不安。我告訴她說，開闢第二戰場是完全不可能的，因此，在一段長時期內我們能做的，只是大量運送各種供應物資。我和艾登先生鼓勵她用自願捐助的辦法，試著募集醫藥援助基金。後來，這件事由英國紅十字會和聖約翰醫院舉辦，而我

的妻子應這個聯合組織的邀請，帶頭呼籲「援助蘇聯」。10月底，她在他們的幫助下發出第一次呼籲書……。

人們立即作出了慷慨的回應。在其後的四年中，她熱心而負責地投入這項工作中，募集了將近800萬鎊。雖然有很多富人慷慨解囊，但資金大部分來自於廣大群眾從每週工資中節省下來的捐款。就這樣，儘管北極運輸船隊遭受嚴重的損失，醫藥和外科器材、各種慰勞品和特製設備仍在紅十字會和聖約翰醫院的強大組織下，川流不息地經過多冰而危險的海洋，運到英勇的蘇聯人民手中。

第18章
日本與珍珠港

日本曾在1936年和德國締結反共公約，這原來是由日本陸軍省同代表國社黨的里賓特洛夫背著雙方當時的外交部長談判的。這還不是同盟，但是它提供了同盟的基礎。

1939年春季，以平沼男爵為首相的那個內閣裏的陸相，企圖與德國締結一個完全的軍事同盟條約。由於海相米內大將的反對，他沒有成功。在1939年8月間，日本不但從事於在1937年7月間開始的對中國的戰爭，而且也捲入了新成立的滿洲國和外蒙古之間的邊界問題的地方性的和蘇聯的敵對行動。沿著這個戰火未熄的前線和它的後方，雙方布置著大軍。當德國在歐洲戰事爆發的前夕，未經同它的反共夥伴日本協商或給予通知，即和蘇聯簽訂互不侵犯條約時，日本人是有理由感覺受到薄待的。他們與蘇聯的爭論落到後面去了，而對德國則非常憤慨。英國對中國的支援與同情，使我們和昔日的盟國疏遠起來，在歐洲戰事的最初幾個月內，我們與日本的關係已經不是友好了。但是對德國的熱情，在日本是很少有或簡直是沒有的。

平沼內閣由於德蘇條約而「失掉面子」，因而不得不辭職。繼任內閣由阿部大將任首相，阿部大將雖然是陸軍出身（退役的），卻算得上是一位溫和派人物，他於1940年1月為米內海軍大將所接替，米內大將在任平沼內閣的海相時曾經反對同德國締結同盟。在阿部和米內的政府，日本的政策是對歐洲中立，結合著日本本身繼續進行對中國的戰爭。

但是不久，極度的動亂震撼了全世界。在希特勒的突擊下，法國、比利時和荷蘭淪陷了，英國在1940年秋季有被侵入和毀滅的可能，於是想念已久的一些燦爛計畫由夢想變成了現實。從在遠東擁有大片屬地的法國、荷蘭和很可能還有英國的崩潰中，日本是不是將一無所獲呢？它的歷史性時機是不

是已經來到了呢？深沉的熱情在陸軍和民族主義的政界人士中激動起來了。他們要求日本立即開始南進，奪取法屬印度支那、馬來西亞和垂涎已久的荷屬東印度。為了要強迫執行這個政策，陸相畑大將退出了內閣，因而迫使米內海軍大將辭去首相職務。

清醒和慎重分子在日本從來不乏其人，然而當他們要維持控制就受到了沉重的壓力。元老推薦近衛公爵接替米內，近衛是一個少壯的貴族，和宮廷有密切關係，但是與陸軍的領袖們也友好。他在職期間是從1940年7月起到1941年10月止。

他是一位非常受人尊敬和極其靈活的政治家，他的方法就是給陸軍以一些象徵性的滿足，但不曾准許它把國家拖入一場大規模戰爭。在1940年夏季，近衛公爵設法約束陸軍不對英國和荷蘭的屬地進行任何襲擊。在另一方面，他卻同意為了要在印度支那北部獲得空軍基地，而對維希法國施加壓力，並在9月間同德國和義大利締結了三國同盟條約。這項條約規定，日本在美國為了英國的利益而加入歐洲戰爭時，有站在軸心國的一邊參戰的義務。

在這個時期，其他一些重大事件已更加明顯。到1940年11月底，不列顛戰役的結果以及希特勒從入侵英國的大話退回去，這在日本都被認作是頭等重要的事情。英國對停泊在塔蘭托的義大利艦隊進行了成功的空襲，使幾艘現代化的第一級戰列艦失去戰鬥力達數月之久一事，使日本海軍深深地感覺到新式空軍的威力和它能夠做到的事情，特別是在突襲的時候。日本轉而相信英國並沒有完蛋，它無疑將繼續戰鬥下去，並且的確正在變得更強了。在那裏普遍感覺到，日本簽訂三國條約是一個錯誤。那裏始終隱約出現了一種恐懼——害怕英帝國和美國聯合行動，將兩支海上最強大的海軍聯合起來，它們的資源一旦開發，將是不可計量和無以匹敵的。看來這種危險越來越近了。

1941年春季，近衛得到他的內閣同意和美國開始談判，以期解決兩國間懸而未決的問題。值得注意的是，陸相東條大將這次支持近衛的政策而反對外相松岡，因而松岡認為的和美國談判違反日德同盟的一些聲明被駁回了……。

　　1941年7月間經濟制裁的斷然實行，使日本政局的內部危機達到爆發關頭。保守派分子震驚了，溫和派的領袖們嚇慌了。這已經牽涉到日本陸軍在制定日本政策方面作為一個構成因素而在國內享有的威望問題。在此以前，海軍曾經發揮它的約束力。但是美國、英國和荷蘭所實行的禁運，斷絕了海軍的而且實則為日本全部戰爭力量所依靠的一切石油供應。日本海軍立即不得不專靠它的石油儲備來維持，因而在太平洋戰爭爆發時已經在18個月的供應量中消耗了4個月的供應量。顯然，這是一種束縛，在他們面前的選擇若不是與美國達成協定，就是走向戰爭。

　　美國要求日本，不但需在印度支那的新侵略方面撤退，而且也需從他們已經花費巨大，且一直在那裏進行長久戰爭的中國本土撤退。這是一個合乎正義但是嚴格的要求。在這種情況下，如果在外交上不能獲得一種可以接受的協議的話，海軍在戰爭政策上就與陸軍聯合一致。海軍這時已經把它的航空隊發展到具有高度進攻能力的這個事實，加強了他們採取這種行動方針的意志。

　　在日本統治人物的圈子裏所進行的緊張辯論，一直延長到夏、秋兩季。我們現在知悉，不惜同美國一戰的這個最主要議題，是緊接著禁運以後在7月31日討論的。所有的日本領袖人物都清楚地看出，得以選擇的時間是短促的。德國可能在日本實現它的任何野心以前就在歐洲獲勝。日、美政府間的談判在繼續進行。日本政界裏的保守派人士和宮廷，則希望獲得使他們能夠控制國內主戰派的一些條款。美國國務院和我一樣，相信日本可能最終在美國壓倒一切的力量面前退縮……。

　　10月間，近衛公爵卸下了他的重擔。他曾經要求和羅斯福在檀香山舉行一次親自會談，他希望攜同他的陸軍和海軍首長參加，以使他們在可能解決的事項方面受到約束。但是他的提議被總統拒絕了，於是陸軍方面的輿論對這個明智政治家的批評增加了。他的地位由東條大將所接替，東條大將同時任首相、陸相和內務相。按照現代習慣在戰後被戰勝國處以絞刑的這個東條大將在受審時說，他親自接管內務省是因為「他面對著顯示內部將有混亂的一種可怕趨勢，如果決定和平而不是戰爭的話」。他奉天皇的命令，恢復同

美國的外交談判，但是和他的政府成員有一種默契，即在內閣的建議遭到拒絕時，日本將走向戰爭。在1941年11月間，當東條和幕僚長以戰事或將難免告知天皇時，天皇表示希望仍可作進一步努力以避免這次戰禍，但對東條說：「若事態果如你所說的，則除進行戰爭準備外，別無他法。」

我於11月初收到蔣介石將軍關於日本人將在中國繼續行動的一項措辭激昂的警告。他認為日本人已下決心從印度支那進攻，奪取昆明而切斷滇緬公路。他呼籲英國從馬來西亞空運援助。他在結束時說：

乍看起來，你或許會以為正當貴國在歐洲與中東如此英勇作戰之際，此事將使貴國捲入對日戰爭。余之所見不同。余不信當中國堅持抗戰之時，日本尚自覺有進攻能力，惟一旦無此顧慮，彼當於其認為適當時機進攻貴國……中國業已達到抗戰之最嚴重關頭。目前能否保衛至新加坡與緬甸之陸上通路，首先須視英、美是否願意合作以保衛雲南為斷。倘若日本人在此處突破戰線，則吾人與貴國之聯繫將被切斷，而貴國同美國與荷屬東印度在空軍與海軍方面進行協調之全部機構將以新方式並從新方向受到嚴重威脅。余願盡一切力量以表示余之信念，即畀予中國以余所述之援助實屬明智與有遠見之舉。能使日本潰敗並保證現時抵抗侵略之國家獲勝，舍此別無他途。切盼見覆。

除了把這項警告轉給總統外，我沒有更多作為……

總統於11月9日答覆說，雖然低估這種威脅的嚴重性會鑄成大錯，他卻懷疑日本所作的由陸路向昆明進攻的準備會不會證明日本即將推進。他將竭力根據《租借法案》來援助中國，並在中國成立美國志願空軍。他覺得照日本的情形，任何「新的拘於形式的口頭警告或勸誡」至少會具有產生出相反效果的均等機會。「整個問題將由我們加以持續和認真的注意、研究和努力」。

我以重複說明這項謹慎回答的要點的方法來竭力安慰那位大元帥。我們除了繼續實行我們在遠東的海軍計畫，並讓美國去試行以外交方法盡可能長久地使日本在太平洋上保持平靜以外，別無方法可循……。

11月25日，總統發給我一封電報，說明談判的情況。日本政府曾經提

議，在與中國謀取全面解決或全面恢復太平洋地區的和平以前，自印度支那南部撤退；而在全面恢復太平洋地區的和平之時，日本將準備從印度支那完全撤退作為回報。美國應供給日本石油，避免干涉日本在中國恢復和平的努力，協助日本獲得荷屬東印度的產品，並把日、美兩國間的商務關係置於正常基礎之上。雙方應同意在東北亞和南太平洋地區不作任何「武裝進展」。

接著，美國打算提出一個反建議，一般地接受了日本照會中的條件而簡要地提出專門條件，附於日本自印度支那南部撤退的條款之後，而並不提及中國局勢。美國準備接受把原來的凍結命令加以修正的一項有限的經濟協定。例如石油只可以按月依平民的需要而運出。美國這項建議的有效時期將為三個月，並基於這樣的一種諒解，即在此期間將討論包括整個太平洋區域在內的全面解決辦法。

當我讀到昔日稱為、而現在仍然稱為「暫定條約」的這項草擬的覆文時，我認為它是不適當的。荷蘭和澳大利亞政府，尤其是蔣介石都有這個意見，蔣介石曾提一項激烈的抗議到華盛頓。但是我深深地覺察到，當我們就單靠美國去決定行動的一個問題對他們的政策加以評論時，我們所必需遵守的那些限制。我瞭解到隨著「英國人正力圖把我們拉入戰爭」的這種想法而來的危險。因此，我便不去觸動這個問題，也就是說，把這個問題聽憑總統去處理。於是我只提到中國方面而發給他下列電報：

前海軍人員致羅斯福總統：

今晚收到你關於日本的電報，也收到了哈利法克斯勳爵關於討論情形和你對日本的反建議的詳細報告……當然，如何處理這事，全在於你，而且我們的確不需要再多打一場戰爭。只有一點使我們不安。蔣介石怎樣呢？他不是正處於難以維持的境地嗎？我們所焦慮的就是中國。如果他們崩潰，我們的共同危險將會大大增加。我們確信美國對於中國事業的關心將支配你們的行動。我們覺得日本人對他們自己是最沒有信心的。

1941年11月26日

……就在11月26日那天，赫爾先生在國務院接見了日本的特使們。他甚至連總統於11月23日電告我的那個暫定條約都沒有對他們提到。相反，他交

給他們這個「十點照會」。其中兩點如下：

日本政府將從中國和印度支那撤退所有的陸軍、海軍、空軍和員警部隊。

美國政府和日本政府將不在軍事、政治和經濟上支持除首都臨時設在重慶的中國國民政府以外的在中國的任何政府或政權。

特使們都「目瞪口呆」，極其狼狽地退出去了。這可能是真誠的。他們之所以被遴選，大都是由於他們是以謀求和平和溫和而著名，因而可以哄騙美國不加防備，直到一切都決定下來和一切都準備好了為止。他們不大知道他們的政府的全部心意。他們做夢也想不到赫爾先生在這方面所知道的事要比他們多。美國人從1940年底起就已經破獲了日本的重要密碼，而一直在譯出大量的他們的軍事和外交電報。

在秘密的美國人圈子裏說到這些電報時稱作「魔術」。美國人把「魔術」對我們複述一遍，但是在我們收到以前，有不可避免的延遲——有時是兩、三天。因此，我們在任何特定的時刻並不知道總統或赫爾先生所知道的全部事情。我對此並無怨言。

在那同一個下午，總統以下列電報發給駐菲律賓的高級專員：

準備工作正日益明顯……以便在最近作出某種性質的侵略行動，雖然直到目前還沒有清楚的跡象表明這次行動的實力，或者它將指向滇緬公路、馬來半島、荷屬東印度，還是菲律賓群島。向泰國推進，似乎是最可能的。我認為下一次日本的侵略有引起美、日之間爆發敵對行動的可能……。

當我們的大使哈利法克斯勳爵在11月29日訪問美國國務院時，赫爾先生對他說，來自日本的危險「就懸在我們頭上了」。「我們與日本關係中的外交方面現在實際上已經結束。問題將由陸軍和海軍的官員們去處理，我已經和他們談過……日本可能在出乎我們意料的時機突然行動……我認為，日本人已認識到他們現在全面地重新開始的無限制征服方針，可能是孤注一擲，因而需要最大的勇氣並做最大的冒險。

他又說：「當邱吉爾收到蔣關於暫定條約的強烈抗議時，如果他給蔣一封強硬電報使之振作起來，以日本人和美國人正在顯示出來的那樣的熱情去

戰鬥，那就會更好一些。他沒有這樣做，而是把這項抗議轉交給我們，而從他那方面並不反對……」

我不知道日本的計畫已定，也不知道總統的決心已經達到什麼程度……。

11月30日，午後不久（美國時間），赫爾先生訪問總統，總統的桌上放著我在昨夜發出的同日電報。他們認為我關於對日本提出一個聯合警告的建議不會有任何好處，這也不會使我們感到驚奇。這時在他們的面前已經有了一封截獲的電報，這封自東京發至柏林、日期也是11月30日的電報，告訴日本駐柏林大使向希特勒和里賓特洛夫作如下的通知：

非常秘密地對他們說，存在著透過某一場軍事衝突，而使盎格魯撒克遜國家和日本之間的戰爭突然爆發極度危險，並附帶說明這個戰爭爆發的時間可能比任何人夢想到的來得更快。

我於12月2日收到這類電報的譯文。這不需要英國採取任何特別行動，我們只需等待而已。日本的航空母艦艦隊事實上已經在11月25日載著即將襲擊珍珠港的全部海軍航空隊起航了。當然，這支艦隊是仍然受東京的約束命令和支配的。

12月1日在東京舉行的一次御前會議，作出了對美國開戰的決定。按照東條在受審時的作證，天皇未發一言。在隨後的一週中，太平洋上如死一般地沉寂。可能用外交方式來解決的那些方法都一一試過了。這時，還沒有任何軍事侵略行動發生過。我最深的憂慮就是，日本人會向我們或荷蘭人進攻，而憲法上的限制會阻止美國參戰……。

……美國領袖人物瞭解到這可能意味著日本將征服許多廣大地區，如再結合著德國侵蘇的勝利和以後英國的被侵入，那將使美國單獨地面對著洋洋得意的侵略者們勢不可擋的聯合力量。那麼，不但那些處於危險中的偉大道德事業將要被拋棄，就是美國和至今才對他們的危險有了一些覺醒的美國人民其生命也可能遭到毀滅。總統和他所信任的朋友們長久以來就認識到，在反抗希特勒和希特勒所主張的一切事情的戰爭中、美國守中立的嚴重危險性，並且由於國會的掣肘而輾轉不安。這個國會的眾議院在幾個月以前只以一票的微弱優勢通過了必須恢復強迫兵役制，如果不恢復這個制度，他們的

陸軍已經在世界動亂當中幾乎瓦解了。羅斯福、赫爾、史汀生、諾克斯、馬歇爾將軍、斯塔克海軍上將和作為他們大家聯繫者的哈里‧霍普金斯，都是同心同德的。後代的美國人和各地區的自由人民將因他們的先見而感謝上帝。

日本對美國的襲擊，使美國的問題和任務大大地簡單化了。美國對於這次襲擊的實際形式，甚至它的規模，與對於整個美國國家為了它本身的安全，而將空前團結在一項正義的事業中，這個事實比起來顯得非常不重要，我們怎麼會對此感到驚奇呢？據他們看來，如我所見一樣，日本去襲擊美國，並和它開戰，這無異於自殺。再者，關於敵人全部的和最近的目的，他們比我們在英國知道得更早。我們想起克倫威爾在注視著蘇格蘭軍隊從鄧巴的高崗上往下進撲時怎樣地大聲呼道：「上帝已經把他們交到我們手裏來了。」

我們也一定不可以容許利用外交來往的詳細敘述，來把日本描繪成一個受害的無辜者，說它不過是要借著歐洲戰爭的機會來求得適度的擴張或分潤，而這時遇到美國向它提出了不能期望它的被狂熱地鼓動起來的、而且有了充分準備的人民接受的一些建議。多年以來，日本一直以它的惡意侵略和征服在折磨著中國。此時，由於它強佔印度支那而在事實上以及由於簽訂三國協定而在形式上都已經與軸心國家共同命運了。讓它去做它敢於做的事而承擔一切後果吧。

日本竟會和英、美開戰，並且可能終將和蘇聯開戰，因而自取滅亡，這曾經似乎是不可能的。日本宣戰是和理性不相容的。我確信由於這樣的一次冒進，它將遭到毀滅達一個世代之久，而這已經被證明是真實的。但是各國的政府與人民並不總是作出合乎理性的決定。有時，他們作出瘋狂的決定，或者一派人掌了權而強迫所有人服從他們，並幫助他們去做愚蠢的事。我曾經毫不遲疑地一再敘述到我不認為日本將做出瘋狂行動的信念。不管我們怎樣誠懇地力圖設身處地為別人著想，我們都不能察看到為理性所無法解釋的人類思維和幻想的過程。然而，瘋狂是一種災害，它在戰爭時使人去謀求突襲的便宜。

　　那是1941年12月7日週日晚間。首相別墅中只有懷南特和艾夫里爾・哈里曼與我在一起用膳。我在9時的新聞節目開始後不久，就打開我的無線電小收音機。有許多項關於蘇聯前線和在利比亞的英國前線戰事的消息，在這以後有幾句話說到日本人在夏威夷襲擊美國船隻，以及在荷屬東印度也襲擊了英國船隻。接著有一項聲明，說在新聞節目以後將有某某先生作評論，然後將開始聽眾問題解答節目，或諸如此類的話。我個人並沒有感到任何直接的印象，但是艾夫里爾說這件日本人襲擊美國人的事情是有點重要性的，因而我們不顧疲勞和休息都坐著不睡。

▲　1941年12月8日，美國國會以只有一票反對，通過了對日宣戰決議，羅斯福當即簽署了宣戰書。

　　這時，聽到消息的膳司索耶斯走進房間說：「十分確實。我們在外面親自聽到這個消息。日本人已經襲擊了美國人。」大家沉默。在11月11日倫敦市長官邸的午餐會上，我曾經說過，如果日本人進攻美國，英國將接著「在一小時內」宣戰。我從桌旁立起，走過客廳到辦公室，這個辦公室是經常在工作的。我要求接通總統的電話。那位大使隨我出來，他猜想我將採取某種不可挽回的行動，就說，「你不認為最好先證實一下嗎？」

　　兩、三分鐘後，羅斯福先生的電話接通了。「總統先生，這件關於日本的事是怎麼一回事？」「十分確實。」他回答說，「他們已經在珍珠港向我們進攻。現在，我們大家是風雨同舟了。」

　　我讓懷南特去聽電話，他們對講了幾句，這位大使最初說「好，」「好」——然後顯然更嚴肅了，叫了一聲「啊」。

　　我再繼續說「這肯定使事情簡單化了。願上帝保佑你」，或大意如此的一些話。然後我們回到客廳裏，試圖把我們的思想整頓一下，以適應這已經發生了的世界頭等大事，此事具有如此駭人聽聞的性質，甚至使那些接近中樞的人物也吃驚得目瞪口呆。我的兩位美國朋友以令人欽佩的剛毅精神忍受

這次震驚。我們還不知道美國海軍已經受到什麼嚴重的損失。他們不曾悲歎他們的國家已經處在戰爭中。事實上，人們幾乎可以認為他們是從一種長期的痛苦中得到了解救。

……我打電話給外交部，要他們毫不耽延地準備辦理對日宣戰事宜（在這方面是有一些手續的），以便及時趕上國會開會，並且一定要召集並通知戰時內閣的全體成員，以及我正確地認為已經獲得消息的三軍參謀長和陸海空軍各大臣……。

我把這事做好以後，我的思想就立刻轉到一向縈縈於懷的事情，馬上發報給德瓦萊拉先生[1]……我也想到在奮鬥中的中國，因而致電蔣介石說：

英帝國和美國已經受到日本的攻擊。我們一向是朋友，而現在，我們面對著一個共同的敵人。

1941年12月8日

沒有一個美國人會認為我是不對的，如果我宣布說，有了美國在我們這一邊，這對我來說是最高興的事。我不能預言事件的發展如何。我並不擅自以為已經精確地衡量過日本的武力，但是現在，就在這個時刻，我知道美國已經完全和拼命到底地投入這場戰爭。因此，我們終於贏得了勝利！

是的，經過敦克爾克，經過法國的崩潰，經過在奧蘭那次可怕的插曲，經過入侵的威脅，當時，除了空軍和海軍以外，我們是一個幾乎沒有武裝的國家；經過那潛艇戰的生死搏鬥——險些輸掉的第一次大西洋戰役；經過17個月的孤單奮戰和19個月在可怕的苦難中由我負荷的艱巨重責。我們已經戰勝了。英格蘭將生存下去，不列顛將生存下去，聯邦和英帝國將生存下去。

戰爭會持續多久，或者它會怎樣收場，沒有人能夠預言，而且在這時我也不關心這樣的問題。在我們悠久的島國歷史中，不管我們受到怎樣的創傷和毀壞，我們將再次以安全和勝利的姿態出現。我們不會被消滅。我們的歷史不會結束。我們在孤立無援時，甚至都不會死亡。希特勒的命運已經決定了；墨索里尼的命運已經決定了；至於日本人，他們將要粉身碎骨。其餘的

---

1. 愛爾蘭自由邦的行政首領。

一切只不過是把占壓倒優勢的力量予以恰當的運用罷了。

據我所見，英帝國、蘇聯，現在又加上美國，他們戮力同心，生死與共，具有兩倍或者甚至三倍於他們的敵人的力量。無疑地，這將要經過一個漫長的時期。我預料東方將會遭到可怕的損失，但這一切只不過是一種暫時的局面。我們團結起來，就可以戰勝世界上的其他一切人。我們前面還有許多災難和無法估量的損失與艱苦，但是對於結局已不再有什麼疑慮了。

愚蠢的人不在少數，而且不僅敵國才有，他們可能低估美國的力量。有些人說，美國是軟弱的，有些人說，他們永遠是不團結的。他們將在遠處閒逛。他們將永遠不會與人揪成一團。他們永遠經不起流血犧牲。他們的民主政治和定期選舉制度，將使他們的戰爭努力癱瘓。他們在敵友的眼中，都將不過是地平線上一個模糊的斑點。現在，我們應當可以看出這個人數眾多，但是遙遠的、富足而健談民族的弱點來了。可是我曾經研究過戰到最後一寸土地的美國南北戰爭。

美國人的熱血曾經在我的血管中流動。我想起愛德華·格雷[1]在30多年前對我講過的一句話——美國好像「一隻巨大的鍋爐。只要在它下面生起火來，就能夠產生無窮的力量」。當我去睡覺的時候，心中充滿了並且洋溢著感情與感想，所以睡了一個得到拯救而心懷感激的人所睡的覺。

我們在一段時期內沒有聽到關於在珍珠港發生的事情的詳細情況，但是現在，其經過已經有了詳盡的紀錄。

直到1941年年初為止，日本對美國的海軍作戰計畫是，當美國人可以如預料的那樣打開一條通路，以橫渡太平洋來解救他們在這個前哨據點的守軍的時候，由他們的主力艦隊在菲律賓附近的海面上作戰。突襲珍珠港的念頭是日本海軍總司令山本大將想到的。在任何方式的宣戰以前，這種奸險襲擊的準備是極其祕密地進行的。

到了11月22日，由六艘航空母艦組成的一支襲擊艦隊，連同由戰列艦

---

1. 愛德華·格雷（1862—1933年），英國資產階級政治家，曾任英國外交大臣和英國駐美大使。

▲ 美國珍珠港海軍基地遭到轟炸時的情景。

和巡洋艦組成的支援艦隊，就在日本本部以北、千島群島中的一個人跡罕至的碇泊地點集結了。襲擊日期已經定為12月7日（週日），於是在11月26日（東半球日期），這支艦隊就在南雲海軍大將指揮下起航。保持在夏威夷以北很遠的地方，在這北緯區域的大霧暴風下，南雲駛近了他的目標而沒有被發覺。

在那不祥的一天，日出以前，從珍珠港以北約275英里的位置上發起進攻。有360架飛機參加，包括在戰鬥機掩護下的各式轟炸機。上午7時55分，第一顆炸彈落下。港內有美國海軍艦艇94艘。在這些艦艇當中，太平洋艦隊的8艘戰列艦是主要目標。幸而航空母艦連同強大的巡洋艦隊，因在別處有任務，不在港內。

這次襲擊的經過經常被敘述得有聲有色。這裏說明突出的事實，並記下日本飛行員的殘酷的效能就足夠了。到上午8時25分，第一批魚雷和俯衝轟炸機已完成了襲擊。到上午10時，戰鬥已經結束，敵人撤走了。在他們的後面留下了被炸得七零八落，而籠罩在一片火與煙之中的一支艦隊和美國的復仇心。戰列艦「亞利桑那」號已經炸毀，「奧克拉荷馬」號已經傾覆，「西佛吉尼亞」號和「加利福亞」號已經在停泊地點沉沒，並且除了在船塢的「賓夕法尼亞」號以外，其他的每一艘戰列艦都受到重傷。有2000多名美國人喪失性命，將近2000人受傷。太平洋上的優勢已經轉入日本人手中，在戰略上的世界力量對比暫時發生了根本的變化。

我們的美國同盟國還有著另外一系列的不幸事件。

在麥克阿瑟將軍擔任司令的菲律賓群島方面，曾經在11月20日收到指出

在外交關係方面將有嚴重變化的一項警告。

指揮著實力有限的美國亞洲艦隊的哈特海軍上將曾經和鄰近的英荷海軍進行磋商，並按照他的作戰計畫，開始把他的艦隻向南散開，以圖在荷屬海面上聯合他的未來的盟友集結為一支襲擊艦隊。他可以調度的艦隻除12艘舊式驅逐艦和各式輔助艦隻外，只有重巡洋艦1艘和輕巡洋艦2艘。他的實力差不多完全在於他的潛艇，共有28艘。

12月8日凌晨3時，哈特海軍上將截獲了一個說到襲擊珍珠港這項驚人消息的電報。他沒有等待華盛頓方面的證實，就立即警告一切有關方面，說明敵對行動已經開始。在黎明時，日本的俯衝轟炸機來襲了，在以後幾天內，空襲則是以越來越大的規模繼續進行著。

12月10日，在喀維特的海軍基地完全被焚毀。同日，日本人在呂宋島北部首次登陸。災難在迅速地增加。美國的大部分戰機在戰鬥中或在地面上被擊毀，到12月20日，美國空軍的殘餘部分已經撤退到澳大利亞的達爾文港。哈特海軍上將的船艦已經在幾天以前開始向南散開，只留下潛艇來與敵人在海上較量。12月21日，日本入侵部隊的主力在林加延灣登陸，直接威脅馬尼拉。此後，事態的發展一如已經在馬來西亞進行的那樣，但據守時間則較長。

這樣，日本長期以來蓄謀的計畫在一片勝利的火焰中爆發了，然而這不是終局……。

希特勒和他的僚屬都吃了一驚。約德爾在受審時說到希特勒怎樣「為了傳達這個消息給凱特爾元帥和我本人，而在深夜來到我的地圖室。此事完全出乎他的意料之外」。然而他在12月8日早晨，就命令德國海軍對不論在什麼地方發現到的美國船隻施行襲擊。這是德國正式對美國宣戰的三天以前的事。

第19章
《聯合國公約》簽字

羅斯福總統向我提出的第一個主要計畫，就是起草一項將由所有對德國、義大利或日本作戰的國家簽字的莊嚴宣言。

總統和我重複應用我們制定《大西洋憲章》的方法，各自把宣言稿準備好，再把它們合在一起。在原則、感情，以及確實的文字上，我們是完全一致的。在英國國內，戰時內閣對於計畫成立大同盟的規模感到既驚奇又震動。當時曾有很多迅速的電訊來往，並且關於哪些政府和當局將在宣言上簽字，以及對於先後次序也出現了一些困難。我們欣然把首位給予美國。戰時內閣非常正確地不願把印度作為一個獨立的主權國家而包括在內。赫爾先生反對插入「當局」字樣，我用這個名詞的意思是要包括「自由法國」運動的組織在內，而這個組織在那時是不得美國國務院歡心的。

這是我第一次會見科德爾‧赫爾先生，我同他進行了幾次會談。據我看來，他當時的觀點並不完全接近總統。在許多大事件當中，有一個小事件似乎支配著他的思想，這點使我驚異。在我離開英國以前，戴高樂將軍曾經通知我們，他想去解放由維希總督羅貝爾海軍上將據守的聖皮埃爾島和密克隆島。「自由法國」的海軍艦隊是完全有能力去做這件事的，並且英國外交部也看不出有反對的理由。但美國國務院卻想讓一支加拿大遠征軍去佔領。因此，我們要求戴高樂停手。沒想到，他卻命令他的海軍上將米塞利埃攻取了這些島嶼。「自由法國」的水兵們受到人民的熱烈接待，僅在一次公民投票中就有90%的多數反對維希當局。

這事對赫爾先生沒有產生什麼影響。他認為國務院的政策已經遭到觸犯，並在耶誕節發表一個聲明：「據我們初步的消息顯示，所謂自由法國的船隻在聖皮埃爾島和密克隆島採取的行動是一種專斷的行動，它違反一切有

關方面的協議，並且未經美國政府事前知曉或任何意義上同意。」他意欲把「自由法國」逐出他們從維希政府手中解放出來的這兩個島嶼，但美國輿論卻強烈地持另一種看法。在這一重大時刻，他們為看到這兩個島已經獲得解放感到很高興。因為在這些島上有一個正向全世界散布維希的謊言和毒素，並且很可能發出秘密信號給追獵美國船隻的德國潛艇的可惡電臺，從此以後它將沉寂無聲了。「所謂自由法國」一詞幾乎引起了普遍的憤慨。

赫爾先生的真正才能我是知道的，我對他懷有最大的敬意，但我認為他把至多不過是一個部門的問題，推到遠遠超出了它的範圍的地方去了。在我們日常談話中，我看出總統對於這全盤事情是不滿意的。總之，有很多其他的煩惱纏繞著我們，或者即將落到我們的頭上來。我在外交部的強烈敦促下，支持了戴高樂將軍和「所謂」自由法國。關於這件事，美國和法國的書籍曾經有許多篇章敘述，但是我們的主要討論並沒有因為這一事件而受到絲毫影響。

我是在心情激動的情況下去履行對美國國會演說邀約的。對於我所確信的英語民族戰無不勝的聯盟來說，這個場合很重要。我從來沒有對一個外國議會演說過。但就我個人而言，因為我母親那邊的男性世系上溯五代是一位在喬治·華盛頓的軍隊裏服役的尉官，所以就有可能感到有血統上的權利可對我們共同事業中的這個偉大共和國的代表們發表演說。事情居然有這樣的發展，這的確是奇特的……。

我花費聖誕日的大部分時光來準備我的演說。12月26日，當我在參、眾兩院領袖陪同下從白宮向國會議事廳出發時，總統祝我幸運。那些廣闊的大道兩旁似乎有大批群眾，但為了安全而採取的預防措施（這在美國是遠超出英國習慣做法的）卻把他們隔開很遠，有兩、三輛滿載著武裝便衣員警的汽車聚集在我們周圍護衛。我下車後，出於一種強烈的兄弟情感，我想走到歡呼的群眾面前去，但人們不允許我這樣做。議事廳裏的情景是動人而非比尋常的，我從一排擴音器看出去所見的那個半圓形大廳已經擠滿人了。

我必須承認我覺得十分自在，比有時在英國下院還感到更加自信。人們以最大的善意和注意力來聽取我所說的話。

在我的演說中，人們正好在我所期望的地方發出笑聲和鼓掌聲。聲響最大的反應是在我說起日本暴行，喝問「他們把我們當作怎樣的一類人看待」的時候。在這個莊嚴的集會中，我不斷地意識到美國這個國家的能力和意志力。誰還懷疑一切將會好起來呢？

我結束演說時這樣說：

參議院和眾議院的議員們，請容許我再花片刻時間從目前的紛爭和動亂轉而談到未來的更廣泛的基礎。我們正在這裏共同抵禦一群要毀滅我們的強大敵人，我們正在這裏共同保衛自由人所珍視的一切。僅僅一個世紀之中，世界大戰的災難已經有兩次臨到我們頭上。在我們一生之中，命運之神的長臂已有兩次伸過大洋，來把美國拉入戰爭的最前線。如果我們在上次戰爭以後就團結在一起，如果我們為了本身安全而採取了共同措施，這次禍患的再次發生是我們決不會遭遇到的。

難道我們對自己，對我們的子女，對遭受苦難的人類，不負有確保這些災難不致第三次吞沒我們的義務嗎？惡性疫病可以在舊世界爆發而把破壞性的災害帶到新世界來，一旦開始蔓延，新世界就無法逃避，這已經得到證明了。我們因職責和謹慎所驅使，必須：

第一，經常地和警覺地把憎恨和復仇的病源中心地區加以檢查與及時處理；

第二，成立一個適當組織，以確保這種疫病可以在它開始發生的最早時期，在它還沒有蔓延和猖獗於全球的時候，就受到控制。

五、六年前，美國和英國可以不流一滴血，而很容易地堅持要德國履行在世界大戰後它所簽訂的條約中關於裁軍的條款，並有機會去保證德國獲得我們在《大西洋憲章》中所宣布過的不應不讓任何國家（無論戰勝國或戰敗國）享有的那些原料。那個時機已經過去了，一去不復返了。再把我們聯合在一起需要大力槌擊，或者，如果你們容許我用別的語言，我就說，這人一定是心靈受到蒙蔽，如果他看不出在這個世界上有某種偉大的目標和計畫正在完成，而我們將榮幸地成為它的忠誠服務者。我們並未得到能窺測未來奧秘的天賦，但我仍然要聲明我的堅定和不可侵犯的希望與信念，即在未來歲

月中，英、美兩國人民為了本身的安全和共同的利益，將要莊嚴、正直與和平地並肩前進。

後來，那些領袖隨我一起出來，並走近圍繞著議事廳的群眾，使我能夠對他們致以親切的問候。然後，秘密員警和他們的汽車又在我們的左右護衛行駛，把我送回白宮。總統聽了我的演說，他告訴我，我講得很好……。

當我回到白宮時，在《聯合國公約》上簽字的一切手續都準備好了。華盛頓、倫敦和莫斯科之間有過許多電報來往，但這時，一切問題都解決了。總統曾經以最大的熱忱努力說服由於時局轉變而再次得勢的蘇聯大使李維諾夫接受「宗教自由」一語。因此，他被特地邀請到總統室裏和我們共進午餐。他在本國有過艱苦的經驗，不得不小心從事。後來，總統單獨和他長談，涉及他的靈魂問題和地獄之火的危險問題。羅斯福先生有幾次對我們談起他對這位蘇聯人說的話，留給我們深刻的印象。

的確，我有一次對羅斯福先生作出許諾——如果他在下次競選總統時失敗，我當推薦他擔任坎特伯雷大主教。但我並沒有就這點向內閣或國王作任何正式推薦，由於他在1944年的競選中獲勝，這個問題就沒有發生。李維諾夫顯然在恐懼和戰慄中就「宗教自由」問題向史達林報告，史達林卻把它當作一種理所當然的事接受了。

戰時內閣也提出了他們關於「社會保障」的論點，我是第一次《失業保險法》的起草人，所以真誠地同意了。經過在一週中大量的電報來往於世界各地之後，在大同盟的所有國家之間達成了協議。

「聯合國」的名稱是由總統提出，用來代替「協約國」這個名稱。我認為這是一個重大的改進。我指出拜倫的《蔡爾德‧哈樂德遊記》一詩中的幾行給我的朋友看：

> 這裏，聯合國拔出刀來的所在，
> 我們的同胞們那天在戰鬥！
> 這是許多將永垂不朽的事——
> 而且一切都將永垂不朽。

1月1日早晨，坐在輪椅上的總統被推到我這裏來。我從浴室出來，同意

DECLARATION BY UNITED NATIONS

▲ 《聯合國宣言》影印文本,各國領導人簽名清晰可見。

了宣言草稿。單憑宣言本身並不能贏得各次戰役的勝利,但它說明了我們是怎樣的人以及我們作戰的目的。隨後,在那天,羅斯福、我、李維諾夫和代表中國的宋子文在總統的書房裏簽署了這個莊嚴的文件。彙集其餘20個國家的簽字任務留給國務院去辦了。這裏得將宣言的最後本文紀錄下來。

美利堅合眾國、大不列顛及北愛爾蘭聯合王國、蘇維埃社會主義共和國聯盟、中國、澳大利亞、比利時、加拿大、哥斯大黎加、古巴、捷克斯洛伐克、多明尼加共和國、薩爾瓦多、希臘、瓜地馬拉、海地、洪都拉斯、印度、盧森堡、荷蘭、紐西蘭、尼加拉瓜、挪威、巴拿馬、波蘭、南非和南斯拉夫聯合宣言。

本宣言簽字國政府,對於1941年8月14日美利堅合眾國總統和大不列顛與北愛爾蘭聯合王國首相所稱為《大西洋憲章》的聯合宣言中,所包括的關於目的和原則的共同綱領,已經表示同意。

我們深信為了保衛生命、自由、獨立與宗教自由,為了保全本土和其他地區的人權與正義,取得對敵國的完全勝利是十分重要的,我們深信現在正從事一場反對企圖征服世界的野蠻和殘暴勢力的共同的鬥爭,特此宣告:

一、每個國家的政府保證使用它的軍事或經濟的全部資源,來反對與它處於戰爭狀態下的三國公約成員國及其附從國家。

二、每個國家的政府保證與本宣言各簽字國政府合作,並不與敵國單獨停戰或媾和。

凡在戰勝希特勒主義的戰爭中,正在或可能作出物質上協助和貢獻的其他國家,都可以參加以上宣言。

第20章
北非、東南亞和大西洋上的挫折

軍事上的災難又再度摧毀了1942年英國在沙漠地區的整個戰役。在這悲慘的1月份中，究竟發生了些什麼事情，值得我老老實實地敘述一番。

1月9日，奧金萊克將軍打電報到華盛頓給我，在敘述他的部署之後，報告情況如下：

關於敵軍可能的行動預測如下。

堅守阿蓋拉—馬臘達戰線。義大利第十軍團連同布雷西亞、帕維亞兩個師，守衛阿蓋拉地區，由德軍第九十輕快師人員增強之。義大利機動軍，連同特蘭托、的里雅斯特兩個師和德軍第九十輕快師人員，駐在馬臘達，阻擋我軍從南面包圍阿蓋拉。德軍第十五和第二十一裝甲師，可能還有阿里埃特裝甲師為後備，準備反攻……。

當時我在白宮的地圖室內辦公，不難看出這些語不驚人的電報意味著什麼。我在1月11日致奧金萊克將軍的電報中說：

我恐怕此電收到時，敵軍七個半師大部分已乘機逃逸，現在還正在沿交通線退卻。我也注意到，九艘萬噸商船據報告已安抵的黎波里。大家明白，你以為你直走阿卜德這一路線，定能切斷隆美爾的義大利步兵部隊，但現在看來，他們漏網了。這種種情況將使「雜技家」計畫（長驅直入的黎波里）受到怎樣的影響呢？我敢斷定，你和你的部隊已經竭盡全力，但我們必須正視事實，它們會大大影響「體育家」和「超體育家」計畫。

這裏必須再度注意到海上戰爭對於第八集團軍的重大影響。K艦隊（馬爾他艦隊）的覆沒，隨之在12月19日「海王星」號巡洋艦於的黎波里附近水雷區內的喪失，使敵護航艦隊能夠滿載重要的供應物資通過海面，在危急關頭

去補充隆美爾的軍隊。

　　請記住，「體育家」是我們在法屬北非援助魏剛將軍的計畫，如果他樂於接受的話。為此，我們命令一個裝甲師和三個野戰師整裝待命，一接到通知就從英國啟程。我們還讓一個相當人數的空軍分遣隊整裝待命。魏剛和維希都沒有好好答覆我們的提議，但我們一直希望隆美爾被打敗，以便我們能進駐的黎波里，長驅直入突尼斯，這就會鼓勵他們或兩者之一改弦更張。「超體育家」是英、美干涉法屬北非的更遠大計畫，我早已覺得羅斯福總統對此極為贊同，我雖在12月16日的文件裏提出，把它當作1942年戰役中英、美在西方主要的兩棲作戰。因此，敵人在阿傑達比亞的堅決抵抗和他們有條不紊地撤到阿蓋拉，對於我和我一切的想法來說，要比在沙漠地區僅僅阻礙我們向西進展，有著更為重大的意義。事實上，我和總統討論的全部計畫中，這是一個不利之處。然而從奧金萊克將軍以後拍來的電報看來，好像諸事順利，決定性的行動已迫在眉睫了……。

　　從1月12日到1月21日，隆美爾的部隊在阿蓋拉陣地上不見動靜，而從地中海到南邊名叫「利比亞沙海」的地方保持著長約50英里的缺口。這條戰線上的鹽田、沙丘和小峭壁都有利於防守，敵人小心翼翼，用了地雷和鐵絲網來加強它們。奧金萊克將軍覺得在2月中旬以前，還不能襲擊這個陣地。

　　在此期間，他派了警衛旅的兩個主力營和第一裝甲師的支援部隊同隆美爾的軍隊相周旋。在此背後，差不多90英里之外的安特拉特駐紮著梅塞維將軍指揮的英國第一裝甲師的剩餘部隊。這些部隊，連同駐在班加西及其以東地區的第四英印師組成了第十三軍，由戈德溫-奧斯丁將軍指揮。這一軍分散得很廣，由於後勤上的困難，造成了前線薄弱、援軍遙遠的局面。至於用地雷或別的障礙物來保衛英軍前線，並沒有作出相應安排。按照計畫，如果隆美爾展開反攻，我們的前鋒部隊準備撤退。然而奧金萊克將軍不信隆美爾有進攻的能力，他以為自己頗有充裕時間來加強兵力和做好供應……。

　　不幸的是，奧金萊克將軍低估了敵人重整旗鼓的力量。馬爾他島上的英國空軍，在空軍少將勞埃德果敢堅決的領導下，曾向義大利港口和船艦展開秋季攻勢，促成了陸戰的勝利。但1941年12月裏，它遭到西西里島上德國

空軍中隊集中力量的襲擊，被搞垮了。我們最近在海上的失利，大大削弱了海軍上將坎寧安率領的艦隊，以致在一個時期內，這個艦隊不能有效地阻撓通到的黎波里的航線。現在供應品已可自由地送到隆美爾手裏。1月21日，隆美爾派三個縱隊，每隊約1000名有坦克支援的摩托化步兵，發動了威力偵察。這些縱隊迅速地突破了我方部隊接合部的缺口，這些部隊沒有坦克的掩護。戈德溫-奧斯丁將軍命令撤退，先退到阿傑達比亞，然後攔住敵軍從安特拉特到姆蘇斯的去路……。

這裏我覺得十分清楚，奧金萊克將軍一直不瞭解沙漠地區已經發生了什麼。他沒有一個電報說明第二裝甲師，其實是第十三軍的遭遇如何。我希望，他現在既然在里奇將軍的司令部，就能夠查明真相。當時，我也一無所知……他對於這次發生的災難，只是埋怨我軍坦克品質的低劣，卻沒有作出任何解釋，而更不好的消息又傳來了……。

事實再度證明，隆美爾是沙漠戰術的能手，比我們的指揮官高明，他重占了昔蘭尼加的大部分。這次一退幾乎達300英里，打破了我們的希望，使我們放棄了班加西。喪失了奧金萊克將軍為盼望已久的2月中旬的進攻而收集的一切儲備。隆美爾一定感到驚奇：怎麼開始進犯時用的小小三個縱隊，在他所能糾集的軍隊支援下發動進攻，竟能獲得壓倒性的勝利。里奇將軍重新整編了殘缺不全的第十三軍和其他從加柴拉和托卜魯克一帶調來的部隊。在這裏追擊部隊和被追擊的部隊都喘不過氣來，互相對峙，一直到5月底，那時隆美爾才能夠重新發動攻擊。

形勢的反覆無常和軍事上的嚴重災難，根本原因是這樣的：敵軍實際上能在地中海自由航行，藉以增援和補給他們的裝甲部隊，他們還能從蘇聯戰線上調回大部分空軍。但現場上的戰術變化卻從來不曾有過什麼說明。決定性的一天是1月25日，那天敵軍突破戰線，直達姆蘇斯。從此之後，情況的混亂和計畫的一變再變，使隆美爾得到了主動的機會。警衛旅不明白為什麼不許他們作一次抵抗，而撤退的命令卻下了又下，非服從不可，第四英印師也沒有得到發揮作用的機會。

最近才從敵軍的文件中透露出來，敵軍的坦克原來比我軍優越。他們

▲ 1942年，在北非的英軍士兵。

的非洲軍團有120輛坦克參戰，義軍有80輛或更多一些，以對付我軍第一裝甲師的150輛。然而，為什麼沒有好好利用這一師，還是沒有說明。奧金萊克來電報告說：「該師新從聯合王國到達，沒有在沙漠上作戰的經驗。」這個電報又提出總評說：「不但我軍全部坦克敵不過德軍坦克，而且我軍的巡邏坦克作戰時機械性能也比較低劣。裝備既差，我軍的機械性能又不可靠，何況與德軍相比，防坦克武器大為稀缺，因而情況更加嚴重。」

這一切論調須要仔細分析一番。第一裝甲師是我軍所擁有的最好的一支部隊。該軍士兵大部分都受過兩年以上的訓練，與我們的正規軍比起來，效率也達到了一樣高的水準。他們是在1941年11月在埃及登陸的。他們離開英國以前，我們曾經根據一切最近的情報和經驗，盡了一切力量，使他們的車輛能適合沙漠的條件。在開羅的工廠裏又經過了例行的檢查，然後這一師通過沙漠開往安特拉特去，於1月6日到達。為了保護履帶，坦克車通過全部沙漠地區時都裝在特殊的運輸車上，到了安特拉特，完整無損。可是，這精銳的第一師部隊還沒有投入戰鬥，就損失了100多輛坦克。在倉促撤退時，已經運到的大批汽油，全部被拋棄了，因此有許多坦克因燃料告罄，被遺棄在後面。

警衛旅奉命撤退時，還發現了大批汽油，因敵軍逼近，不得不把它們毀掉。然而，他們看見不少被拋棄在沙漠裏的坦克，就盡力運來了不少汽油，自己駕駛了這些坦克。單單科爾斯特里姆的一個連就集合了6輛，把它們駛到了安全地帶，其他部隊收集得更多。事實上，有些連隊把獲得的幾輛坦克，按照德軍那樣，與摩托化步兵配合起來，這樣，他們實際上就比當初出動時

更加強大。

建立像裝甲師那樣的單位，還有專家和受過訓練的士兵，要付出多少代價和勞動力，繞過好望角把它運到，要付出多少的努力，派它去打仗又要做好多少的準備——當我們想起這種種，而又看到如此處理不當所造成的後果，真是痛心極了。德軍雖然離開的黎波里的基地400多英里，還能得逞，而我們卻失敗，相形之下，就更使人難堪了。英國國民在查究這些事情的時候，切勿受人迷惑，以為我軍坦克在技術上的拙劣是造成這次損失巨大、影響深遠的敗績的唯一原因。好多年已經過去了，有許多證人已去世了。也許我們始終不會有一個稱職的法院，能對英國史上最慘的潰敗和規模最大的投降，作出正式的判斷……

珀西瓦爾將軍保衛新加坡島的部署……第三軍（軍長希思上將）主力已由於1月29日到達的英國第十八師（師長貝克威思—史密斯少將），以及已經吸收第九師的殘餘部隊的第十一英印師（師長基少將）組成。這一軍負責的地區是沿著島的北岸向長堤伸展，但長堤不在其內。從長堤開始的一線由第八澳大利亞師（師長戈登·貝內特少將）負責，第四十四印度旅歸他指揮。這一旅幾天以前才開到，和第四十五旅一樣，是由青年和受過部分訓練的軍隊組成。南岸由要塞部隊保衛，有兩個馬來西亞步兵旅和義勇隊，全部歸西蒙斯少將指揮。

守衛海岸的重炮中能向北面轟擊的彈藥有限，要對付敵軍正在集結的密林叢生的地區，是沒有什麼大用的。只有一個戰鬥機中隊留在島上，也只有一個飛機場尚可使用。由於傷亡和消耗，最後集中的守備軍已由陸軍部估計的10.6萬人減少到8.5萬人光景，其中還包括基地和後勤部門以及各種非戰鬥部隊。這個總數之內約有7萬人是武裝的。

野戰防禦的準備和障礙物的布置，雖然投入了不少的本地人力，卻與出現的迫切要求不相稱。即將受到攻擊的前線並沒有永久性的防禦工事。軍隊的士氣，經過長途的撤退和島上的激戰已經大大地降低了。

受到威脅的北岸和西岸，有寬度從800～2000碼不等的柔佛海峽作為屏障。幾條江河河口上栲樹叢生的沼澤，也有相當的掩護作用。30英里長的戰

線需要防守，敵軍在對岸叢林中有什麼行動，是完全看不到的。島的內地也大都被繁茂的草木和種植園隱蔽起來，人們看不到遠處。武吉智馬村四周的地帶設有軍需品大倉庫和三個供應用水的水庫，極為重要。在這後面就是新加坡市，當時市內住著不同種族的居民約100萬人，還有一批難民。

我們在國內不再抱著長期保衛新加坡的幻想。唯一的問題是要打多久。三軍參謀長早在1月21日就注意到破壞工作，曾電示珀西瓦爾將軍，「萬一情況極度惡化」，在新加坡千萬不能疏忽。他們說：「你應該保證，任何可能對敵軍有用之物，決不可在全面焦土政策中有所遺漏。」

他們也談到破壞軍火。1月31日，我對這個文件作了批語道：「顯然，要用彈藥向敵人射擊。撤出是決不容許的，即使萬不得已要撤退，總要這樣堅持兩、三天……向敵人開火，把彈藥花光，這是在要塞即將陷落時早已規定的、當然的做法。應該有充分時間作好安排。如果要塞能保衛得好，到了最後我們只會感到軍火的缺乏，不會有大堆彈藥遺留下來。」

2月8日早晨，巡邏隊報告，敵軍正在島西北種植園上集結，我方各陣地受到猛烈的炮擊。當晚10時45分，第二十二澳大利亞步兵旅在克蘭寺河西邊，遭到日軍第五師和第十八師的攻擊。襲擊的高潮是利用裝甲的登陸艦艇，越過柔佛海峽來的。原來他們經過長期的周密計畫，早把這些艦艇從陸路上運到下水的地點了。戰鬥非常激烈，許多船隻被擊沉了。但是，澳軍在地面上是稀少的，敵軍的部隊在許多地點登陸。等到這一旅重整旗鼓的時候，敵軍已經佔領了阿馬肯村，那兒是附近地區許多條大道和小路的交叉點。第二天早晨8時，他們進犯登嘉飛機場……。

2月13日，將3000名指定人員從海道撤至爪哇的預定計畫開始執行。奉命撤離的包括軍政要人、技術人員、多餘的參謀人員、護士以及其他對於進行戰爭有特殊價值的人員。同行的還有在要塞上指揮空軍、海軍的空軍少將普爾福德和海軍少將斯普納。這是他們最後一次海上旅行。一支給進犯蘇門答臘軍隊護航的日本海軍部隊襲擊了他們。這一天和第二天從新加坡起航的各式小船約80艘，幾乎全被敵軍擊沉或擄獲。

一直到戰後，我們才知道普爾福德和斯普納的下落。2月15日他們坐的

船遭受敵軍驅逐艦的攻擊，被逐到一個小島的海灘上。他們和同船的大約45人上了岸，沒有受到阻礙。其中有一個年輕的紐西蘭軍官，隨即坐了一隻本地小船啟程，經過了許多風險，於2月27日平安地到達了巴達維亞。

那時，爪哇本身也很混亂，但是依然作了安排，派一架飛機去拯救那些倖存的人們。不幸這番努力失敗了。在小島上，這批遭難的人現在又染上了瘧疾，正苟延殘喘，希望愈來愈少，只是沒有受到敵人的驚擾。3月底前，普爾福德等14人死了，斯普納等4人到4月也死了。

5月14日，倖存的高級軍官、空軍中校阿特金斯認識到末日快要到來。他同另外7個人駕駛了一艘本地船到蘇門答臘，向日軍投降，日軍於是差人到小島上，把殘存的幾個人帶走，他們後來在新加坡俘虜營裏受盡折磨……。

我們是以輕鬆的心情和高漲的情緒來歡迎美國參戰的。從此以後，將有一位擁有無窮資源的夥伴與我們共同挑起重擔了。我們可以預期，在海戰中，敵人的潛艇勢將迅速就範。儘管在我們的盟國未能投入全部力量以前，損失仍然不能避免，但有了美國的幫助，我們在大西洋的生命線就會有保障。這樣一來，我們就可以在歐洲和在中東展開反希特勒的戰爭了。不過，遠東暫時還會呈現出黯淡的局面。

但是，1942年將會發生許多驚心動魄的事情，而在大西洋上，這一年也是整個戰爭中最艱苦的一年。到1941年年底，敵軍潛艇艦隊已經增加到250艘左右，據德國海軍上將鄧尼茨報告，其中約100艘可以作戰，而且每月還要增加15艘。

起初，我們的聯防力量雖然比我們在單獨作戰時強大得多，但由於我們遭受攻擊的目標更多了，

▲ 一名船員正在向一艘從美國駛向英國跨過大西洋的盟軍船隊發送信號。

對付敵人新的攻擊，我們的力量還是不夠的。有六、七個月的時間，敵軍潛艇在美洲海面橫行無阻，簡直要把我們拖到了無限期延長戰爭的災難中去。如果我們被迫中斷我們在大西洋上的航運，或者對之暫時加以嚴格的限制，我們的聯合作戰計畫也要全部停頓下來。

1941年12月12日，在一次有德國元首參加的會議上，決定向美洲沿海發動潛艇戰。但是，由於許多德國潛艇和最幹練的指揮官都調到了地中海，而且，由於鄧尼茨奉希特勒的命令不得不在挪威和北極的洋面上保持一支強大的隊伍，他們只派遣了6艘740噸型較大的潛艇。

這些潛艇在12月18日到12月30日間離開比斯開灣港口，奉命深入紐芬蘭和紐約間沿海航線北端，靠近回國運輸船隊彙集的一些港口。它們的騷擾立刻得逞。到1942年1月底，31艘船隻，合計約20萬噸，在美國和加拿大海岸一帶被擊沉了。不久以後，攻勢朝南推進，越過漢普頓海峽和哈特勒斯角，直下佛羅里達海岸。

在海上這條大道上，有的是美國和盟國的無防禦設備的船隻。寶貴的油船隊也沿著這條航路絡繹不絕地往返於委內瑞拉和墨西哥灣之間。這條交通線如果受到阻礙，我們的整個戰時經濟和全部作戰計畫就會受到影響。

在加勒比海上的大批目標中，德國潛艇專挑油船作為抗襲對象。中立國家的各種船隻也和盟國船隻一道遭到襲擊。這種屠殺的範圍每週都在擴大。2月間，德國潛艇在大西洋造成的船隻損失增至71艘，計38.4萬噸，除2艘以外，全部在美洲地區被擊沉。我們從開戰以來所蒙受的損失，要算這次最嚴重了。不過，這種情況很快就要克服了……。

2月10日，我們主動向美國海軍提供了24艘設備最完善的反潛艇拖網船、10艘驅潛快艇，並帶著訓練有素的船員。它們受到了我們盟國的歡迎。第一批於3月間到達紐約。儘管少得很，但是，我們是抽出了最大的力量的……。

到了4月1日，美國海軍終於能夠實行沿海局部護航制度。在開始時，這頂多不過能使幾隊有護航的船隻白天在保衛森嚴的停泊地之間，行駛120英里的航程，而在夜間，所有的船隻都得停航。無論哪一天，往來於佛羅里達

和紐約間的船隻，總有120艘以上需要保護，因此而引起的延誤又變成了另一種災難。直到5月14日，才有一支充分組織起來的護航運輸船隊，從漢普頓海峽駛往基韋斯特。自此以後，這個制度很快便向北發展到紐約和哈利法克斯。

到5月底，從基韋斯特沿東海岸向北伸展的連鎖終於形成了。形勢馬上緩和下來，儘管敵人的潛艇在設法避免被擊毀，但我方船隻的損失畢竟減少了。

第21章
轉租失敗：中途島、阿拉曼和史達林格勒

太平洋上，現在發生了轟動整個戰局的事件。到1942年3月底，日本極其圓滿地完成了第一階段作戰計畫，參與計畫的人員也為之目瞪口呆。日本變成了香港、暹羅、馬來西亞以及廣大的荷屬東印度群島的主人。日軍在緬甸正向腹地深入。在菲律賓群島，美國依舊在寇里幾多爾苦戰，但是並沒有解圍的希望。

日本人歡喜若狂。他們認為西方國家無意戰鬥到底，這種信念更加鞏固了他們對領導人的信心，以及對軍事勝利的自豪感。現在日軍已站在戰前計畫中慎重選定的進軍邊界上了。在這個廣大的區域之內，包含著無盡的資源與財富，他們能夠用來鞏固這些被征服的地方，並且發展他們新近贏得的力量。在他們長遠的計畫中，規定這個階段為一個喘息的時機，用以抵抗美國的反擊，或者進行組織進一步的攻勢。

不過，由於勝利的興奮，日本領導人物認為天賦給他們的命運已經實現了，他們不能辜負它。這些想法的產生，不僅是由於人們被勝利衝昏頭腦而自然產生的誘惑，也是由於認真的軍事推理。徹底鞏固新獲得的周邊地區，還是為這些地區的防衛起見而大舉向縱深前進，究竟哪一種較好，對他們說來，似乎是應該從戰略上權衡得失的問題。

東京方面在反覆思考之後，採取了野心更大的計畫，決定向外擴大佔領，其中包括阿留申群島西部、中途島、薩摩亞、斐濟、新赫里多尼亞以及新幾內亞南部的莫爾斯比港。這項擴張威脅到美國的主要基地珍珠港，如果持續下去，也將會切斷美國與澳大利亞的直接交通線，並且使日本得到合適的基地從事未來的進攻。

日本最高指揮部在制訂與執行計畫方面，表現了極端的巧妙與勇敢。不

過，他們是在從沒有按照正確的比例來估計世界力量的基礎上行事的。他們從來不理解美國潛在的力量。

在這個階段，他們仍然認為希特勒會在歐洲獲勝。他們情緒激昂，要無限制地征服亞洲，領導亞洲前進，創建功勳。這樣，他們就陷進了一場賭局：即使獲得了勝利，也只能使他們的優勢延長一年；如果失敗的話，會在同樣長的時間內遭到毀滅。實際的結果是，他們以相當強大且已牢牢掌握住的利益，換取了一片廣大、鬆散而無力控制的領土，而且在這些周邊地帶失利的時候，他們才感到在內線與主要地區建立一個緊密的防線已經沒有力量了……。

向珊瑚海進軍僅僅是日本更加野心勃勃政策的開始階段。甚至當這個開始階段正在進行的時候，日本海軍總司令山本就準備攻佔中途島及其機場，在中太平洋與美國勢力一較長短，從這個島嶼可以威脅或者征服東面1000英里的珍珠港。

在同時，由一支牽制部隊前往佔領阿留申群島西部優越的據點。經過仔細安排行動時間，山本希望首先把美國艦隊引到北面去應付對阿留申群島的威脅。好讓他能無阻地把主力投入中途島的戰鬥，到美國能夠對這個島嶼進行大舉干預時，他就希望佔領中途島，並且準備迎擊強大的反擊。

中途島對美國極為重要，它是珍珠港的前哨，由於這些動向，將會引起一場不可避免的大會戰。山本自信能夠迫使對方參與一次決定性的戰鬥，而且，由於他有壓倒性的優勢，尤其是在高速戰列艦方面，他極有機會殲滅敵人。這就是告訴他的部下南雲海軍大將的概括計畫。不過，全部計畫的關鍵在於尼米茲海軍上將能否進入圈套，而且，也在於他本身會不會遭到突然襲擊。

然而，美國指揮官卻是積極而機警的。他的情報部門使他消息非常靈通，甚至連預計進行襲擊的日期都知道。儘管進攻中途島的計畫可能是用來掩飾攻擊阿留申群島的，從而使它可能轉向美洲大陸前進。不過中途島總是比任何地方更有可能遭到更大的危險，因此，朝這個方面展開他的力量，他是從來沒有猶豫過的。

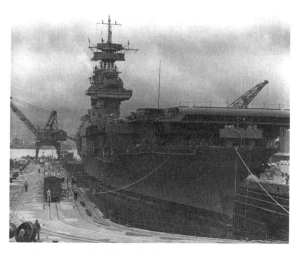

▲ 停泊在珍珠港等待修理的「約克頓」號航空母艦。

他的主要憂慮是，他的航空母艦怎麼也比不上南雲的4艘戰鬥經驗豐富的航空母艦，它們從珍珠港至錫蘭一直取得傑出的戰功。南雲艦隊中另外2艘已轉向珊瑚海，並且有一艘受傷。在另一方面，尼米茲損失了「萊克辛頓」號，「約克頓」號失去了戰鬥力，「薩拉托加」號修復之後還沒有重新加入他的艦隊，「黃蜂」號救助馬爾他島，仍然還在地中海附近。只有「企業」號與「大黃蜂」號從南太平洋兼程回駛，「約克頓」號如果能夠及時修復，也可以參加即將來臨的戰鬥。尼米茲海軍上將沒有比在三藩市更近的戰列艦，而且它們的速度太慢，不能與航空母艦配合；山本卻擁有11艘戰列艦，其中有3艘是世界上最強、最快的。美國雖處於劣勢，但是，尼米茲能夠得到從中途島起飛的強有力的空中支援。

在5月最後一週中，日本海軍的主力開始離開它們的基地。首先出發的是阿留申的牽制艦隊，預定於6月3日攻擊荷蘭港，並且引誘美國艦隊向那個方向駛去。在此之後，登陸部隊即前往奪取該群島西端的阿圖島、基斯卡島與阿達克島。南雲率領4艘航空母艦於次日向中途島攻擊，6月5日登陸部隊即將到達該島並佔領它，他們預料不會遭到頑強的抵抗。山本的作戰艦隊到時將停在後方西面，在空中偵察範圍之外，伺機迎擊預料中的美國反擊。

這次事件是僅次於珍珠港的高潮。航空母艦「企業」號與「大黃蜂」號在5月26日自南方抵達。「約克頓」號也在次日出現，原來預計修理需要三個月時間，但是，為了因應危急的需要而決定在48小時內將它修復，以適應作戰，並且重新調配了一個新的航空大隊。在5月30日它再次航行，去參加斯普魯恩斯海軍上將的艦隊。斯普魯恩斯是在兩天以前率領2艘航空母艦先

行離開的。弗萊徹海軍上將仍然負責混合艦隊的戰術指揮。在中途島的機場上停滿了轟炸機，防衛該島的地面部隊也處於高度的「戒備」狀態。早些得到敵人接近的消息是必不可少的，因此，在5月30日美軍開始了連續的空中偵察。美國潛艇在中途島西面和北面進行監視。四天的時間在憂慮不安中度過。

6月3日上午9時，一架「卡塔利娜」式水上飛機在中途島西面700多英里處巡邏時，發現敵方艦隻21艘。轟炸與魚雷攻擊隨即展開，但未成功，只有一枚魚雷命中了一艘油船，不過戰役從此開始了，並且所有關於敵人企圖的疑團全部消除了。弗萊徹海軍上將根據情報，有理由相信敵方航空母艦將由西北方向迫近中途島，第一次發現敵人的報告並未使他立刻出發，他正確地估計到所發現的敵船只是一批運輸艦。6月4日黎明，他率領的航空母艦駛至中途島北面200英里處的預定位置，假如南雲在此處出現，立即可以猛撲他的側翼。

6月4日拂曉，天氣良好，5時34分，一架中途島起飛的巡邏機終於發出了久已等待著的信號：報告發現了迫近的日本航空母艦。報告不斷傳來。許多飛機正向中途島前進，並且，發現支援航空母艦的大批戰列艦。早晨6時30分，日本發動了強有力的攻勢。這次襲擊遭到頑強的抵抗，大約有1/3的來犯者永遠沒有回去。

儘管空襲造成了許多損失與傷亡，但是機場依然能夠使用，還有時間向南雲的艦隊發動一次反擊。他壓倒性優勢的戰鬥機遭到嚴重的打擊。但是，這次寄託著極大期望的英勇攻擊，其結果令人失望。他們的猛攻所引起的紊亂似乎模糊了日本指揮官的判斷。他的飛行員告訴他再一次向中途島攻擊是必要的。他的航空母艦保留有一批足夠數目的飛機，以便迎擊隨時可能出現的美國航空母艦，不過，他的偵察能力不強，而且，一開始就沒有什麼收穫，所以，他認為美國飛機不一定會來。現在他決定把為迎擊美機而保持的隊形散開，以便為再犯中途島而進行重新裝備。無論如何，這樣就必須清理飛行甲板，以便使第一批攻擊的飛機降落。這個決定使他招致致命的危險。儘管南雲後來得悉一支美國艦隊，包括一艘航空母艦在內在東面出現，但是

已經太遲了。他的飛行甲板上塞滿了正在加油添彈的不能用的轟炸機。他肯定要遭到美國攻擊的災難。

弗萊徹與斯普魯恩斯海軍上將，根據他們早期冷靜的判斷，已經做好了參與這場緊要關頭戰鬥的布置。他們在早上截獲了源源而來的消息。早上7時，「企業」號與「大黃蜂」號除去自衛必需的飛機以外，出動了所有的飛機發動一次攻擊。「約克頓」號上的飛機曾執行早晨的偵察任務，由於它們的起落而耽誤時間，但是它的攻擊機群也在9時稍過之後升空。這個時候，另外2艘航空母艦起飛的第一批機群已經接近目標。敵人周圍一帶，天空多雲，俯衝轟炸機群起初沒有找到目標。「大黃蜂」號的機群，不知敵人已轉向他去，一直沒有發現敵人，因此錯過了戰鬥。由於這些事故，首次攻擊乃由3艘航空母艦的魚雷轟炸機群單獨進行。雖然它們極其英勇地接近目標，但是，面臨著猛烈的抵抗，未能成功。

參加攻擊的41架魚雷轟炸機僅有6架返航。他們的獻身帶來了報酬。當全部日本人的注意力與全部可以使用的戰鬥機向他們集中的時候，「企業」號與「約克頓」號上的37架俯衝轟炸機飛臨上空。它們的炸彈幾乎毫無阻攔地投進南雲的旗艦「赤城」號與它的姐妹艦「加賀」號；大約同時，「約克頓」號上的另外一批17架向「蒼龍」號展開攻擊。在數分鐘之內，這3艘航空母艦的甲板都變成了殺戮場，亂堆著正在燃燒與爆炸的飛機。艦身下艙發生大火，不久，這3艘航空母艦註定了要遭滅亡的命運。南雲海軍大將只得把他的司令旗移到一艘巡洋艦上，坐視他統率的良好艦隊3/4付之一炬。

中午以後美國飛機才返航降落。他們損失60餘架飛機，但是，獲得的戰果極其巨大。敵人的航空母艦只有「飛龍」號一艘還存在，它立刻決意為了太陽旗的榮譽發動一次猛烈攻擊。正當返航的美國飛行員們在「約克頓」號上談論著他們的故事時，傳來了敵機來襲的消息。據報敵機約40餘架猛撲而來，儘管敵機遭到戰鬥機與炮火的重大打擊，「約克頓」號還是被三枚炸彈擊中。雖然造成嚴重損害，但是燃燒已被撲滅，這艘航空母艦還能堅持航行，直至兩小時之後「飛龍」號再度來襲，使用了魚雷進行攻擊，產生了致命的結局。

該艦在海上漂浮兩天之後，被一艘日本潛艇擊沉。

「約克頓」號在它還在漂浮時就已開始報復行動。下午2時45分「飛龍」號即被發現。在一小時之內從「企業」號上起飛

▲　中途島戰役中，受日機攻擊後濃煙滾滾的「約克頓」號航空母艦。

的24架俯衝轟炸機比翼向它飛來。下午5時，攻擊開始，數分鐘內它已經燒成一團，直到次日清晨才沉沒。南雲4艘航空母艦的最後一艘也被擊沉了，隨之俱去的是它全部訓練精良的航空人員。這些損失永遠不能補救。這次戰役在6月4日結束。這次戰役被正確地當作太平洋上戰爭的轉捩點。

我所等待的那個字終於傳來了。1942年10月23日，中東地區英軍總司令亞歷山大將軍致首相及帝國總參謀長：「齊普（邱吉爾曾電告亞歷山大將軍，一旦開始進攻，便用「齊普」一詞通知他）！」我立即電告總統。

前海軍人員致羅斯福總統：

埃及戰役於倫敦時間今晚8時開始。陸軍全部兵力將投入此次戰役。我將隨時向你報告戰況。在埃及打一次勝仗對我們的主要事業將極為有利。你在托卜魯克那個黑暗的早晨給我的那些「謝爾曼」式坦克和自動推進炮，均將在這次戰役中大顯身手。

1942年10月23日

當時共有30個裝甲師和相當於7個步兵師的兵力可供蒙哥馬利將軍隨時調遣。集中這麼大的兵力，必須採取若干欺騙敵人的巧妙措施和預防辦法。特別重要的是，決不能讓敵機俯瞰到我方的準備工作。這一切都極成功地做到了，因此這次進攻完全出乎敵人意料之外。

10月23日夜晚，皓月當空，近千門大炮對敵人的炮兵陣地開火，一直轟

擊了20多分鐘，然後又轟擊敵人的步兵陣地。在這種集中炮火的掩護下，再加上空中轟炸的支援，第三十軍（軍長利斯將軍）和第十三軍（軍長霍羅克斯將軍）發動了進攻。第三十軍所進攻的敵軍防線係由四十師的兵力防守，該軍全體部隊力圖在敵人的防禦工事中打開兩條通路。在該軍後面緊跟著第十軍（軍長拉姆斯登將軍）的兩個裝甲師，以便擴大戰果。

他們冒著猛烈的炮火奮力挺進，到拂曉時已深深楔入敵人戰線。工兵部隊已經把先頭部隊後面的地雷掃除了，但我軍仍未突破敵人布雷陣地的縱深地帶，我軍裝甲部隊也並無很快即可突破敵人陣線的希望。更往南一點，第一南非師奮戰前進，以便保護突出部的南翼；第四印度師由魯威塞特山脊發起進攻；與此同時，第十三軍所屬第七裝甲師和第四十四步兵師也突破了他們面前的敵軍防線。這樣，這支部隊就完成了它的任務：當主要戰鬥在北面展開之際，誘使敵軍在這一部分戰線的後方將兩個裝甲師保持三天之久。

截至此時為止，我軍一直未能在敵軍很深的布雷地帶和防線上突破任何缺口。10月25日凌晨，蒙哥馬利和他的高級將領舉行會議，在這次會議上，他命令裝甲部隊按照他原來的指令，在拂曉前再度向前猛攻。在這一天裏，經過激烈的戰鬥以後，的確獲得了一些進展；但是那塊通稱為腰子嶺的有特點的地方，卻成為我軍和敵軍第十五裝甲師和阿里雅特裝甲師激戰的焦點，他們接連不斷地猛烈反撲。第十三軍在它的戰線上沒有繼續推進，為的是保存第七裝甲師的實力，以便在高潮時使用。

在敵軍司令部裏曾經發生過嚴重的混亂。隆美爾在9月底回德國治病去了，接替他的是施登姆將軍。戰役開始後還不到24小時，施登姆便死於心臟病猝發。

隆美爾應希特勒的要求出了醫院，在10月25日傍晚重新擔任指揮官。

10月26日那天，在這個目前已深深楔入敵人防線的突出部分的整個戰線上，敵我雙方繼續激戰，這一次仍然是以腰子嶺打得最厲害。在前兩天一直銷聲匿跡的敵方空軍，此刻也毫不示弱地向我們的空中優勢挑戰了。空戰多次，結果多半是我方占上風。第十三軍的奮戰，雖然推遲了敵軍的行動，但並未能阻止德軍將其裝甲部隊調到他們現在已經知道是他們防線的要害地區

去，但是，這一調動受到我
方空軍的痛擊。

此時，在莫斯黑德將軍
指揮下的第九澳大利亞師
發動了一次新攻勢，大有所
獲。該師由突出地帶向北朝
海邊方向攻擊。蒙哥馬利抓
緊時機，擴大這次出色的勝
利。他命令紐西蘭師停止西
進，並命令澳大利亞部隊

▲ 北非戰場上的蒙哥馬利。

繼續向北挺進。這一行動威脅了在北翼的德國步兵師一部分人員的退路。這
時，他感到我軍在密布地雷和強大的防坦克炮陣地中趑趄不前，銳勢已有所
衰退。於是，他重新集結部隊和後備力量，以便為再度猛攻做好準備。

在10月27日和10月28日兩天裏，為了爭奪腰子嶺，我軍和德國第十五
裝甲師和第二十一裝甲師進行了整整兩天的激烈戰鬥。這兩個師是新近由南
部地區調來的，他們反覆向腰子嶺的進攻，均被擊退……

就在10月26日與10月28日這兩天中，三艘極重要的敵方油船被我空軍
擊沉。這樣，長期以來一直在進行中的空中作戰得到了最大的報酬，空中作
戰是陸上作戰不可分割的一部分……。

蒙哥馬利這時已訂好計畫，作好部署，準備進行具有決定意義的突破
（「增壓」作戰計畫）。他把第二紐西蘭師和英國第一裝甲師從前線撤
下來，後者在腰子嶺擊退德軍裝甲部隊的戰鬥中獲得赫赫戰果以後，特別
需要進行整頓。英國第七裝甲師和第五十一師以及第四十四師的一個旅合
併，編為新的後備部隊。此次突破將由第二紐西蘭師，英國第一百五十一和
一百五十二步兵旅及第九裝甲師打頭陣……。

澳大利亞健兒在經過一連串苦戰後，長驅直入，戰果輝煌，這使整個戰
局對我十分有利。11月2日凌晨1時，「增壓」開始。在300門大炮的掩護
下，第二紐西蘭師下屬的幾個英國旅突破了敵人的防區，英國第九裝甲旅一

馬當先，直搗敵人陣地。但是他們發現，沿著通往拉曼的道路上，有一條配備了強大的防坦克武器的新防線阻擋了他們的去路。經過長時期的戰鬥後，該旅損失慘重，卻為後續部隊打通了一條走廊，英國第一裝甲師便透過這條走廊向前挺進。接著就發生了這次戰役中最新的一次坦克會戰。敵軍以所有殘存的坦克猛攻我軍突出部兩翼，均被擊退。這是一場決戰。但到次日，即11月3日，當空軍報告敵軍已開始撤退時，在通往拉曼道路上的敵軍掩護撤退的後衛部隊，卻依然纏著我軍裝甲部隊的主力，使之無法前進。希特勒下令不准再後退一步，但是這個問題的決定權已不在德國人手中了。現在僅需在敵人的防線上再打開一個缺口，大功即告完成。

11月4日清晨，第五印度旅在特勒阿格及爾以南5英里的地方發動了一次迅雷不及掩耳的猛攻，十分成功。我軍至此已大獲全勝，我裝甲部隊終於打通了橫越廣漠無垠的沙漠追擊敵軍的道路……。

阿拉曼戰役與以前在沙漠所發生的歷次戰鬥均有不同。

因為戰線狹窄，工事極為鞏固，並且有重兵固守，沒有側翼可以包抄。只有較強的並且敢於採取攻勢的一方才能突破。談到這些情況，不禁使我們想起第一次世界大戰期間在西線所進行的那些戰鬥。我們在埃及又看到1917年底曾在康布雷出現過、後來又在1918年的許多戰役中出現過的實力較量；就是說，攻擊者握有短近而優良的交通線，盡力集中使用炮兵，用猛烈炮火組成火網，然後用大批坦克蜂擁向前推進。

蒙哥馬利將軍和他的上司亞歷山大都是經驗豐富、研究有素並且肯動腦子的人，所以深諳此道。蒙哥馬利是一位偉大的炮兵專家。他相信大炮可以殺人，正如蕭伯納說拿破崙也相信這一點一樣。我們經常可以看見他力圖使三、四百門大炮在統一的指揮下參加戰鬥，而不是用分散的炮兵中隊來進行小規模的炮轟。在過去，這種小規模的炮轟總是與坦克在寬廣的沙漠地帶的襲擊一起進行的。自然，無論就哪一方面而論，阿拉曼戰役的規模都遠不及在法國和佛蘭德所進行的那些戰役。在阿拉曼，我們在12天中損失1.35萬人，而在松姆地區我們頭一天就損失了近6萬人。就另一方面而言，自第一次大戰以來，防禦火力已大為增強，而且在那次大戰中，人們一直認為，不僅

在炮火上，而且在士兵的人數上，必須是2：1或3：1的比例，才能突破一條
工事鞏固的防線。

　　在阿拉曼我們並沒有這樣的優勢。敵軍的陣線不僅包括連綿不斷的前沿
據點和機槍陣地，而且這樣的防禦體系遍布整個縱深區域。此外，在這樣的
一個陣地前面，還有大片布雷區，形成強有力的屏障，其所布的地雷品質之
高、數量之大，都是空前的。因此從上述種種情況看來，阿拉曼戰役將永遠
成為英國戰史上光輝的一頁。

　　它將永垂青史，還有一個原因，它實際上標誌著「命運的關鍵」。我們
可以說，「在阿拉曼戰役以前我們是戰無不敗；在阿拉曼戰役以後，我們是
戰無不勝」。

　　最近發生的極為重要事件，已經改變了並且正在改變著迄今為止一直為
大西洋兩岸的人們思路根據的論據。蘇聯人在1942年的戰事中，並沒有一敗
塗地或一蹶不振。與此相反，一敗塗地的倒是希特勒，死傷慘重的倒是德國
軍隊。據馮·托馬將軍說，在蘇聯前線的180個德國師中，有許多師的人數
還不到一個旅。在東線的匈牙利、羅馬尼亞和義大利的軍隊，軍心顯然已經
渙散。芬蘭軍隊除了少數的山地部隊以外，已經停止作戰了。

　　目前正在史達林格勒和他國前線中央部分進行中的幾場大戰，勝負尚未
見分曉。蘇聯的攻勢很可能對德國的實力產生深刻的影響。倘若目前在史達
林格勒陣前被圍的德國第六集團軍被殲滅的話，蘇軍的南方攻勢可能攻抵它
的目的地頓河岸邊的羅斯托夫。

　　在這種情況下，留在北高加索的已經遭受蘇軍猛攻的三個德國集團軍的
地位不但岌岌可危，甚至可能全軍覆滅，這樣一來，其後果也是無法估計
的。蘇軍在中央部分所採取的攻勢，和他們在整個戰線上許多地點所發動的
反攻，可能使德軍陣線縮至冬季陣地。冬季將使原已筋疲力盡的德軍備嘗艱
苦，雖然他們目前擁有較好的鐵路系統。

　　在1942年年底以前，也許我們至少能有把握地得出這樣一個結論：在
1943年，德方不可能把大量部隊由東戰場調到西戰場。這將是一樁具有頭等
重要意義的新事實……。

▲ 史達林格勒戰役辨識度最高的象徵之一，著名的「兒童環舞」噴泉。

我們現在必須要回述在史達林格勒周圍展開的那場驚天動地的事件。前面已經講過了，11月間會戰的結果是，保盧斯所率領的德國第六集團軍為蘇軍的鉗形攻勢所包圍，成為甕中之鱉。曼施泰因在12月間由西南方力圖突破蘇軍的封鎖線，解救被圍的駐軍，但終告失敗。

他於突入俄軍防線深達40英里後便被擋住了，這時他距史達林格勒尚有50英里。蘇軍由北方發動的一次新攻勢威脅了他的側翼，迫使他從整個德軍南線，包括高加索在內，全面後撤，一直退回到頓河上的羅斯托夫的後面。

保盧斯現在已經陷於絕境。德國人曾力圖由空中為他提供補給，但是能越過封鎖線的飛機寥寥無幾，並且損失慘重。

天氣奇寒，糧彈兩缺，再加上發生了斑疹傷寒，他的士兵的痛苦是可想而知的。他於1943年1月8日拒絕了令他投降的最後通牒，次日，蘇軍由西方發動猛攻，戰役的最後階段遂告開始。

德軍進行了頑強的抵抗，因此蘇軍猛攻了好幾天才僅推進了5英里。但最後德軍終於不支，到1月17日俄軍距史達林格勒城已不到10英里。保盧斯將所有能作戰的人都投入了戰鬥，但是徒勞無益。1月22日，蘇軍再度猛攻，直將德軍逼到他們枉費心機、妄想佔領的這座城市的近郊。在該處，一度是一支不可一世的大軍的殘部，被壓制在一條只有4英里長、8英里寬的長方形地帶裏。他們冒著猛烈的炮火和轟炸，為了保衛自己而進行激烈的巷戰，但是他們已處於絕境，隨著蘇軍的逼近，這些筋疲力盡的部隊便開始大批地投降。

保盧斯和他的幕僚在1月31日被俘，到2月2日，沃羅諾夫元帥宣告一切抵抗均告終止，共俘德軍9萬名。他們便是21個德國師和一個羅馬尼亞師所

餘的殘部。希特勒費了九牛二虎之力，妄圖以武力征服蘇聯，妄圖以另一種
與共產主義同樣可憎的極權專制制度來消滅共產主義，在德軍遭到毀滅性的
打擊以後，這一切也就都成為泡影了……。

　　現在，蘇聯政府同流亡在倫敦的波蘭政府發生了決裂。在德軍和蘇軍侵
佔波蘭以後，成千上萬的波蘭人在里賓特洛夫和莫洛托夫於1939年9月締結
協定之後，曾向並未同波蘭交戰的蘇聯人投降，並被拘禁。根據納粹和蘇聯
之間後來簽訂的一些協定，已將其中許多人移交德國，供強迫勞動之用。

　　根據《日內瓦公約》，不能這樣對待軍官級的俘虜。在斯摩棱斯克地區
的三個蘇聯俘虜營所拘禁的14500名波蘭人中，有8000名是軍官。在這些軍
官中，有很多是波蘭知識分子，包括大學教授、工程師和被動員去服後備役
的知名人士。

　　1940年春天以前，還斷斷續續地聽到有關這些俘虜生存的消息。從
1940年4月以後，沉默籠罩了這三個俘虜營。在十三、四個月當中，居住在
這裏的人一點消息也沒有，他們肯定是在蘇聯管轄之下，但是他們那裏從未
發出任何書信和消息，沒有出現逃俘，也沒有聽到片言隻字的報導。

　　當希特勒在1941年6月20日對蘇聯突然襲擊時，蘇聯和波蘭的關係頓
時起了變化，他們成了盟國。以前在蘇聯監獄中，一直在鞭打等嚴酷條件下
監禁著的安德斯將軍以及其他波蘭將軍，現在都得到釋放，受到歡迎，並在
蘇聯當時組織起來以抵抗德國入侵者的波蘭軍隊中，擔任高級指揮官。這些
波蘭人早就為那三個集中營裏面大批軍官的命運擔憂，現在便要求將他們釋
放，以便參加這支新的波蘭軍隊，這批人對這支軍隊來說將是無價之寶。從
蘇聯其他地區曾徵集了大約400名軍官，但是沒有一個人是來自目前處在德
國掌握下的三個集中營。

　　波蘭人一再詢問，但是他們的新戰友卻無言以對。波蘭的領袖們已能接
近許多蘇聯權威人士，一起並肩工作，在組織自己的軍隊中也得到了他們的
幫助；這些波蘭人在許多場合下都察覺到蘇聯官員的窘態，但是從未聽到有
關那三個集中營的14500名居住者的消息，也從未看到生還者露面。這自然
要引起波蘭和蘇聯政府之間的懷疑和摩擦。

戰爭在繼續著。德國人仍然佔領著這幾個集中營所在的地方。幾乎又是一年時間過去了。1943年4月初，西科爾斯基到唐寧街十號來進午餐。他對我說，他有證據證明蘇聯政府謀害了他們手中近1.5萬名波蘭軍官及其他俘虜，他們被埋葬在主要以卡廷為中心的樹林中的一個大塚中。他有大量證據。我說：「如果他們已經死去，你無論如何也不能起死回生。」他說，他不能不讓他的人民說話，他們已向報界發表他們的全部消息了。在倫敦的波蘭內閣並未向英國政府透露他們的意圖，但在4月17日發表了一項公報聲稱，他們已同瑞士的國際紅十字會接洽，要它派一個代表團到卡廷去進行現場調查。4月20日，波蘭駐蘇聯大使奉本國政府命令，向蘇聯人徵詢他們對德國人的說法有何意見。

4月13日，德國無線電臺公開指責蘇聯政府，說它謀害了三個集中營裏的14500名波蘭人，並主張在現場舉行一次有關這些人命運的國際調查。波蘭政府對此計畫很感興趣，這一點我們是不能置疑的，但是國際紅十字會從日內瓦宣稱，除非接到蘇聯政府相應的要求，否則不能為了德國人的臆斷而舉行任何調查。德國人於是進行了自己的調查，一個由德國控制下的自各國所抽調的專家所組織的委員會，擬出了一份詳細的報告，聲稱在萬人塚裏發現了一萬具以上屍體，而且從他們身上找到的書面證據以及塚上所種植樹木的年輪說明，處刑是遠在1940年春季進行的，當時這一地區正處在蘇聯控制下。

最後在1943年9月，卡廷地區又被蘇聯人佔領。在收復斯摩棱斯克後，任命了一個完全由蘇聯人組成的委員會，去調查卡廷波蘭人的命運。他們在1944年1月發表報告聲稱，當時由於德國人進軍迅速，來不及撤退這三個集中營，於是這些波蘭俘虜便落入德國人之手，後來遭到他們屠殺。

要人相信這種說法，就等於承認這樣的事實：自從1940年春季便沒有紀錄記載的近15000萬名波蘭軍官和士兵，是在1941年7月落入德國人之手，並被他們消滅的，並且，沒有一個人逃出來向蘇聯當局，或向在蘇聯的波蘭領事或向波蘭的地下組織報告。當我們回憶起德國人進軍時造成極大混亂，因而集中營的警衛人員必定會在入侵者臨近的時候逃走，而且後來在蘇波合作階段又進行了種種接觸，那麼，是否要相信這種說法似乎得看信仰或什麼了。

第22章
墨索里尼的垮臺

墨索里尼在義大利統治多年，一直實行著極端的獨裁統治，最後為這個國家帶來了戰爭的災難。因此，無論是王室、議會、法西斯黨還是總參謀部，都不應成為其推卸責任的對象，應當承當主要責任者只有墨索里尼一個人。

在義大利國內，某種戰敗的情緒一度彌漫於那些消息靈通者中間。他們認為，曾經以獨裁手段將國家推向錯誤和失敗的那個人，應當受到譴責。在1943年最初的幾個月裏，這些情緒逐漸擴散成為某種信念，並越傳越廣。雖然獨裁者仍在權力的巔峰獨坐，而軍事上的失敗以及義大利人在蘇聯、突尼斯和西西里島遭到殺戮等事實已經表明，即將揭開的是直接進攻義大利本土的序幕。墨索里尼在政界人物和軍事將領中間進行了一些人事變更，但這只不過是枉費心機。

2月間，安布羅西奧將軍繼卡瓦勒羅之後出任義大利的總參謀長。安布羅西奧和宮廷大臣阿奎羅納公爵，都是國王的私人顧問，深得王室的信任。幾個月來，他們一直希望推翻法西斯黨的領袖，結束法西斯政權。然而，墨索里尼仍舊待在歐洲的政治舞臺上，彷彿自己是其中的一個主要角色。當新任的軍事首腦提議立即將義大利師團撤出巴爾幹半島時，他感到受到了侮辱。在他看來，這些部隊是對德國保持在歐洲優勢的補充力量。他沒有認識到，由於國外的失敗和國內的民心渙散，他已不再擁有希特勒同盟者的地位。

當曾經的榮耀已不再成為現實時，他依然對權勢戀戀不捨，抱有個人影響猶存的種種幻想。因此，他拒絕了安布羅西奧的要求。但是，由於長期以來的個人權威以及極端行動，義大利人骨子裏有種根深蒂固的畏懼。因此，所有聯合起來的社會力量都在猶豫，到底應該如何將他驅逐下臺，誰又願意

▲ 在軍隊面前依然天真的孩子。

冒險去「把鈴鐺掛到貓脖子上」呢？春天已經過去，義大利將面對海、陸、空三方都擁有強大優勢的敵人進攻，這個日子也越來越近了。

7月間，高潮出現了。從2月以來沉默寡言、謹小慎微的立憲國王，一直與巴多格利奧元帥保持著聯繫。後者雖然由於1940年希臘的慘敗而被罷免，但終究是一個值得託付並執掌國政的人物。明確的計畫被制訂了出來，7月26日將逮捕墨索里尼。安布羅西奧將軍同意物色執行計畫的人，並為完成這一行動製造便利。

這一計畫，無意間獲得了一些法西斯老戰士的幫助。這些企圖復興法西斯黨的人，準備召開自1939年以來一直沒有舉行的法西斯的最高組織——法西斯大委員會，以此向自己的領袖提出最後通牒。7月13日，他們拜會了墨索里尼，勸誘他在7月24日召開大委員會的正式會議。

上述兩個運動，看似互不相干且彼此獨立，但它們在時間上幾乎完全吻合，其實具有重大的意義……。

7月17日，盟軍飛機在羅馬和義大利的其他城市上空，散發了一個文宣傳單。

這是美利堅合眾國總統和英國首相給義大利人民的文告。

當前，美國和英國的聯合武裝部隊正在艾森豪將軍和亞歷山大將軍的指揮下，要把戰爭深深地推進你們的國土。這是墨索里尼及其法西斯政權迫使你們接受的可恥領導所帶來的直接後果。墨索里尼引導你們成為一個殘殺並摧毀各國人民自由的野蠻國家之僕從，參與了這場戰爭。墨索里尼把你們投入了他認為希特勒已經穩操勝券的戰爭。

儘管義大利容易遭受來自空中和海上的襲擊，你們的法西斯領袖仍然把

你們的子弟、你們的艦隻、你們的空軍派往遙遠的戰場，幫助德國去實現它想要征服英國、蘇聯和全世界的圖謀。這種與納粹德國的陰謀勾結，同義大利在自由與文化方面的悠久傳統，也就是，與英、美兩國人民與之有著極其深厚的淵源關係的那些傳統，是極不相稱的。你們的士兵，不是為了義大利的利益，而是為了納粹德國而戰。他們進行了英勇的戰鬥，卻在蘇聯前線以及從阿拉曼到邦角的非洲各個戰場上，被德國人出賣和遺棄了。

今天，無論在哪個戰場上，德國企圖征服世界的野望，都已經被粉碎了。義大利的天空處於美國和英國龐大的空中力量的控制下。義大利的海岸受到盟軍集中在地中海的前所未有的強大海軍力量所威脅。現在，你們所對抗的力量誓死要摧毀納粹德國的勢力，這種勢力曾經被無情地用來使一切拒絕承認德國人是統治種族的人們，遭到了奴役、毀滅和死亡。

面對盟軍武裝不可抵拒的威力，實行體面的投降，是義大利謀取生存的唯一希望。如果繼續容忍為納粹黨邪惡勢力服務的法西斯政權，你們勢必要承受你們自己選擇所帶來的痛苦後果。我們並不樂於攻入義大利的領土，使義大利人民經受戰爭毀滅的悲劇。但是，我們將堅決摧毀那些虛偽的領袖，和他們那種令義大利淪落到如此處境的主義。

你們抵抗盟國聯合部隊的每一分鐘——你們流的每一滴血——只能達到這樣一個目的：給法西斯與納粹領袖更多一點時間，讓他們逃脫自己罪行所造成的不可避免的後果。你們的一切利益，你們的一切傳統，都被德國和你們自己虛偽而又腐化的領袖們背棄了。只有推翻上述二者以後，重新建立一個義大利，才能在歐洲國家的大家庭中受人尊敬。

現在，由你們義大利人民考慮你們自己的自尊，你們自己的利益，以及你們自己要求恢復國家的尊嚴、安全與和平的願望的時刻，已經來到了。現在這個時刻要求你們決定：義大利人究竟是要為墨索里尼和希特勒賣命，還是為義大利和文明求生。

羅斯福

邱吉爾

　　兩天以後，墨索里尼在安布羅西奧將軍的陪同下，乘飛機前往里米尼附近的費爾特雷，並與希特勒在當地的一個別墅會面……。

　　德國元首喋喋不休地發表著自己的見解，指出必須作出最大的努力。他說，準備用來襲擊英國的秘密武器，預期到冬天就可以使用了。必須保衛義大利，「這樣，西西里島對於敵人，就可能像史達林格勒對於我們那樣」。不過，德國由於在蘇聯前線遭受壓力，無法向義大利提供其所要求的增援和裝備，義大利人必須自己提供人力和組織。

　　安布羅西奧敦促他的首相對希特勒坦誠相告，義大利已無法繼續參加這場戰爭了。這種表示究竟會帶來什麼結果，尚未可知。而墨索里尼那副有氣無力的樣子，終於讓安布羅西奧和其他在場的義大利將領下定決心，決不能再指望他做領袖了……。

　　7月25日，週日。除了巡視羅馬幾個遭到轟炸的地區，墨索里尼上午都待在他的辦公室裏。他請求觀見國王；下午5時，國王接見了他。「我認為國王會撤回1940年6月10日授予我指揮武裝部隊的權力，而在不久之前，我已經考慮過放棄這一指揮權。因此，在邁進別墅的那一刻，我心裏沒有一絲不祥的預感，現在回想起來，真可以說是毫無懷疑。」在到達國王寓所時，墨索里尼發現到處都新增了軍事員警，而身穿大元帥制服的國王則站在門口。

　　他們兩人走進了客廳。國王說：「我親愛的領袖，大事不妙了。義大利已經走上了分崩離析的道路。軍隊的士氣一落千丈。士兵們不願意再打下去了……法西斯大委員會的表決太可怕了——贊成格蘭迪的動議的竟有19票，而在這些投票人中，有4個人竟是天使報喜勳章的獲得者……此刻的義大利，你是大家最痛恨的人。你能夠依靠的，最多不過一個朋友。現在你只剩下了一個朋友，而這個朋友就是我。這就是我為什麼要告訴你，對於你的個人安全，用不著擔憂，我保證給你保護。我在考慮，你的職位現在由巴多格利奧元帥來擔任……」

　　墨索里尼答道：「你正在作出一個極嚴重的決定。目前的危機將使人民認為，那個宣戰的人一旦解職，和平就在望了。這給軍隊士氣的打擊將是嚴重的。這個危機將被看作是邱吉爾與史達林一夥的勝利，尤其是史達林的勝

利。我體會到人民的怨恨。昨天晚上，在法西斯大委員會上，我很容易地看到這一點。一個人統治了這麼久的時間，並且使人遭受了這麼多的犧牲，那就不能不激起憤恨。不管怎麼說，我祝願控制目前局勢的人幸運。」

▲ 義大利國王維托里奧·埃馬努埃萊三世戎裝照。

國王陪送墨索里尼到門口。墨索里尼寫道：「他的臉色蒼白，顯得比平時更加矮小，幾乎像是一個侏儒。他和我握手告別後就進去了。我走下幾級臺階，向我的汽車走去。突然，一個國家員警上尉攔住了我，他說『國王陛下派我負責保護你的人身安全』，我繼續向我的汽車走去，這時那個上尉指著停在附近的一輛救護車對我說，『不，我們必須乘那輛車』。我和我的秘書一同上了救護車。除了那個上尉，還有一個中尉、三個國家員警和兩個便衣員警，他們也一同上車，坐在車門口，拿著機關槍。車門關上以後，救護車便風馳電掣般地駛去。我仍然認為，所有這種做法，都像國王所說的，是為了保護我的人身安全。」

那天下午，稍晚時候，國王命令巴多格利奧組織一個包括軍事首腦和文官的新內閣，當天晚上，巴多格利奧元帥向全世界廣播了這個消息。兩天以後，巴多格利奧元帥命令將這個法西斯領袖拘禁在蓬察島上……。

墨索里尼自7月26日以後被拘留在蓬察島，隨後又轉到離薩丁島海岸不遠的拉馬達勒納島。巴多格利奧擔心德國人進行一次奇襲，因此曾在8月底，把他以前的首長遷到義大利中部阿布魯齊高山上的一個小型休養地。因為從羅馬逃出時十分慌張，巴多格利奧沒有給看守這位垮臺的獨裁者的便衣員警和憲兵以明確的指示。9月12日，週日的早晨，由滑翔機運載的90名德國傘兵，在墨索里尼被拘禁的旅館附近降落。當時沒有發生任何傷亡事件，墨索里尼就被一架德國輕型飛機運到慕尼克去，與希特勒舉行另一次會議。

墨索里尼既被救了出來，德國人便能夠在北部成立一個與巴多格利奧政

府對抗的政權。一個虛設的法西斯政權設在加爾達湖濱，墨索里尼就在這裏上演了一幕「百日醜劇」。羅馬北面的地區處在德國軍事佔領的蹂躪下，一個無人效忠的掛名政府設在羅馬，現在那裏聽任德國軍隊自由出入。義大利國王和巴多格利奧在盟國委員會的監視下，在布林迪西成立了一個殘存政府，他們擁有的有效權力，不能越出市行政大樓的範圍。由於我們的軍隊正從半島的趾形地區向前推進，盟國的軍政府接管了統治解放地區的任務。

　　義大利現在將要經歷它歷史上最悲慘的時期，並成為戰爭中幾次最激烈戰鬥的戰場。

第23章
我與羅斯福、蔣介石的開羅會議

在11月21日清晨，「聲威」號抵達亞歷山大港，我隨即乘飛機趕到位於埃及金字塔附近的沙漠機場。凱西先生將自己那座舒適的別墅提供給我使用。

我們住所周圍有一片遼闊的卡塞林森林，森林中星羅棋布地點綴著各國富豪在開羅的豪華住宅和花園。蔣介石及其夫人早已在半英里以外的地方住下了。羅斯福總統將入住美國柯克大使的寬敞別墅，那裏距離通往開羅的道路大約三英里。第二天早晨，他乘「聖牛」號飛機從奧蘭到達時，我到沙漠機場去迎接他，並同車前往他的別墅。

很快，隨行的參謀們都聚集到了一起。會議的總部和英、美三軍參謀長們的集合地點，都在金字塔對面的米納大旅館，離我的住所只有半英里遠。整個地區布滿了軍隊和高射炮，在所有的通道上布置了最嚴密的警戒線。各級人員也都立即開始工作，處理需要決定和調整的各項事宜。

果不其然，我們擔心由於蔣介石的到來將會引起的問題發生了。關於中國那些冗長、複雜和瑣碎的情況，嚴重打亂了英、美參謀長的會談。而且，就像下文將要敘述的，由於對印度—中國戰場過於重視，羅斯福總統與蔣介石舉行了好幾次長時間的秘密會談。我們曾勸說蔣介石夫婦去參觀金字塔，並消遣一下，等我們從德黑蘭回來再說，但這個希望沒有實現。結果，中國事務在開羅會議上不是最後，而是最先得到了討論。

無論我怎樣爭辯，羅斯福總統還是答應中國人，在未來的幾個月內，在孟加拉灣進行一次大規模的兩棲作戰行動。這個計畫不管是和我的土耳其計畫或愛琴海計畫相比，都會佔用更多「霸王」作戰計畫所需的登陸艇，而目前這些艦艇數量不足，已經使作戰行動受到了嚴重的影響。此外，在孟加拉

▲ 戰時的宋美齡。

灣的作戰計畫，也一定會嚴重妨礙我們正在義大利進行的大規模戰役。

11月29日，我書面通知三軍參謀長：「首相希望將下列事實紀錄在案，即他明確拒絕蔣介石關於要我們在緬甸進行陸地戰役的同時，負責發動一次兩棲作戰的請求。」但是，直到我們從德黑蘭回到開羅以後，我才終於說服羅斯福總統收回他的諾言。即便如此，仍然出現了許多錯綜複雜的問題。這些情況下文很快將要談到。

我當然乘這個機會到蔣介石住的別墅去訪問他，他和他的妻子舒適地住在那裏。

這是我第一次和蔣介石會晤。他那種沉著、謹嚴而有作為的性格，給我留下了深刻的印象。這時，他的權威和聲望正處在頂峰。在美國人的眼中，他代表世界上舉足輕重的一股力量，他是「新亞洲」的一個鬥士。毫無疑問，他是一個堅定地捍衛中國、反抗日本侵略的人，同時他又強烈地反對共產黨。美國各界人士公認，在這次戰爭獲勝以後，他將成為世界上第四個大國的首腦。後來，許多持有這些觀點和估計的人們都拋棄了他們原有的看法。我在當時並不同意人們這樣過高地估計蔣介石的力量，或中國在未來的貢獻。然而，我在這裏還是要指出，蔣介石此後一直獻身於當時曾使他獲得廣泛聲譽的同一事業……。

我和蔣介石夫人進行了一次非常愉快的談話。我發現她是一個非常出色而又富於魅力的人物。我告訴她，當我們同時都在美國時，竟沒能找到一個會面的機會，這曾使我感到非常遺憾。我們一致認為，今後不應讓那些繁瑣禮節妨礙我們的會談。

在羅斯福總統的別墅舉行會談時，有一次總統讓我們大家合影，雖然許多過去曾經崇拜蔣介石夫婦的人們，後來都把他們看成是邪惡的和腐敗的反動人物，但我仍然願意保存這張照片作為紀念……

我與羅斯福、蔣介石的開羅會議

　　11月23日，週二，在羅斯福總統的別墅舉行了開羅會議（密碼代號「六分儀」）的第一次全體會議。這次會議的目的是要對蔣介石和中國代表團正式扼要地說明，聯合參謀長委員會在魁北克會議上所擬定的東南亞作戰計畫草案。

　　蒙巴頓海軍上將及其僚屬已從印度乘飛機到來。他首先敘述了已接到而且要在1944年東南亞戰場執行的軍事計畫。然後，我就海軍的一般情況作了補充。由於義大利艦隊的投降，以及其他對海軍有利的事態發展，不久就可以在印度洋建立一支英國艦隊。這支艦隊最後將擁有不下於5艘現代化的主力艦、4艘重型裝甲巡洋艦和12艘輔助運輸艦。

　　蔣介石插話說，他認為緬甸戰役的勝利，不僅依靠我們駐在印度洋的海軍部隊力量，還要依靠海軍的行動與陸地作戰的同時配合。我指出陸地戰役和孟加拉灣的艦隊行動沒有必要的聯繫。我們的主要艦隊基地能夠在距離陸軍作戰的戰場2000～3000英里以外，發揮在制海權方面的影響。因此，這些戰役和西西里島戰役不能相提並論，因為在西西里島戰役中，英國艦隊能夠在密切地支援陸軍的情況下作戰。

　　這次會議的時間很短，最終商定由蔣介石和聯合參謀長委員會進一步討論有關的細節。

　　第二天，羅斯福總統召開了聯合參謀長委員會的第二次會議，討論歐洲和地中海的作戰計畫，中國代表團沒有參加。我們在前往德黑蘭以前，要考慮這兩個戰場的關係並互相交換意見。羅斯福總統首先發言，他談到了我們如今在地中海所能採取行動的可能性，包括土耳其參戰問題，將對「霸王」

▲　1944年恩帕爾戰場上一角，日軍屍體、裝備散落一地。

▲ 這張聞名於世的中國士兵肖像，成為1938年《生活》雜誌的封面人物，讓美國及世界瞭解了中國抗戰的決心。

作戰計畫產生什麼影響。

我在發言時說，「霸王」作戰計畫仍然是當務之急，但是，這個戰役不應當粗暴地否定了任何地中海的其他活動，例如，在使用登陸艇方面，應該有一些靈活性。亞歷山大將軍曾經要求登陸艇前去參加「霸王」戰役的日期，應當從12月中旬延遲到1月中旬。英國和加拿大已經發出了命令，要求額外建造80艘坦克登陸艇。我們要設法做得甚至比這更好。我們也許會發現美、英兩國參謀人員所爭執的問題，只不過影響到兩國人力、物力的1/10（太平洋的力量未計算在內）。毫無疑問，我們必須留出一定程度的伸縮餘地。我仍然希望消除這樣的想法，即認為我們削弱了和冷淡了「霸王」，或企圖退出這場戰役。相反，我們是準備全力以赴的。

總體來說，我認為我所主張的方針包括：在1月份佔領羅馬，2月份佔領羅德島；恢復對南斯拉夫的物資供應，解決關於司令部的安排問題，並且根據我們和土耳其交涉的結果來打通愛琴海；在上述地中海的政策範圍內，加速進行「霸王」作戰計畫的一切準備工作。

這就是我在德黑蘭會議前夕所持立場的一個忠實紀錄……。

11月25日，剛好趕上感恩節到來，這是美國人生活中的一件大事。按說，每一名美軍士兵那天都要吃火雞，而他們大多數人在1943年確實也吃到了。供給開羅的美國參謀人員的大批火雞，是由羅斯福總統乘坐的軍艦運來的。羅斯福先生邀請我到他的別墅參加晚餐。他說：「讓我們來舉行一次家宴。」因此，薩拉也受到邀請。此外，還有羅斯福總統非常喜歡的「湯米」（湯普森海軍中校）。羅斯福總統的客人包括他的私人親信、兒子伊里亞德、女婿伯蒂格少校，以及哈里・霍普金斯和他的兒子羅伯特。

　　我們愉快而又安靜地吃了一頓豐盛的晚餐。兩隻大火雞按照隆重的儀式送了進來。羅斯福總統高高地坐在椅子上，用非常高明的技巧，毫不疲倦地給大家切雞肉。我們共有20多人，因此，切雞肉需要很長的時間。那些先分到的人都已吃完了，而羅斯福總統還沒有機會替自己切上一份。我看到他把一盤盤堆得滿滿的雞肉分給大家，擔心他自己會一點也吃不到。但是，他計算得非常精確，到最後兩副雞骨架撤去時，我看見他開始吃自己的那一份，這才放了心。哈里看見我著急的樣子，便說：「我們還有很多備用的火雞呢。」

　　席間，大家致詞表現出了熱忱而親切的友情。那兩個小時，我們把一切憂慮都拋在一邊。我從沒有看過羅斯福總統那麼高興。

　　晚餐以後，大家便到曾經舉行過好多次會議的大廳去。跳舞音樂——用留聲機唱片播送的——開始響起來了。薩拉是唯一在場的女人，她已被人搶先請走了，因此我和沃森「老爹」（羅斯福的親信、舊友和副官）跳舞，他的上司坐在沙發上看著我們，感到非常高興。

　　這個歡樂的夜晚，以及羅斯福總統切火雞的景象，是我在開羅停留期間所有愉快經歷中最突出的印象。

　　一切難題終於都得到了解決……於是，我們就在11月27日黎明乘飛機離開開羅，向那個經過長期研究才確定的會議地點飛去。沿途天氣非常晴朗，我們從不同的航線，在不同的時間安全地抵達了目的地。

第24章
我與羅斯福、史達林的德黑蘭會議

我不能稱讚有關方面所作的在我飛抵德黑蘭以後的種種接待安排。英國公使乘車來迎接我，我們從機場一同駛往公使館。當我們接近德黑蘭城區時，在長達至少3英里的路程中，沿途每隔50碼，就有一名波斯騎兵站崗。這是明確地向歹徒宣布，某個重要人物即將到達，而且將經過哪條路線。騎馬的衛兵是在指示路線，卻不能提供任何保衛措施……所幸，沿途沒有發生什麼意外。我向人群微笑，他們也都向我報以微笑。最後，我們到達了英國公使館，使館周圍有英印部隊的嚴密警戒線。

英國公使館及其花園，幾乎就同蘇聯大使館毗連……不久，兩國的軍隊會合起來，於是，我們這裏便成了一個隔離的地區，並且採取了戰時的一切警戒措施。美國公使館由美國的軍隊守衛，和我們相距約一英里多遠。這就是說，在會議期間，羅斯福總統或史達林和我本人每天都必須來往穿過狹窄的德黑蘭街道兩、三次。這時，在我們之前24小時已經到達這裏的莫洛托夫，提供了這樣一個情況，說蘇聯的秘密情報人員發現了一個有人陰謀殺害「三巨頭」（當時人們這樣稱呼我們）中一、兩個人物的陰謀。因此，他對於我們中間的一、兩個人不斷地來往通過街道，感到非常不安。他說：「如果發生了任何這類的事件，那就會造成極其不幸的影響。」這一點是不能否認的。

莫洛托夫邀請羅斯福總統立即遷進蘇聯大使館，該館比英、美兩國使館大兩、三倍，場地廣闊，現在周圍有蘇聯的軍隊和員警。我對莫洛托夫的邀請給予熱烈的支持。我們說服羅斯福先生接受這個好主意。第二天下午，他帶著全體僚屬，包括他的遊艇上的幾名出色的菲律賓廚師，一同搬進蘇聯大使館。

那裏已為他準備了寬敞、舒適的住所。這樣，我們都住在一個圈子裏，可以討論世界大戰的問題而不會受到任何打擾。我很舒適地住在英國公使館

裏，只要步行二百碼，就可以到達富麗堂皇的蘇聯大使館，這裏暫時稱得上是世界的中心。我的身體還是很不舒服，感冒和喉痛都非常厲害，以致一度不能說話，但是，莫蘭勳爵用藥水噴進我的嗓子，並且不斷地醫治，終於使我能夠說出不得不說的話——不得不說的話可不少呢。

關於我在這次會議上所採取的方針（這個方針得到英國三軍參謀長的充分同意），有著許多錯誤的說法。

▲ 1943年，美軍在西西里特洛伊那。

在美國，有一種傳說，說我曾極力阻撓準備橫渡英吉利海峽展開攻勢的「霸王」作戰計畫，同時又說我妄圖引誘盟國對巴爾幹半島進行某種大規模的入侵，或者在地中海東部發動一次大規模的戰役，這樣實際上等於砍掉「霸王」作戰計畫。這些荒謬的說法，多半已經在以上的各章中進行了揭露和駁斥。在這裏說明一下我實際上在追求什麼，而且在很大程度上獲得了什麼，也許還是值得的。

目前正在仔細準備中的「霸王」作戰計畫，將於1944年5～6月，至遲在7月初發動。參加這個戰役的部隊和輸送這些部隊的船舶仍然享有最優先的待遇。其次，英、美在義大利作戰的軍隊必須給予補充與補給，以便它們能夠佔領羅馬，並進而佔領這個都城北面的飛機場，從這些機場可以空襲德國的南部。在獲得這些進展後，在義大利戰場，就不越過比薩—里米尼線——也就是說，我們不準備把我們的戰線擴大到義大利半島更寬廣的地帶。如果敵人對這些戰役進行抵抗，那就會吸引和牽制很大數量的德國軍隊，會給義大利軍隊以「立功贖罪」的機會，而且可以使戰火在敵人的前線不斷地燃燒。

這時，我並不反對在法國南部里維艾拉一帶進行登陸，以馬賽和土倫為目標，然後英、美軍隊沿羅納河谷向北推進，以策應渡過英吉利海峽的主攻。但是我卻寧願採取另一種方案，即利用伊斯的利亞半島和盧布爾雅那山

峽，從義大利北部展開右翼進攻，指向維也納。

當羅斯福總統提出這一方案時，我很高興，並像下面所說的那樣，我企圖使他著手進行這個計畫。如果德國軍隊進行抵抗，我們就可以將他們的許多師團從蘇聯或英吉利海峽前線吸引過來。如果我們沒有遇到他們的抵抗，我們就可以用極小的代價解放大片重要的地區。我知道我們一定會遭到抵抗，這樣，就會給「霸王」作戰計畫以決定性的支援。

我的第三個要求是，只要不影響能夠用於橫渡海峽進攻的實力，我們就不應該忽視地中海東部戰場及其可能帶來的一切重大收穫。在所有這些問題方面，我堅持自己在兩個月前向艾森豪將軍提出的比例——即把我們兵力的4/5用於義大利，1/10用於科西嘉和亞得里亞海，另外1/10用於地中海東部。我一直沒有改變這種主張——一年以來，我沒有退讓過一步。

英國、蘇聯、美國三方一致同意前面兩個戰役，這就需要使用我們現有實力的9/10。而我必須極力要求的，只是在地中海東部有效地利用我們1/10的實力。只有傻子才會這樣爭辯說：「把兵力全部集中用於具有決定意義的戰役，而放棄只應看作白白分散兵力的其他一切機會，這豈不是好得多嘛？」但是，這種說法忽視了一些主導一切的事實。西半球現有的一切船舶，為了準備「霸王」戰役和維持我們的義大利前線，連最後一個噸位也都安排了任務。即使還能發掘更多的船舶，也無法利用，因為登陸計畫已把有關的港口和營地最大限度地填滿了。至於地中海東部戰場，它不需要任何可以用於其他地區的人力、物力。為了保衛埃及而集結的空軍，如果在更向前推進的前哨地帶起飛，也一樣能夠有效地或更有效地執行任務。所有的軍隊（外地還有兩、三個師）都已經到達這個戰場，除當地的船隻外，也沒有其他船隻可以把他們運往較大的戰場。如果積極地、大力地利用這些部隊，那就會給敵人以嚴重的損傷，否則他們就只會成為瞧熱鬧的人。

如果我們攻下了羅德島，我們的空軍就可以控制愛琴海，同時我們也能從海路與土耳其建立直接的聯繫。再一個辦法是，如果能說服土耳其參戰，或者儘量利用它的中立地位，而把我們為它修建的機場借給我們使用，我們也同樣能夠控制愛琴海；那樣就沒有必要去奪取羅德島了。兩個方案都是切

實可行的。

當然，我們所爭取
的目標是土耳其。如果
我們能夠得到土耳其，
我們不需要從主要的、
具有決定意義的戰役中
調用一兵一卒、一艘艦
隻或一架飛機，就可以
用潛艇和輕型海軍部隊
來控制黑海，大力援助
蘇聯，並且透過一條比

▲ 1943年，聽到爆炸聲的義大利人。

北冰洋或波斯灣航路所需的代價更小、航程更短、運輸更加頻繁的航線，將
物資運給蘇聯的軍隊。

這是我每次向羅斯福總統和史達林大力提出的三個主題，而且毫不躊躇
地、毫不後悔地反覆說明我的理由。我本來能夠說服史達林，但是羅斯福總
統由於受到他的軍事顧問的偏見和嚴重影響，在這場爭論中搖擺不定，結果
把這些次要的但頗有希望的機會，全部束之高閣了。我們的美國朋友們對於
他們頑固的態度還自得其樂，他們認為，「我們總算沒讓邱吉爾把我們牽扯
到巴爾幹半島去。」其實我心中從來未曾有過這樣的想法。

我認為，我們沒有利用那些在其他方面無法使用的部隊，把土耳其拉入
戰爭，並控制愛琴海，是在軍事方針上犯了一個錯誤。對於這個錯誤，不是
用沒有採取上述方案也同樣獲得了勝利所辯解得了的。

羅斯福總統遷入蘇聯大使館的新居不久，史達林就去拜訪他，雙方進行
了友好的談話。根據霍普金斯的傳記，羅斯福總統告訴史達林，他已同蔣介
石講定要在緬甸積極展開軍事活動。史達林對於中國軍隊的作戰能力評價很
低。羅斯福總統「提到了他喜歡談論的題目之一，教育遠東殖民地的人民，
要他們學習自治的藝術」……。

他提醒史達林，不要向邱吉爾提起印度的問題。史達林也認為，這無疑

是一個容易傷感情的問題。羅斯福說，印度的改革應該從底層開始。史達林回答說，從底層開始的改革，就意味著革命。那天早晨，我很坦然地待在床上，一面治療我的感冒，一面處理從倫敦發來的許多電報。

第一次全體會議於11月28日（週日）下午4時，在蘇聯大使館舉行……我們事先協商，由羅斯福總統主持第一次會議，羅斯福也同意這樣做。會議開始，他首先致詞，講話非常得體。根據我們的紀錄，他說：蘇聯人、英國人和美國人第一次作為同一個家庭的成員相聚一堂，我們所抱的唯一目標是贏得戰爭的勝利。事前並未為這次會議擬定任何固定的議程，任何人都可以毫無拘束地討論他想討論的任何問題，同時也可以討論他不願討論的問題。在友好的基礎上，每人都可以暢所欲言，但內容卻一概不予發表。

我在開場白中，也強調了這次會議的重要意義。我說，這次會議也許像征著人類有史以來整個世界力量空前的大聚會。縮短戰爭，也許已掌握在我們手中；穩操勝券，差不多肯定已掌握在我們手中；人類的幸福及命運，無疑地已完全掌握在我們手中。

史達林說，他很重視我們提到三大國的友誼。三大國確實獲得了一個重大的機會，他希望大家都很好地利用這個機會。

羅斯福總統接著便開始了這次討論，首先從美國的觀點，簡單地敘述了戰爭的形勢。他先談到對美國有特殊重大意義的太平洋戰場，因為駐在那裏的美國部隊，在澳大利亞、紐西蘭和中國的配合下擔負著主要責任。美國把它大部分的海軍和100萬士兵的絕大部分，都集結在太平洋戰場。這個戰場範圍廣闊，一艘供應船隻，每年只能往返三次，從這一事實，就可以看出這點。美國採用的是一個消耗敵人實力的政策，到目前為止，這個政策是成功的。毫無疑問，日本的船隻，不論是軍艦或商船，都大量地被擊沉，以致新建的船隻來不及補充。

羅斯福先生接著說明了重新收復緬甸北部的計畫。英、美軍隊將與中國軍隊合作，由海軍上將路易士・蒙巴頓勳爵指揮。他談到我們也討論了從曼谷對日本的交通線進行兩棲作戰的計畫。雖然我們已經作出了最大的努力，把為完成我們主要目標所必需的部隊保持在最低限度上，但是所需兵力仍

很可觀。這些計畫的目的在於使中國能繼續積極參加戰爭，打通滇緬公路，同時建立陣地，以便我們在德國崩潰以後，能夠從這些陣地出發，以最快的速度打敗日本。我們希望能在中國獲得基地，以便明年襲擊東京。

▲ 德黑蘭會議中的三巨頭。

羅斯福總統然後談到歐洲的形勢。英、美兩國曾舉行過多次會議，也制定了很多的計畫。一年半以前，就曾決定橫渡英吉利海峽進行遠征，但由於運輸和其他困難，還不可能決定進行戰役的確定日期。必須在英國集結足夠的兵力，不僅用於實際登陸，而且也要用於向內地推進。英吉利海峽是非常討厭的一部分水域，要在1944年5月1日以前發動遠征是不可能的。1944年5月1日是在魁北克會議上確定的日期。

他解釋說，在歷次登陸中，登陸艇總是一個限制因素。如果我們決定在地中海進行大規模的遠征，我們就必須完全放棄橫渡英吉利海峽的戰役。如果決定在地中海只進行規模較小的戰役，那也要使上述戰役耽誤一、兩個月，甚至三個月。因此，他和我都想在這次軍事會議上聽取史達林元帥和伏羅希洛夫元帥的意見，看我們採取什麼行動對蘇聯最有幫助。許多計畫都曾經提出來討論過——增加我們在義大利、巴爾幹半島、愛琴海、土耳其等地的進攻力量。這次會議的重要任務就是決定採取哪一個方案，主要目標就是要使英、美軍隊能夠盡量減輕蘇聯軍隊的負擔。

接著，史達林發言，他歡迎美國在太平洋上的勝利，但是說目前蘇聯還不能參加對日戰爭，因為蘇聯的軍隊幾乎全部都要用來對付德國。蘇聯在遠東的軍隊，若用於防禦還算夠用，但是要發動攻勢，那就至少需要超過現在

三倍的兵力。他們到太平洋戰場上來同友軍會師，必須要在德國崩潰的時候，到那時大家將會並肩作戰。

至於歐洲的局勢，史達林說，他要先簡單地說明一下蘇聯進行戰爭的經驗。他們在7月間發動的攻勢，德國人事先已經預料到了；但是蘇聯人在集結了充分的部隊和裝備以後，就發現發動進攻還是比較容易的。他坦率地承認，他們事先並未料到7月、8月和9月所獲得的勝利。德國軍隊要比人們想像的軟弱些。

然後，他詳盡地說明了蘇聯前線最近的形勢。在某些戰區，戰鬥已經緩慢下來；在其他一些戰區，戰鬥已經完全停頓了；而在烏克蘭以及基輔的西面和南面的戰區，在最近三週內，主動權已經轉到德國人手中了。德國人重新佔領了日托米爾，也許還會重新佔領科羅斯油田。他們的目標是要重新佔領基輔。但是總的說來，主動權仍然掌握在蘇聯軍隊的手中。

他說，他要答覆英、美軍隊如何能夠最有效地幫助蘇聯的問題。蘇聯政府一向認為，義大利戰役對於盟國的事業有重大價值，因為它打通了地中海。但是要進攻德國，義人利卻不是一個很適當的出發點。阿爾卑斯山脈橫亙在兩國之間。因此，為了進攻德國而把大量軍隊集中在義大利，是不會有任何收穫的。土耳其是一個比義大利更適於進入德國的地方；但是它離德國的心臟地區又太遠了。他相信法國北部或西北部是最適於英、美軍隊進攻的地方，當然，德國軍隊在那裏是會拚命抵抗的……。

我說，我們很早就與美國商定，我們將從英吉利海峽攻入法國北部或西北部。我們大部分的準備工作和資源都集中於這個作戰計畫……。

我還說明，我們沒有打算攻入義大利靴形本土的較寬地帶，更不會越過阿爾卑斯山脈去攻入德國境內。我們主要計畫是先奪取羅馬，佔領它北面的飛機場，從而使我們能夠轟炸德國南部，然後，我們就能夠在比薩—里米尼線附近建立一條戰線。在那以後，就應當考慮開闢第三戰場的可能性，以便配合，而不是替代橫渡英吉利海峽的戰役。一個可能性是進入法國南部，另一個可能性就是像羅斯福總統所建議的，從亞得里亞海的頂端，朝東北向多瑙河進軍。

　　在未來六個月這一段時間中，我們又應該做些什麼呢？關於支援鐵托的問題，我們要說的理由很多。他牽制了德國的許多師團，對於盟國的事業所作的貢獻，要比米海洛維奇手下的「采特尼克斯」大得多。我們用物資和遊擊活動來支援他，顯然會獲得巨大的利益。巴爾幹戰場是我們能夠使敵人的力量拉得最遠的地區之一。這就使我們面對一個最大的問題，這個問題在軍事人員研究以後，必須作出決定，即如何促使土耳其參戰，打通我們經過愛琴海前往達達尼爾海峽，然後到達黑海的交通線。

　　只要土耳其參戰，我們能用上它的空軍基地，那麼，我們只需使用較少的兵力（大約兩、三個師）和已經駐在這個戰場的空軍，就能夠佔領愛琴海中的島嶼。如果我們能夠到達黑海的港口，運輸船隊就可以不斷往返。目前我們在北方的航線上，只能保持四個運輸船隊，因為護航艦隻必須用於「霸王」作戰計畫；但是一旦打通了達達尼爾海峽，目前已在地中海的運輸船隻，就可以川流不息地把供應物資運往蘇聯的黑海港口……。

　　在正式會議之間，穿插著羅斯福、史達林和我在午餐和晚宴上進行的談話，這些談話甚至可以認為是更重要的。在這種場合下，大家興致勃勃，無話不談，什麼事情都聽得進去。11月28日晚上，羅斯福總統設宴招待，我們共有10～11人參加，其中包括譯員。談話不久就變得全面而認真起來。

　　第一天晚上聚餐後，當我們在室內漫步的時候，我把史達林請到一張沙發旁邊，提議我們談談戰爭勝利以後將會發生的情況。他表示同意，我們便坐了下來。艾登也來參加了。史達林元帥說：「我們首先考慮一下將來可能發生的最壞情況吧。」他認為德國很可能從這次戰爭中恢復過來，並且在相當短的時間內再發動一次新戰爭。他擔心德國國家主義會死灰復燃。

　　凡爾賽會議以後，和平好像已經有了保障，但是德國很快地就捲土重來了。因此，我們必須建立一個強有力的機構以防止德國發動新戰爭。他深信德國是會東山再起的。我問他：「時間要多久呢？」他答道：「在15～20年以內。」我說一定要使世界至少有50年的安全。如果這種安全只能維持15～20年，那麼，我們就對不起我們的士兵了。

　　史達林認為我們應當考慮限制德國的製造能力。德國人是一個能幹的民

族，非常勤勞而又富於智謀，他們會很快地復原。我答覆說，我們必須採取某些控制措施，我要禁止他們的一切民用和軍用的航空事業，不准設置總參謀部制度。史達林問道：「你是否還要禁止鐘錶工廠和家具工廠，以免他們製造炮彈零件呢？德國人曾經製造玩具步槍，教練過幾十萬人學會射擊。」

我說：「凡事都不會一勞永逸的，世界在不斷地前進。我們已經獲得了一些經驗。我們的任務是要使得世界至少能有50年的安全，辦法是：解除德國的武裝，禁止重新武裝，監督德國工廠，禁止一切航空事業，進行有深遠意義的領土方面的變更。這一切又使我們回到這個問題，就是：英國、美國和蘇聯是否能夠為了他們之間的相互利益而維持密切的友誼，並且對德國進行監督。只要我們看到了危險，就不要害怕發布命令。」

「上次大戰以後曾經有過管制，」史達林說，「但結果卻失敗了。」

「當時我們缺乏經驗，」我答覆說，「上次的戰爭還不是今天這樣範圍的民族戰爭，而蘇聯也沒有參加和會。這次的情形就不同了。」我總覺得應該孤立並削弱普魯士；把巴伐利亞、奧地利和匈牙利組成一個廣泛的、和平的而非侵略性的聯邦。

我認為對待普魯士應該比對待德國其他部分更為嚴厲，這樣就會影響後者不敢再同前者一道孤注一擲。但不要忘記，這都是戰時的心情。

「你說得都很好，不過還不夠。」史達林作了這種評論……

史達林又問起怎樣對待德國的問題。

我答覆說，我不反對德國的勞動者，而只是反對它的領袖們和具有危險性的同盟。他說在德國各師部隊中也有許多奉命作戰的勞動者。他問那些來自勞動階級（紀錄是這樣的，但是他也許是指「共產黨」）的德國戰俘，為什麼替希特勒作戰。他們回答說他們是執行命令。他便把這些戰俘都槍斃了……。

史達林設晚宴招待我們。參加的人數是嚴格限制的——史達林和莫洛托夫、羅斯福總統、霍普金斯、哈里曼、克拉克・克爾、我和艾登以及我們的譯員。在大會的辛勞之後，大家興高采烈，一再乾杯。

不久，伊里亞德・羅斯福在門口出現了，他是乘飛機來和他父親相聚

的。有人招呼他進來。於是，他在桌旁就座了。他甚至在我們的談話中也多嘴多舌，以後還大肆渲染他所聽到的一切，引起了極其嚴重的誤解。據霍普金斯說，史達林和我開了不少的玩笑，我絲毫都不介意，直到史達林元帥以溫和的語調談起要對德國人進行懲罰這樣一個嚴肅的，甚至是可怕的問題為止。他說一定要消滅德國的總參謀部，希特勒的強大陸軍的全部實力都是依靠5萬名左右的軍官和技術人員。如果在戰爭結束時，把這些人都抓來槍斃，德國的軍事實力就會根除。我聽了這話，就覺得應該這樣回答：「英國議會和公眾永遠也不會容忍集體槍殺。即使在戰時的狂熱下他們允許這樣做，但是當這樣的暴行初次發生以後，他們就會激烈地反對那些負責人。蘇聯人不應當在這個問題上想入非非。」

但是，史達林也許只是出於戲謔，還在繼續談論這個問題。他說：「一定要槍斃這5萬人。」我聽了非常生氣。我說：「我寧可此時此地讓人把我押到花園裏去槍斃掉，也不願讓這樣可恥的行為玷污我和我的國家的榮譽。」

這時，羅斯福總統插嘴了，他提出一項調解的辦法，說應該槍斃的不是5萬人，而是4.9萬人。毫無疑問，他希望使整個問題讓大家一笑了之。艾登也向我作出種種姿勢和暗示，要我相信這都不過是笑話。可是，伊里亞德·羅斯福這時卻從餐桌那頭的座位上站起來講話，說他如何誠摯地同意史達林元帥的意見，如何確信美國軍隊會支持這種意見。

我受到這種打攪，就起身離開餐桌，走到隔壁那間燈光幽暗的房間裏去。我剛到那裏，就有人從後面用手拍我的肩膀，原來是史達林，他的旁邊站著莫洛托夫，兩人都笑嘻嘻的，懇切地說明他們只是開玩笑，根本就沒想到什麼嚴重問題。史達林的風度是很有魅力的，如果他想拿出這種風度的話，但我從來沒有見過他表現出像當時那樣吸引人的儀態。雖然在當時和現在，我都不完全相信這是開玩笑，而背後沒有隱藏著什麼認真的意圖。我同意回到原來的房間去。當晚的其餘時間，我們相處得很愉快。

11月30日對我來說，是一個非常忙碌而值得紀念的日子。這天是我的69歲生日，全部時間幾乎完全用於處理我一直關注的某些最重要的事務。羅斯福總統同史達林元帥保持私人接觸，而且是住在蘇聯大使館中；儘管總

統和我以往過從很密，同時我們的重要問題又交織在一起，然而自從我們離開開羅以來，他一直避免單獨和我會見——這些情況使我想到要設法對史達林作一次直接的私人訪問。我認為，蘇聯的領袖對於英國的態度並沒有獲得真實的印象。在他的思想中，已經形成了這樣的錯誤觀念，簡單一句話，就是：「邱吉爾和英國參謀人員有意要儘量地停止執行『霸王』作戰計畫，因為他們想以進攻巴爾幹半島代替這個計畫」。我的責任就是要消除這種雙重的誤解。

執行「霸王」作戰計畫的確切日期，決定於數量較少的登陸艇的調集。這些登陸艇對於在巴爾幹半島進行任何戰役都是不需要的。羅斯福總統曾經要我們承擔進行一次孟加拉灣的戰役。如果取消這次戰役，那麼我所需要的登陸艇便可以夠用，也就是說，我擁有的兩棲登陸能力，足以使得兩個師的兵力在敵人的抗擊下，能在義大利或法國南部的海岸一齊登陸，並且還能按照預定計畫在5月進行「霸王」戰役。

我已經向羅斯福總統表示同意把日期定在5月，而羅斯福總統也已放棄了5月1日那個特定的日期，這樣我就獲得了所需要的時間。如果我能說服羅斯福總統暫不履行他對蔣介石的諾言，並且放棄在德黑蘭會議上從未提到的孟加拉灣計畫，那麼，地中海戰役以及按期進行「霸王」戰役所需要的登陸艇就都夠用了。

結果，這些重要的登陸都是在6月6日開始，而這個日期是在後來很晚才決定，其根據也不是我的需要，而是月光和天氣的情況。正如我以後要講到的，當我們回到開羅的時候，我順利地說服了羅斯福總統，使他放棄了孟加拉灣計畫。因此，我認為已經辦妥了在我看來是必需處理的問題……。

史達林說，他必須預先指出，紅軍指望的是我們進攻法國北部的勝利。如果在1944年5月間不進行戰爭，紅軍就會以為這一年中根本就不會再進行什麼戰爭了。天氣將會變壞，而運輸方面將發生困難。如果戰爭不能進行，那麼他不願使紅軍失望，失望只能使情緒低落。如果在1944年歐洲的戰局不能大大地改觀，蘇聯人就很難維持下去。他們對於戰爭已經很厭倦了。他擔心紅軍會產生一種孤軍作戰的情緒。他要弄清「霸王」戰役是否會按照許諾

的時期進行，原因就在這裏。不然的話，他就要採取措施去防止紅軍產生不良的情緒。這是極其重要的問題。

我說，只要敵人調往法國的部隊不超過美國和英國集結在那裏的軍隊，「霸王」戰役當然是會進行的。如果德國人有三、四十個師在法國，我認為我們準備渡過海峽的部隊就不能堅持下去。我並不害怕登陸，但是擔心到了30天、40天或50天將會發生什麼情況。不過，假如紅軍能拖住敵人，我們在義大利又將敵人牽制住，再加上土耳其可能參戰，在這種情況下，我想我們是能夠取得勝利的。

史達林說，進行「霸王」戰役的最初步驟，對於紅軍會產生良好的影響。如果他知道這次戰役將在5月或6月進行的話，他現在就能夠著手作打擊德國人的準備了。春天是最好的時機。3月和4月是戰事稀疏的時候，在這段期間，他可以集中軍隊和物資，到5月和6月便能夠進行襲擊。德國將無力向法國增兵。德國師團仍在不斷地調往東方。德國人對於他們的東方戰線很擔心，因為在這方面沒有必須渡過的海峽，也沒有必須通過的法國。德國人害怕紅軍前進，而紅軍如果看到盟國給予協助，就會向前推進。他問「霸王」戰役將在什麼時間開始。

我說，在我沒有獲得羅斯福總統同意以前，不能透露進行「霸王」戰役的日期，但在午餐時將會給他答覆。我想他對此會感到滿意的。

片刻以後，史達林元帥和我分別前往羅斯福總統寓所，出席他邀請我們參加的「只有三人」的午宴，此外尚有我們的譯員。羅斯福這時告訴史達林，我們兩人都同意在5月進行「霸王」戰役。史達林元帥對我們兩人的這種莊嚴而直接的諾言，顯然感到非常欣慰。談話轉到比較輕鬆的問題，對於這些談話唯一紀錄下來的內容，就是有關蘇聯的海洋出口問題。

我一向認為，像俄羅斯帝國這樣一個幅員廣闊的大陸國家，擁有將近兩億人口，竟然在嚴冬的幾個月中不能有效地與一望無際的海洋溝通，這是一件錯誤的事，而且會引起嚴重的糾葛。

當史達林元帥提出蘇聯不凍港這個問題的時候，我說沒有什麼困難。他也問及達達尼爾海峽和修改塞夫勒條約的問題。我說，我想促使土耳其參

戰，而現在提起這問題是不合時宜的。史達林回答說，將來會有適當的時機來提出這個問題的。我說，我希望蘇聯海軍和船隊能在海洋上航行，並且對蘇聯船舶的來訪表示歡迎……。

羅斯福總統說，波羅的海應當對各國商船開放。港口應有自由區，基爾運河應當交付託管，而達達尼爾海峽應當對世界貿易開放。史達林問道，這點是否也適用於蘇聯的貿易，我們向他保證可以適用……。

在這以前，我們都是在蘇聯大使館中開會或聚餐，但我要求第三次宴會由我做東，在英國公使館舉行。這是無需爭論的問題。按照字母次序，英國和我本人的名字都列在前面，按照年齡，我又比羅斯福或史達林年長四、五歲。我們是三國政府中成立最久的一個政府，比其餘兩國要早幾個世紀。我還可以說，我們參戰的時間最長，但是我並沒有提到這點。最後一點，11月30日是我的生日。這些理由，特別是最後一點理由，是毫無爭論餘地的。

我們的公使主持宴會的各項準備工作，招待將近40位客人，其中不僅有軍政領導人，還有他們的某些高級官員。蘇聯內務人民委員會的政治員警，堅持要在史達林到達以前對英國公使館進行徹底的搜查，對每扇門和每個座墊都不放過；大約有50個蘇聯武裝員警，在他們自己的將軍指揮下守在所有的門窗附近。美國的保安人員也到處都是，然而，一切都進行得非常順利。史達林在衛隊嚴密保護下來到公使館，顯得興高采烈，坐著輪椅來的羅斯福總統，對我們笑顏逐開，表示愉快和親切。

這是我一生中值得紀念的時刻。在我的右邊，坐著美國總統，在我的左邊坐著蘇聯的主人。我們聯合在一起，控制了全世界絕大部分的海軍和3/4的空軍，能夠指揮將近2000萬軍隊，而這些軍隊正在進行著人類歷史上僅見的一次最可怕的戰爭。1940年夏天，我們是孤軍作戰，除了海軍和空軍以外，在抵抗德國和義大利那種攻無不克和勢不可擋的威力時，簡直是赤手空拳，因為它們幾乎控制了整個歐洲及其資源。自從那時以來，我們在通往勝利的道路上已經走了一段漫長的旅程，這使我不能不感到欣慰。羅斯福先生把一個美麗的波斯瓷瓶當作壽禮贈送給我。雖然這個瓶子在我歸國途中被打得粉碎，但後來卻精巧地修好了，成為我的一件珍藏……。

　　……我們在德黑蘭舉行的長時間的艱巨會談就要結束了。關於軍事方面的結論，大體上決定了戰爭的未來進程。橫渡英吉利海峽的進攻定於5月舉行，當然這還要以潮汐和月光的情況來確定。蘇聯將以重新發動大規模攻勢來支援這次進攻。關於派遣盟國駐在義大利的一部分軍隊去襲擊法國南部海岸的提議，我從一開始便很贊同。這個計畫沒有經過詳細的研究，但是由於美國人和蘇聯人都表示贊同，這就使我們比較容易地獲得為保證義大利戰役取得勝利，以及攻陷羅馬所必需的登陸艇，而如果沒有這些登陸艇，上述戰役是會失敗的。

　　我對羅斯福總統的另一個提議當然更感興趣，這就是從義大利經過伊斯的利亞半島和里雅斯特向右推進，最終的目的是要通過盧布爾雅那山峽到達維也納。所有這一切都是五、六個月以後的事。只要我們在義大利的軍隊有活動能力，不致由於將他們數量不多但是必不可少的登陸艇弄走而變得癱瘓，那麼隨著戰爭的總的形勢發展，還是有充分的時間作出最後的選擇。許多兩棲作戰或半兩棲作戰的計畫，都有實現的可能。我希望放棄在孟加拉灣的從海上展開攻勢的計畫，這一點後來被證明是正確的。

　　我很高興地看到，好幾個可供選擇的重要方案仍然保留著。我們將重新作出巨大的努力來促使土耳其參戰，而在土耳其參戰以後，愛琴海將發生種種變化，而這些變化又會引起黑海的形勢發展。在這一點上，我們的希望後來卻落空了。當我們在充滿友誼和為當前的目標而團結的氣氛中分別時，縱觀整個軍事形勢，我個人是非常滿意的。

　　政治形勢則比較模糊，難以料定。很明顯，政局要以尚待進行的巨大戰役的結局為轉移，而在那以後，又要以每個盟國在獲得勝利時的情緒為轉移。如果西方民主國家在德黑蘭會議上，對蘇聯人在獲得勝利和消除了它的一切危險後所持的態度有所疑懼，並根據這種疑懼來制訂他們的計畫，那是不正確的。史達林答應在推翻希特勒和打垮他的軍隊後立即參加對日戰爭，這是具有極其重要意義的事情。未來的希望在於最迅速地結束戰爭，並建立一個旨在防止另一次戰爭的世界機構，這些是以三大國的聯合力量作為基礎，而這三大國的領袖們已經在會議桌旁頻頻握手，以示友誼了。

我們為芬蘭減輕了賠款的負擔，這個辦法大體上至今還在執行。新波蘭的東方和西方邊界大致上已經劃定。東面以寇松線（尚待解釋）為界，而西面以奧得河線為界，看來這片地方將為受盡苦難的波蘭民族提供一個真正的和永久性的國土。當時，東、西尼斯河（它們匯合為奧得河）的問題尚未發生。1945年7月在波茨坦會議上，在完全不同的情況下，以激烈的方式提出這個問題時，我立即宣布英國只堅持東部的支流。這仍然是我們今天的立場。

關於戰勝國如何處理德國這個首要問題，在這次具有重要歷史意義的會議上，只能作為「一個重大政治問題給予初步研究」，而且正像史達林所說的那樣，「當然是非常初步的」研究。我們應當記住，我們這時正在同強大的納粹國家進行著一場可怕的戰爭。在我們的周圍，存在著戰爭的一切風險，而同盟國之間的戰友情誼以及對於共同敵人的復仇情緒，支配了我們的全部思想。

羅斯福總統關於把德國瓜分為五個自治的國家，以及把兩個具有巨大重要性的地區交給聯合國家託管的這一設想中的計畫，對於史達林元帥來說，當然要比我提出的關於孤立普魯士和成立一個多瑙河聯邦，或成立一個南部德國和一個多瑙河聯邦的建議，容易接受得多。這只是我個人的觀點，但是，我對自己在德黑蘭時我們所處的那種環境下提出這一問題，一點也不後悔。

我們大家都擔心一個統一的德國的力量。普魯士有它自己的偉大歷史。我認為我們有可能與它簽訂一個嚴肅而體面的和約。同時，也可重新建立一個大致按照奧匈帝國輪廓的、具有現代形式的國家。關於奧匈帝國，人們說得好：「如果它不存在的話，也會把它創造出來。」這裏將形成一個廣大的地區，有了這個地區，要比透過任何其他的解決方法，能更早地實現和平及友誼。這樣，就可以組成一個聯合的歐洲，從而使所有的戰勝國和戰敗國為它們飽經憂患的千百萬人民的生活和自由，奠定一個穩固的基礎。

我不認為我對於這一廣大的領域的想法沒有什麼連貫性，但是，在事實的領域中，我們已經遇到了重大的和災難性的變化。波蘭的疆界已經名存實亡，而波蘭在蘇聯和共產黨的緊緊控制下正惶惶不可終日。德國確是被分割了，但只是令人厭惡地被分成各個軍事佔領區。關於這個悲劇，我們只能說，這是不能持久的。

第25章
諾曼地登陸、解放巴黎以及德國火箭

為了史上最大規模的兩棲作戰，我們進行了長年累月的準備和計畫，終於1944年6月6日——進攻發起日告成。

登陸前夕，龐大的艦隊和護航船隻乘敵人不覺，沿著已掃過雷的英吉利海峽水道由維特島駛達諾曼第海岸。英國空軍的重型轟炸機襲擊了敵人構築在混凝土掩體內的海防大炮，投下了炸彈5200噸。美國空軍於破曉時緊接著以中型轟炸機和戰鬥轟炸機飛臨戰場，轟炸岸上的其他防禦工事。

在6月6日的24小時內，盟國空軍出動了14600架次。我們的空中優勢如此之大，以致敵人白天出動對付我方進攻灘頭陣地的飛機只有100架次左右。三個空降師從午夜開始降落，英國第六空降師在卡昂城東北降落，奪取處於該城與海之間的那條河流上面的橋頭堡。同時兩個美國空降師在卡朗坦北面降落，協助海上登陸部隊對海灘進攻，並堵截敵人後備軍進入科湯坦半島。雖然這些空降師在一些地點比原計畫散布得更廣了一些，但各項目標都達到了。

拂曉時分，大小船隻開始陸續進入預定陣地，準備進攻，當時的場面儼然是一個檢閱式。敵人的直接抵抗僅限於一些魚雷艇的攻擊，只擊沉了一艘挪威驅逐艦。甚至當我們的海軍開始炮擊時，從敵方海防炮臺發出的反擊也是盲目而無效的。

毫無疑問，我們已經完成了一次戰術上的奇襲。登陸艇和支援艦艇載著步兵、坦克、自行火炮以及各式各樣的武器和清除海灘障礙物的工兵爆破隊等，都編組向海灘推進，其中還有兩棲坦克，這種坦克是第一次大規模地在戰場上出現。由於前一天的天氣狀況不好，海面仍是波濤洶湧，不少兩棲坦克都不幸在中途沉沒了。

驅逐艦和登陸艇上安裝著的大炮與火箭炮對灘頭防禦工事連續不斷地猛轟。同時，那些離海岸較遠的戰列艦和巡洋艦壓制住了敵方海防炮臺的炮火。地面的抵抗很微弱，直到首批登陸艇距離海岸只有一英里遠的時候，敵人機槍和迫擊炮的火力才猛烈起來。岸邊洶湧的浪潮以及半露出水面的障礙物和水雷給登陸艇造成了很大的危險，許多登陸艇在卸下所載的士兵後就損毀了，但部隊必須繼續前進。

最早一批步兵剛一登岸，就向他們的目標猛衝，除一處外，各方面都取得很大的進展。在貝葉西北的「奧馬哈」海灘，美國第五軍遭遇到激烈的抵抗。由於不幸的巧合，這一防區最近才由一個滿員的德國師接防戒備。盟軍激戰終日，一直沒有能夠取得任何立足點。直到6月7日，我們在損失了幾千兵力之後，才能向內地挺進。雖然我們沒能達成原定計畫，特別是卡昂城仍牢固地掌握在敵人手中，但在頭兩天的突擊中獲得的進展，令所有人都感到很滿意。

一批來自比斯開灣各港的德國潛艇冒著危險，露出海面高速行駛，力圖阻礙我們這次的進攻。對此我們已作了充分的準備。英吉利海峽的西岸入口

▲ 1944年6月，在反攻日第一批登陸的美軍士兵，攝影師的手顫抖著按下快門，因而導致有些失焦。

處有大批飛機保衛著，構成了我們的第一道防線。海軍艦隊則在它們後面掩護登陸。

這些德國潛艇受到了我們防禦部隊猛烈炮火的轟擊，遭到了慘敗。在具有決定性的頭四天中，6艘潛艇被我空軍擊沉，6艘受到損傷。它們絲毫沒能影響進攻的護航船艦，那些船艦繼續朝著目標前進，損失極為輕微。之後，德國的潛艇就比較謹慎了，但並不比過去有更大的成就……

我認為應該把情況告知史達林……他立即回電，其中包含一項值得歡迎的重要消息，「按照德黑蘭會議協定所組織的蘇軍夏季攻勢，將於6月中旬以前，在前線某一重要地段開始」……。

史達林又在6月11日來電說：

顯然，原定計畫的這次大規模登陸行動，已經全部成功了。我和我的同事們不能不承認：就其規模，就其宏大的布局，以及傑出地執行計畫的情況來講，戰爭史上從來也沒有過足以和它類比的例子。眾所周知，拿破崙當年打算強渡海峽遭到可恥的失敗。歇斯底里的希特勒吹了兩年牛皮，說要強渡海峽，但是就連作一個企圖進行威脅的暗示，也下不了決心。只有我們的盟軍才光榮地勝利實現了強渡海峽的龐大計畫。歷史將把這一業績當作一項最高成就記載下來。

當時已經接掌最高指揮權的艾森豪，決心避免為爭奪巴黎而戰……他決定包圍這個首都，迫使駐防軍隊投降或逃離。8月20日，行動的時刻到了。當時，巴頓已在芒特附近渡過了塞納河，他的右翼部隊也到達了楓丹白露。法國的地下軍隊起義了，員警也罷工了，員警總局已為愛國分子所佔領。法國抵抗運動的一名軍官帶了一些關係重大的報告，來到巴頓的總部，週三（8月23日）早晨，這些報告就已送到了勒芒，遞交給艾森豪。

勒克雷爾將軍率領的法國第二裝甲師隸屬於巴頓麾下，於8月1日在諾曼地登陸，並在進攻中發揮了重要的作用。戴高樂於同日抵達，盟軍最高統帥向他作了保證，說只要時候到了——就像早已協商的那樣——勒克雷爾的部隊是會首先開進巴黎的。

當天傍晚，巴黎城內發生巷戰的消息，促使艾森豪決定行動，勒克雷爾

也奉命進軍。布雷德利於晚間7時15分將這些指示交給這位法國司令官，當時，他這個師駐紮在阿爾讓當，8月23日發出的這些作戰命令開門見山地用了這幾個字：「任務一，攻佔巴黎……。」

勒克雷爾致戴高樂報告稱：「我得到了這樣的印象，即……1940年的局面正在倒過來重演著——敵方情況十分紛亂，各部隊無不驚慌失措。」這位將軍決定大膽行動，與其征服德軍的集中力量，毋寧避開它。第一批幾個分遣隊於8月24日從朗布依埃出發，向巴黎推進，這批隊伍是前一天從諾曼第開到朗布依埃的。由比約特上校（1940年5月間陣亡的法國第一集團軍群司令官的兒子）領導的主攻從奧爾良出發。

當晚，一支坦克先頭部隊就到達奧爾良門了，9時22分整，開進市政府前面的廣場。這個師的主力隊伍準備好在次日開入首都。第二天一早，比約特率領的幾個裝甲縱隊佔領了巴黎城對面的塞納河兩岸。到了下午，德國司令官馮・肖利茨設在默里斯大廈的總部就被包圍了，肖利茨向一位法國中尉投降後，被押解給了比約特。此時，勒克雷爾也趕到了，並在蒙特巴那斯車站建立指揮部。當天下午，馮・肖利茨又被移至員警總局的所在地。4時左右，肖利茨被押解到勒克雷爾面前。這就是從敦克爾克到乍得湖又回到了老

▲ 盟軍進入法國後，民眾對那些嫁給德國人的女子進行懲罰。

家所走的一條道路的盡頭！勒克雷爾以低沉的語調說出了自己的想法，他說「這回可行啦」之後，他用德語向這個手下敗將揭示了他自己的身分。經過一段簡短、不客氣的談話之後，就簽訂了駐防軍投降書，接著由抵抗運動所屬部隊和正規部隊逐一佔領了敵方剩餘的那些支撐點。巴黎城到處沉浸在狂歡的示威遊行之中，人們向德國戰俘唾唾沫，把通敵的奸細拖著遊街，而解放隊伍則備受款待。

就在這時，戴高樂將軍出現在一個推延已久的勝利場面上。他於下午5時抵達聖多明尼克道，並在陸軍部地址設立了總部。兩小時之後，他在抵抗運動主要領導暨勒克雷爾將軍和朱安將軍陪同下，以自由法國領導人的身分首次在市政府，出現於興高采烈的群眾面前。到處充滿著自發的狂熱的熱情。

第二天下午（8月26日），戴高樂舉行了正式入城儀式，徒步從愛麗舍田園大街走到協和廣場。之後，他又在一長列汽車的隨從下，來到了聖母院。那時，有一些暗藏的通敵奸細從教堂內外兩面開槍射擊，人群當即走散，片刻慌亂之後，莊嚴的巴黎解放奉獻儀式繼續並一直進行到底。到了8月30日，盟軍分頭從多處地點渡過了塞納河。

敵人損失極為慘重：士兵40萬人，其中一半是俘虜，坦克1300輛、車輛20000輛，野戰炮1500門。德軍第七集團軍以及所有奉調前往支援的幾個師，全部被我們打得潰不成軍。盟軍從灘頭陣地出擊曾經由於天氣惡劣和希特勒的錯誤決定而有所遲延，然而，那次戰役一結束，所有的戰事就都進行得非常順利，而且我們到達塞納河的時間比原計畫提前了六天。有人批評說英軍在諾曼第戰線上行動緩慢，而且以後的幾個階段，美軍進展迅速，也似乎說明了他們的成就比我們的大。因此，我有必要再度強調指出：這個戰役的全盤計畫是以英軍戰線作為樞紐，而將敵方後備力量引到這方面去，以幫助美軍的迂迴運動。

英軍第二集團軍在原定作戰計畫中，把自己的目標規定為：「保衛美軍的側翼，而由美軍部隊攻取瑟堡、昂熱、南特，以及布列塔尼各港口。」這一目標憑著我軍堅忍不拔的精神，經過艱苦的戰鬥順利完成了。艾森豪將軍完全瞭解他的英國戰友們的工作。他在正式報告中寫道：「如果沒有英、加

軍隊在爭奪卡昂城和法萊茲兩地殘酷兇猛的戰鬥中作出重大犧牲，那麼，盟軍永遠不可能在其他地區取得驚人進展。」

6月13日清晨，恰好是進攻發起日後一週，4架無人駕駛的飛機竄過我國海岸。這是德軍為了要對我方在諾曼地登陸成功作出反應，而於進攻發起日緊急發出命令，以致造成時機未成熟的後果。其中之一飛到內思諾耳・格林，炸死6人，傷9人；其餘3架未造成傷亡事故。直到6月15日，再沒有其他情況發生，可是，從這天晚間起，德軍就認真地開始了他們的「報復」戰役。在24小時內，有200個以上的飛彈飛來襲擊我們，接著在其後五週之內，又飛來了3000多個。

希特勒把這種被我們後來稱為飛彈的武器命名為「V1號」，因為他希望——是有些理由的——這只不過是德國研究工作所能提供的一系列恐怖武器中的第一種。這種飛彈的發動機是一個設計新穎而精巧的噴氣機，由於它的發動機發出尖叫聲，不久之後，倫敦人就稱之為「無線電操縱無人轟炸機」，或「噴射推進式炸彈」。它的飛行時速達400英里，高度約3000英尺，攜帶炸藥重約一噸。彈身憑一個磁性指南針以校正方向，而射程則用一具小型推進器加以控制，彈體在空中飛行，就使推進器轉動起來。當推進器轉動次數相當於自發射場所至倫敦的距離時，飛彈的操縱裝置即告鬆開，使彈體向地面俯衝。其爆炸所造成的損害尤屬嚴重，因為彈體總是在鑽入地面之前即已爆炸。

這種新的襲擊方式給倫敦市民造成的困難，甚至遠較1940年和1941年間空襲時為甚。人們更是長期感到焦慮不安和緊張。天亮了固然不能解除他們的痛苦，陰雲天氣也

▲ 1944年，受到戰火襲擊的倫敦。

不見得使他們能夠安逸些。晚間回家，一個人總不知道他會發現家裏發生什麼事情。而他的妻子整日在家獨守，或同子女們一起，也無法肯定自己的丈夫是否能安返家門。飛彈的這種盲目而不具人格的性質，使得地面上的人感到束手無策。人們幾乎無力應付這種局面，根本就看不到自己能夠擊中的敵人……。

第二種威脅又接踵而來了。這就是：在十二個月以前，我們就已極其注意的遠端火箭，又稱V2武器……。

火箭是給予人深刻印象的一項技術上的成就。它的推力是由酒精和液態氧在噴射器內燃燒而發展出來的，每分鐘內消耗酒精達4噸，液態氧約5噸。把這些燃料按需要的程度壓入噴射器內，要有一具近1000馬力的特製泵。而泵本身則係憑一具利用過氧化氫所推動的渦輪機來運轉的。

火箭的控制，是透過迴旋器，或者透過噴射口後面的大型石墨瞄準板上的無線電信號來調整排氣的方向，從而發揮導航的作用。它先直線上升約6英里，然後，自動控制器把它掉轉角度，在45°的斜度內，用逐漸增加的速度使之向上飛升。當速度加速至足以達到所需的射程時，進一步的控制是將注入噴射器內的燃料截斷，於是彈體即循一高度拋物線向前飛進，可達到的高度約50英里，而在距離發射地點約200英里之處落下。其最高速度每小時約4000英里，所以，整個飛程所需時間是不會超過三、四分鐘的……

在我軍解放海牙這個大部分火箭發射地的前七個月，德軍向英國發射火箭約1300支……有500支擊中了倫敦……我們感謝我軍在德軍準備就緒發射之前，就已經把火箭逐回到其射程極限的地點。我方戰鬥機和戰術轟炸機持續不斷地騷擾海牙附近的敵方發射場。我們甚至還準備好，如果德方使用無線電控制火箭，就對他們的無線電控制加以干擾……。

這就是希特勒多少個月以來，頑固地寄予厚望的新式武器，以及這些武器為英國當局憑其先見之明、各兵種的技術，以及人民堅忍不拔的精神予以挫敗的全部經過。英國人民在這次戰爭中，再度用自己的行動，給「大倫敦」增添了一層更大的自豪感。

第26章
蘇聯人的勝利和華沙的殉難

蘇聯夏季攻勢是一篇勢如破竹取得節節勝利的故事。在這裏我只能作扼要的記述。這次進攻以對芬蘭人採取輔助攻勢為序幕。

芬蘭人在拉多加湖到波羅的海之間加深並加固了原先的曼納海姆防線，建成難以攻克的防禦系統。但這時蘇軍的素質和裝備與1940年在此地作戰時已大不相同，因此經過十二天劇烈戰鬥後，就突破防線，於6月21日攻克維堡。當天又開始採取軍事行動，掃蕩拉多加湖北岸。月底，蘇軍已將敵軍驅回本土，並恢復從列寧格勒通往英國北極運輸船隊終點站摩爾曼斯克的鐵路交通。芬蘭軍隊在德軍支持下曾作短暫抵抗，但畢竟抵擋不住，於8月25日請求休戰。

6月23日開始，蘇軍進攻維切布斯克與戈梅利之間的德軍防線。在這兩個地方以及博布魯伊斯克、莫吉廖夫等許多城鎮和鄉村，德軍已建立了堅固的陣地，布置了環形防禦工事。但在蘇軍湧入城鎮之間的空隙地帶時，這些陣地便接連受到包圍，並被肅清。蘇軍一週時間內便突進80英里。接著又抓緊戰機，乘勝前進，7月6日攻克明斯克，將潰退的敵軍封鎖在一條自維爾納向南伸展直達普里皮亞特沼澤地區的倉促組成的防線上。銳不可擋的蘇軍從那裏一鼓而下，將德軍迅速一掃而光。7月底，蘇軍開進科夫諾和格羅德諾，抵達涅曼河。在5週內挺進250英里後，蘇軍暫時停止行進，在此地休整。德軍損失慘重，25個師覆滅，同樣數量的部隊被圍困於庫爾蘭德。僅7月17日一天，就有5.7萬名德軍俘虜通過莫斯科——誰也不曉得他們將被押向何方。

在普里皮亞特沼澤地區南面的蘇軍，也幹得毫不遜色，戰果輝煌。7月13日，他們在科韋耳與斯坦尼斯拉夫之間的戰線上發動一連串的進攻。十天後，德軍全線崩潰，蘇聯人又向西挺進120英里，抵達桑河畔的雅羅斯瓦

夫。斯坦尼斯拉夫、倫貝格和普熱米什爾在蘇軍大舉進攻中淪為孤城，不久即被攻克。蘇聯人乘勝前進，於7月30日在散多梅爾以南橫渡維斯杜拉河。這時蘇軍由於需要補給，暫停前進。橫渡維斯杜拉河被華沙的波蘭抵抗運動看作發動那不幸的華沙起義的信號……。

　　蘇聯人在這次大戰役中所取得的勝利遠不止於此。他們的勝利一直擴展到南面的羅馬尼亞。直到8月以後，從切爾諾夫策到黑海之間的德軍防線，還一直封鎖著通往羅馬尼亞及其普洛耶什蒂油田和巴爾幹半島各國的道路。但由於德軍調兵增援其遠在北面行將陷落的防線，這條防線被削弱了，並在8月22日蘇軍發動的猛烈攻擊之下迅速崩潰。

　　蘇聯人由於有海上登陸部隊的支援，迅速打垮敵軍，德軍損失16個師。8月23日，年輕的米凱爾國王率領心腹在布加勒斯特發動政變，使整個軍事形勢發生根本的變化。羅馬尼亞全體官兵一致追隨國王舉事。在蘇軍到達之前的三天之內，德軍有的被解除武裝，有的越過北面邊界撤退。到9月1日，德軍已全部撤離布加勒斯特。羅馬尼亞軍瓦解，羅馬尼亞被佔領，羅馬尼亞政府投降。

　　保加利亞雖在最後一刻曾企圖對德宣戰，結果還是被征服了。蘇軍揮師西進，長驅直入多瑙河流域，越過特蘭西瓦尼亞阿爾卑斯山，到達匈牙利邊境。與此同時，多瑙河南岸的蘇軍左翼也陳兵南斯拉夫邊境，為大軍向西推進做好準備。這次向西推進將在適當時機把他們帶到維也納去。

　　7月下旬，蘇聯人的夏季攻勢使他們的部隊推進到維斯杜拉河。各方面的報告都表明，波蘭即將落入蘇聯人手中。忠於倫敦政府的波蘭地下軍領導人必須決定何時舉行反對德國人的總暴動，以加速解放他們的祖國，阻止德軍在波蘭境內，特別是在華沙本地進行一系列的死守作戰。

　　流亡倫敦的波蘭政府授權波軍指揮官博爾·科馬羅夫斯基將軍與他的文職顧問，在其認為合適的時候宣布總起義。這時候看來時機恰好。7月20日傳來了謀刺希特勒的消息，緊跟著又是盟軍衝過諾曼第海灘的新聞。7月22日左右，波蘭人截獲了德國第四裝甲集團軍的無線電報，下令全線撤退到維斯杜拉河西岸。同一天，蘇軍渡了河，他們的前哨向華沙方向推進。毫無疑

問一場總崩潰行將發生了⋯⋯。

博爾將軍決定發動大起義來解放這個城市。他手下大約有40000人馬，儲備了夠打7～10天的糧食與彈藥。維斯杜拉河對岸的蘇聯軍隊的炮聲現在已經可以聽見了。蘇聯空軍從剛佔領的靠近首都的各機場起飛轟炸華沙的德軍，最近的機場只需20分鐘即能飛到。同時在波蘭東部，一個民族解放委員會已經成立，蘇聯人宣稱解放了的國土必須置於他們的控制之下。蘇聯的廣播電臺長時間以來一直敦促波蘭人別再那麼小心翼翼，要發動一場反對德軍的總起義。

7月29日，亦即起義開始前三天，莫斯科電臺播發了一篇波蘭共產黨人對華沙人民的呼籲，說解放的炮聲已在耳邊響起，號召他們像1939年那樣參加到對德戰爭的戰鬥中去，「華沙，這個未曾屈膝投降、抗戰到底的城市，行動時刻到來了」，是決戰的時候了。廣播指出，德國人設置防守據點進行抵抗的計畫會給城市逐步造成破壞。廣播在結尾時提醒居民們：「不積極奮起自救，一切都將化為烏有⋯⋯直接地積極地參與華沙逐巷逐舍的戰鬥等，最終解放的時刻將加速到來，而同胞們的生命會得到拯救。」

▲ 在華沙街頭巡邏的起義軍士兵。

7月31日傍晚，華沙地下軍司令部得悉蘇軍坦克已在華沙東面突入德軍防線。德國軍用無線電臺宣布：「今天蘇聯部隊自東南方向華沙發動總攻。」蘇軍位於不到華沙10英里遠的地點。在首都的波蘭地下軍司令部命令在第二天下午5時舉行總起義。博爾將軍這樣描繪發生的一切：

鐘敲五下，千萬面窗戶猛然一閃而開，一陣彈雨從四面八方落在過路的德軍頭上，射向他們的建築

物與行進的佇列。

　　一眨眼，留在街頭巷尾的老百姓都消失了。從一幢幢房子的門裏，我們的弟兄一湧而出，投入戰鬥。15分鐘內全城百萬居民都捲入了戰鬥，各種交通都停了。就在德軍前線的正後方，華沙，作為東南西北四面八方輪車輻集的巨大交通中心來說不再存在了。解放這個城市的戰鬥在進行中。

　　第二天，華沙起義的消息傳到倫敦，我們急切地等著更多的消息。蘇聯電臺卻保持緘默，蘇聯空軍的活動也停止了。8月4日，德軍從還在他們手中遍及市區與郊區的各個支撐點，發動了進攻。在倫敦的波蘭流亡政府通知我們空運補給十萬火急。起義者面對著匆忙拼湊起來的德軍五個師的反擊。赫爾曼·戈林師已從義大利開來了，另外還有兩個師黨衛軍隨後也很快抵達。

　　我致電史達林（1944年8月4日）：

　　應波蘭地下軍的緊急請求，如氣候允許，我方將立即向華沙西南部空投約60噸的裝備與軍火。據報，這一帶波蘭人反對德軍的起義正處於激戰之中。他們又說也曾籲請蘇方支援，因為似乎近在咫尺。波蘭人正遭受德軍一個半師的進攻。奉告此一情況可能有助於閣下採取行動。

　　覆電迅速而又冷酷。史達林元帥致首相（1944年8月5日）：「我認為波蘭人告知閣下的情報極為浮誇，難以置信……波蘭『國內軍』僅由幾個小分隊組成……我無法設想，這樣的小分隊怎能攻佔華沙。」……。

　　波蘭總理米科瓦伊奇克自7月30日起即在莫斯科，試圖跟蘇聯政府達成某種協議，因為當時蘇聯政府已承認波蘭共產黨民族解放委員會是該國未來的掌權者。這些談判在華沙起義的頭幾天一直進行著。米科瓦伊奇克每天收到博爾將軍的電報要求軍火、反坦克武器以及蘇軍方面的支援。這時蘇聯人堅持波蘭人必須同意關於戰後波蘭的邊界，並成立聯合政府。8月9日，他跟史達林進行了最後一次毫無成果的會談……。

　　8月14日我從義大利致電艾登……「如果華沙的波蘭愛國者被拋棄的傳言流傳開來，將會使蘇聯人大為惱火，但他們很容易在力所能及的範圍內採取行動來避免麻煩。這真是莫名其妙，當地下軍起義時，蘇軍竟然中斷對華沙的進攻並後撤一段距離……我想最好由閣下透過莫洛托夫致函史達林，提

▲ 華沙起義期間，幫忙充填沙袋的平民。

及目前來自多方面的暗示，要求蘇聯人竭盡所能提供援助……」

8月16日晚上，維辛斯基召見美國駐蘇聯大使，解釋說他希望避免可能產生的誤解，宣讀了下述令人驚詫的聲明：「蘇聯政府當然不反對英國或美國飛機在華沙地區空投軍火，因為這是英、美兩國的事情。但蘇聯政府斷然拒絕美國或英國飛機在華沙地區空投軍火後在蘇聯領土著陸，因為蘇聯政府不希望直接或間接跟華沙的冒險發生瓜葛。」……。

8月20日，我和羅斯福總統向史達林元帥發出由總統起草的聯名呼籲：「我們正考慮，如果華沙的反納粹分子被棄置不顧的話，世界輿論會說些什麼。我們深信我們三人都應竭力從那裏拯救盡可能多的愛國者。我們希望你們向華沙的波蘭愛國者空投救急補給品和彈藥，或者，你們能否同意幫助我們的飛機來迅速進行空投。我們希望你會贊同。時間是極其重要的。」

這就是我們所得到的答覆：「……關於罪犯集團旨在奪權而在華沙發動冒險事件的真相，遲早會大白於天下。這些傢伙利用華沙居民的誠意，驅使許多幾乎手無寸鐵的居民跟德國的槍炮、坦克與飛機作戰。這導致了現在的局面，日復一日，情況不是有利於波蘭人解放華沙，而有利於希特勒匪徒慘無人道地屠殺華沙居民……」

我曾經指望美國人會支持我們採取斷然措施。9月1日我接見了從莫斯科回來的波蘭總理米科瓦伊奇克。我不能給予什麼安慰。他告訴我打算向盧布林委員會提出一項政治解決的辦法，讓他們在聯合政府中得到14個席位。這些建議在火線上經過在華沙的波蘭地下軍的代表們辯論，得到一致通過。一年後參加這次討論的大部分人，都在莫斯科的蘇聯法庭以「叛國罪」受審。

第26章
蘇聯人的勝利和華沙的殉難

　　9月4日晚，內閣開會，儘管我有點發燒，但我認為議題是如此重要，還是從床上爬起來，來到地下會議室。為了許多起不愉快的事件，我們曾聚集在一起。我記不得過去什麼時候，所有的閣員都表示出了這樣深沉的憤怒，不管是屬於保守黨、工黨、自由黨全都一樣。我本來很想說：「我們派出的飛機在華沙空投補給以後，將在貴國領土著陸，如果你們不以禮相待，我們即刻起就停止派出所有護航運輸隊。」但是讀到這些話的讀者必須明白，每個人都必須把在世界範圍進行戰鬥的千百萬人的命運牢記心頭，有時為了一個總的目標，就得作可怕的甚至卑躬屈膝的屈服。因此，我並不建議採取這個激烈行動。

　　當時這種行動可能會有效，因為跟我們打交道的克里姆林宮代表並不受感情的影響，而是工於心計。他們不打算讓波蘭精神重新在華沙發揚光大。他們的打算是寄託在盧布林委員會上，那是他們唯一關心的波蘭。也許只有在蘇聯人大舉挺進的緊要關頭，切斷護航運輸隊，他們心裏才會有可能像普通老百姓通常要考慮名譽、人道和合乎常情的誠意那樣來估量問題……。

　　波蘭人飽受六週的苦難之後，9月10日克里姆林宮改變了策略。那天下午，蘇軍大炮的炮彈開始落在華沙東郊，蘇聯飛機又出現在城市上空。波蘭共產黨部隊在蘇聯命令下，打到首都的邊緣。

　　蘇聯空軍從9月14日開始空投補給，但降落傘很少打開，許多裝箱的空投物資碰碎了，無法加以利用。第二天，蘇軍佔領了普拉加郊區，但不再前進。他們希望非共產黨的波蘭人遭受全殲，但又給人們保持著這樣一種感覺，認為他們要援救波蘭人。同時，德國人逐房逐舍前進，肅清全城波蘭人的反抗中心，悲慘的命運落到居民身上，許多人被德國人運走。博爾將軍致蘇軍司令羅科索夫斯基將軍的呼籲沒有得到答覆。到處都是饑荒。

　　我想得到美國支援的努力導致一項單獨的但是規模巨大的行動。9月18日，104架重型轟炸機飛臨波蘭首都上空空投補給，但已為時過晚。

　　10月2日晚，米科瓦伊奇克總理告訴我：華沙的波蘭軍隊快要向德軍投降了。這個英雄城市最後幾次廣播之一在倫敦收聽到了：

　　這是絕對真實的情況。我們遭受的待遇比希特勒的僕從國還要壞，比義大

▲ 向南斯拉夫遊擊隊提供補給罐頭的英國運輸機。

利、羅馬尼亞、芬蘭更壞。公正的上帝，對波蘭民族所承受的可怕的不公平作出裁決吧，希望他因此懲治那些犯罪者。

您的英雄們是這樣一些士兵，他們用左輪手槍、汽油瓶作為武器，跟坦克、飛機、大炮搏鬥。您的英雄們是那些婦女，她們在彈雨紛飛的炮火下護理傷患，傳送信件，她們在炸得傾塌的地下室做飯，餵養小孩，供應成人。她們安慰垂死者，減輕他們的痛苦。您的英雄們是這些孩童，他們在還在冒煙的廢墟間安靜地嬉戲。這些就是華沙的人民。

能夠鼓舞起這樣廣泛的英雄行為的民族是不朽的，因為死者可以說已經戰勝了，而生者將繼續戰鬥，取得勝利，並再一次證明：只要波蘭人活著，波蘭就存在下去。

這些話語是令人難忘的。華沙的戰鬥持續了六十多天。40000名波蘭地下軍中有大約15000名犧牲了。百萬人口中有1/5遭殃。德軍為了鎮壓起義付出了10000人喪生、7000人失蹤、9000人受傷的代價。這個比例說明了戰鬥具有短兵相接的特點。

三個月後，當蘇聯人入城時，除了瘡痍滿目的街道與無人收埋的屍體外，他們一無所獲。這就是他們對波蘭的態度，那裡歸他們統治。但這不會是故事的終結。

第27章
1945年10月，莫斯科

隨著秋天的來臨，東歐的一切變得更緊張了。自從德黑蘭會議以來，我再沒見過史達林，我覺得有必要和他見一面。儘管發生過華沙的悲劇，但在「霸王」行動成功開始後，我感覺和他又有了新的聯繫。

在巴爾幹戰場上，蘇聯軍隊正窮追猛打，羅馬尼亞和保加利亞都已落入他們手中。對於偉大的同盟而言，勝利只不過是時間問題，蘇聯的野心自然就慢慢滋長了起來。在炮聲隆隆的東線背後，共產主義抬頭了，蘇聯是救世主，而共產主義成了福音。而在過去，我從來沒有在英國、羅馬尼亞和保加利亞的關係上，認為需要付出任何特殊的犧牲。

波蘭和希臘的命運也喚起了我們強烈的感情。為了波蘭，我們參加了大戰；為了希臘，我們作出過艱苦的努力。兩國的流亡政府都在倫敦，只要是他們人民真正希望的，我們就有責任幫他們光復自己的國家。總體來說，美國和我們一樣，然而他們沒能在第一時間領會到共產主義影響擴大的後果。這種影響以前是一點點地滲透進來，而現在則隨著克里姆林宮指揮的大軍長驅直入。我希望，對待這些東西方間已經揭開的新問題，能夠利用我們同蘇聯的友好關係以達成圓滿的解決。

除了這些關係到整個中歐的重大問題以外，世界性組織的構想也在我們的腦海中發酵。8月到10月間，華盛頓附近的敦巴頓橡樹園裏，已經召開了一個冗長的會議。美國、英國、蘇聯和中國在會上制定了後來著名的世界和平維護方案。

四國一致倡議，讓所有愛好和平的國家加入同一個組織，而這個被稱為「聯合國」的新組織將由一個大會和一個安全理事會組成。大會討論和研究促進及保持世界和平的方法，並向安全理事會建議具體的實施方案。每個國

家都是大會的會員國，各自擁有投票權。不過，大會只能提出建議或通過宣言，並無執行權。安全理事會要調查聯合國各成員國之間的各種爭端，在無法和平解決時甚至可以採取武力解決爭端，這一點與國際聯盟截然不同。

根據這一方案，大會可以討論和建議，只有理事會才能夠採取行動。理事會的自由裁決不受「侵略」定義的限制，也不受與使用武力以及實行制裁的時間有關之條例限制。

最後，關於安全理事會的理事國，以及理事國應如何行使其重大權力等問題，經過大量討論後確定了下來：「三大國」和中國應為常任理事國，法國在適當時候也可參與，大會應另行選出6個國家參加該理事會，一次任期定為兩年。剩下的問題與表決權有關。雖然大會賦予每個成員國投票權，卻只能用於研究和提出建議，即便如此，這一權力也很少有實質性的意義。

確定安全理事會內部表決辦法更是困難重重，討論中暴露了「三大國」之間存在的不少分歧。克里姆林宮不打算加入這樣一個國際組織，他們擔心會被一大批小國的多數票所壓倒，儘管這些國家無法對戰爭進程作出影響，可它們肯定會在勝利時要求平等的地位。

我確信，我們只有處於聯合一致對外的夥伴關係時，才能與蘇聯達成妥善的解決。希特勒和希特勒主義註定將會滅亡，然而在希特勒之後，又將是什麼呢……。

10月9日下午，我們飛抵莫斯科，莫洛托夫和許多蘇聯高級官員以全套禮儀盛情歡迎我們。這一次，我們住在莫斯科市內，備受關照，起居舒適。我住在一幢精心挑選的房子裏，房子不大卻勝在設備齊全，安東尼住在附近的另一幢。對於獨居這一點，我們都感到十分滿意。

當天夜裏10時，我們在克里姆林宮舉行第一次重要會議。只有史達林、莫洛托夫、艾登和我出席，伯爾斯少校和巴甫洛夫任翻譯。大家一致同意，邀請波蘭總理米科瓦伊奇克、外交部長羅默先生和格列布斯基先生——一位鬍子灰白、頗有魅力和才幹的老院士——立即前來莫斯科。為此，我電告米科瓦伊奇克先生，希望他和他的朋友與蘇聯政府、我們以及盧布林波蘭委員會進行討論。

　　我明確指出，不願參加會談等於對我們建議的斷然拒絕，這將導致我們不再承擔對倫敦波蘭政府所負有的責任。

　　當時是個商談問題的好時機，我便提議：「讓我們來解決巴爾幹地區的問題吧。你們的軍隊在羅馬尼亞和保加利亞，而我們在這些地方有各種派遣團體和代理機構，也有自己的利益訴求。我們不要為了細枝末節的小問題而意見相左。對於英國和蘇聯來說，怎樣才能做到讓你們在羅馬尼亞占90%的優勢，我們在希臘有90%的發言權，而兩國在南斯拉夫方面平分秋色呢？」

　　趁著翻譯這段話的時間，我在半張紙上寫出：

羅馬尼亞

蘇聯………………………………………………90%

其他國家…………………………………………10%

希臘

英國………………………………………………90%

（與美國一致）

蘇聯………………………………………………10%

南斯拉夫…………………………………50%—50%

匈牙利……………………………………50%—50%

保加利亞

蘇聯………………………………………………75%

其他國家…………………………………………25%

　　我把字條遞給史達林，而他正在聽翻譯。稍等了一會工夫，他拿起藍鉛筆在紙上鉤了鉤表示同意，然後把字條遞回來。問題就這樣解決了，比寫下它們來還要快。

　　當然，我們已經經過了長時間的考慮，當時只不過是對於戰時安排的處理而已，雙方都打算把其餘所有較大的問題留待以後解決。因此，我們希望在戰爭勝利之後能有一次和平會談的機會。

　　雙方都沉默了一段時間，而鉛筆劃過的紙條則放在桌子的正中央。

　　最後，我說：「我們用這種態度處理與千百萬人的命運生死攸關的問

題，這看起來有些草率，不至於被人說成兒戲嗎？咱們把字條燒掉算了。」「不，你保存著。」史達林回答道。我還提起了德國總問題，會上同意由兩國的外長以及哈里曼先生繼續深入研究……。

10月11日晚上，史達林到英國大使館參加宴會。這是英國大使首次成功地做出這樣的安排。一切戒備都由員警擔任。我的一位客人維辛斯基先生在走過階梯時，看著站在那裏的蘇聯秘密員警說：「很明顯，蘇聯紅軍又取得了一個勝利，它們佔領了英國大使館。」

直到凌晨二、三點，我們的討論都處於一種輕鬆的氛圍之中。我們甚至還討論了下一屆的英國大選，史達林說他深信保守黨將在大選中獲勝。在政治舞臺上，真是知己不易，知人更難……。

10月13日傍晚5時，我們在名為斯皮里多諾夫卡的蘇聯國家迎賓館開會，聽取米科瓦伊奇克及其同僚的闡述。談判是為下一步會議作準備的，英、美兩國代表將與盧布林波蘭人會面。我力勸米科瓦伊奇克考慮接受寇松線，事實上就是要他同意居民互換，並和盧布林波蘭委員會進行友好商討，以便成立一個統一的波蘭。

我說，一切都會改變，但要是能在戰爭結束之前實現統一，那就再好不過了，我要求波蘭人當天晚上仔細考慮，艾登先生和我將靜候他們的意見。對他們來說，與盧布林波蘭委員會進行接觸，接受寇松線作為初步的協議，以便於提交和平大會討論，這是最重要的。

當晚10時，我們還會見了所謂的「波蘭民族解放委員會」的成員。我們一下就看穿了，盧布林波蘭人只不過是蘇聯人手下的小卒。他們把自己的臺詞練習得太認真了，以致他們的主子也覺得過分做作。就像領頭的貝魯特先生所說：「我們在這裏代表波蘭提出要求，利沃夫必須屬於蘇聯。這是波蘭人民的意志。」

在這些話被譯成英語和俄語的時候，我瞧了瞧史達林，他那富有表情的眼睛一眨一眨，似乎在說「我們蘇聯教得不賴吧」。另一個盧布林頭頭奧索布卡-莫拉夫斯基則作了一通冗長的發言，同樣令人感到沉悶窒息。艾登先生

對這些盧布林波蘭人的印象真是壞透了。

會議開了整整六個多小時，可效果卻並不明顯……

日子一天天過去，蘇波爭端卻沒有得到太多的改善。波蘭人準備承認寇松線「作為蘇聯與波蘭的分界線」。蘇聯則堅持使用「作為蘇聯與波蘭雙方國境線的基礎」等字眼。雙方各執己見，不肯讓步。米科瓦伊奇克宣稱他會被自己的人民所拋棄，而史達林在和我單獨進行的兩小時又一刻鐘的談話結束時說，在那些與他共事的人當中，只有他和莫洛托夫贊成對米科瓦伊奇克「溫和」一點。我確信，他在這個語境裏潛藏著來自黨和軍隊兩方面的強大壓力。

史達林認為，如果國境線問題無法取得一致，就不好著手組織波蘭統一政府。倘若這個問題得到解決，他十分樂意讓米科瓦伊奇克來領導新政府。而我認為，在討論波蘭政府與盧布林波蘭人合併問題上，一定會碰到同樣棘手的困難，盧布林的代表給我們留下了極壞的印象，因此我對史達林說，他們「只是蘇聯意志的表達而已」。

他們毫無疑問地懷有統治波蘭的野心，因而充當了吉斯林[1]一類的角色。既然如此，最好的辦法就是讓這兩個波蘭代表團都回到原來的地方去。我深深感到，即便將寇松線強加於波蘭引起了責難，我和外交大臣還是有責任為解決蘇波爭端擬出一些提案。

在其他方面，我們卻取得了巨大的成效。在消滅希特勒後攻擊日本，蘇聯政府的決心是顯而易見的。這對縮短整個戰爭有著無可估量的意義。我確信，這對巴爾幹半島各國所作的安排來說，是再好不過了。這些安排再配合相應的軍事行動，必能夠成功拯救希臘。同時，鑑於鐵托的行為，以及蘇聯和保加利亞部隊支援其東翼的情況，我認為協同奉行對南斯拉夫50：50的政策，是我們解決當前遇到困難的最好辦法。

1.挪威政治家，在第二次世界大戰中與德國合作，後來其名便成了英文「賣國賊」的同義詞。

　　毋庸置疑，我們兩國在狹小的範圍內進行了沒有拘束、自由自在和誠心誠意的交談，這是前所未有的。史達林幾次表示了個人的敬意，我覺得這些的確都是真誠的。可是我更加確信的是，決非他一個人說了算，就像回國時我對同僚們所說的，「騎馬者的後面，總有個陰沉而憂慮的人坐著」。

第28章
我與羅斯福、史達林的雅爾達會議

在1945年1月5日，蘇聯竟然違背英、美兩國的期望，承認盧布林委員會為波蘭的臨時政府……羅斯福總統深信再度舉行「三方」會議的必要，並且曾花了若干時間來討論這個會議的安排。通常關於會議地點的辯論也跟著發生。總統說：「如果史達林不能設法和我們在地中海會晤，我準備到克里米亞去，在雅爾達開會，此地似乎是黑海上最適宜的地點，岸上有最好的登陸設施，而且飛行的條件也最有利……」

這次會議的第一次全體會議是在2月5日下午4時15分開始的……討論一開始就談到德國的前途……。

這時史達林問起關於怎樣肢解德國的問題。我們是否需要一個或幾個政府，或者是只要有某種形式的行政機構？如果希特勒無條件投降，我們應當保存他的政府或是拒絕跟它打交道？在德黑蘭，羅斯福先生曾經建議把德國分成五個部分，史達林也表示過同意；而我卻反而躊躇不定，只希望把它分為普魯士和奧地利一巴伐利亞兩個部分，而把魯爾和威斯特伐利亞放在國際共管之下。他說，現在是時候了，應該有一個明確的決定。

我說我們大家都同意德國應當肢解，但是實施的辦法過於複雜，不能在五、六天之內解決。對於歷史方面的、人種研究方面的和經濟方面的現實狀況都需要作一番十分深入的考察，並且需要由一個專門委員會來做長時間複查，該委員會要對各種建議進行研究，然後提出意見。要考慮的事情是很多的。普魯士該怎樣處置？哪些領土應歸波蘭和蘇聯？萊茵河流域和魯爾及薩爾大工業區應該由誰來管？這些問題是需要深入研究的，英國政府也將慎重考慮兩個大盟國的態度。應該立即設立一個機構來研究這些事情，而且在我們作出最後決議之前應該先聽取它的報告。

當時我對未來作了一番思索。如果希特勒或希姆萊出來請求無條件投降，十分清楚，我的回答應該是我們不跟任何戰犯進行談判。如果他們是德國人所能推舉出來的唯一人選，那麼我們只好把戰爭繼續打下去。然而，更大的可能是希特勒和他的同夥被殺掉或失蹤，而另外一班子人會出來請求無條件投降。如果這樣的事情發生，三大國應當立即進行商討，決定是否值得與他們打交道。如果值得，那就應該把已經準備好的投降條件擺在他們面前，如果不值得，戰爭就要繼續打下去，而且把全德國置於嚴格的軍事管制之下。

羅斯福先生建議由我們的外長們在24小時之內制定出一個研究這個問題的計畫，在一個月之內制定出一個肢解德國的確切計畫。事情到此，暫告一段落。

其他問題也予以討論，但沒有得到解決。總統問是否應該讓法國人在德國境內有一個佔領區。我們都同意應當在英、美佔領區內劃分一部分給他們，並由外長們考慮對這個地區應當如何進行管理。

隨後史達林請麥斯基說明蘇聯所擬定的關於責成德國賠款和拆除其軍火工業的計畫。我說上次戰爭的經驗是令人十分失望的，因此我不相信有可能從德國索取像麥斯基建議單獨付給蘇聯的那樣大的數目。英國也同樣蒙受了重大損失，許多建築物遭到破壞，也喪失了許多國外投資，並面臨著如何大量增加出口，以償付我們所需的糧食進口問題。我懷疑這些負擔能否由德國賠款而得到切實的減輕。其他國家也受到損失，也應當予以考慮。如果德國陷於飢餓，將會發生什麼情況呢？難道我們可以存心袖手旁觀，見危不救，甚至認為這是罪有應得嗎？或者我們應當倡議賑濟德國人，而如果要這樣做，由誰來付款？史達林說這些問題總是要發生的，我回答說，你要叫馬兒跑，就得讓馬兒吃草。最後我們同意將蘇聯的提案交給一個專門委員會去審查，該委員會應在莫斯科秘密開會。

之後，我們對下一天的會議作了安排，同時對即將進行討論的兩個主題也作了考慮，就是有關世界安全的敦巴頓橡樹園會議的計畫問題和波蘭問題。

在這個第一次會議上，羅斯福先生作了重要發言。他說美國將採取一切明智步驟來保持和平，但不能花很大費用來維持一大批駐在離本國3000英里的歐洲軍隊。因此美國的佔領將以兩年為限。可怕的問題在我的腦海中浮現出來了。如果美國人離開歐洲，英國就得單獨佔領整個西德。這樣一個任務是遠非我們所能勝任的。

2月6日在我們第二次開會時，我為此而竭力主張法國人應幫助挑起這樣一個重擔。劃一個佔領區給法國並不等於事情就此了結。德國肯定是要再次復興的，總有一天美國人是要回老家去的，而法國人不得不跟德國人比鄰而居。一個強大的法國不僅對歐洲是重要的，而且對英國也同樣重要。只有法國才能取消在它海峽沿岸的火箭發射場，並且建立起一支軍隊來遏制德國人。

接著，我們把話題轉到關於謀求和平的世界工具方面。總統說在美國輿論是有決定作用的。如有可能同意敦巴頓橡樹園提議或與之相似的提議，他的國家似乎更有可能為組織全世界的和平而全力以赴，因為對於這樣一個世界組織在美國是能夠取得廣泛支持的。然而，正如前面有一章所說的，敦巴頓會議結束時並沒有對安全理事會十分重要的表決權問題達成完全一致的協定。

1944年12月5日，總統曾向史達林和我提過新建議。建議內容如下：

安理會的每個理事國應有一票。任何一項決議，須在十一個理事國中取得七個理事國的投票贊同方能付諸實行。這在程序細節上是夠充分的了。至於一切較大事情，如接納新會員國進組織或開除出組織，制止和解決爭端，限制軍備和提供武裝力量

▲ 1944年12月，比利時巴斯托涅南部，美國士兵俘虜了一名德國士兵。

等，均應取得全體常任理事國的一致同意。換句話說，除非「四大國」一致同意，否則安理會是沒有實權的。如果美國、蘇聯、英國或中國不同意，那麼就可以拒絕同意和制止安理會採取任何行動。這就是否決權。

羅斯福先生的建議含有另一個精闢獨到之處，爭端可以採取和平的方法解決。這樣的話，也要取得七票，而且常任理事國——就是說，「四大國」——都得同意才行。但是如果安理會的任何一個理事國（包括「四大國」）牽涉在那個爭端裏面，該理事國就只能有討論權而不能有表決權。這樣的計畫是斯退丁紐斯先生在2月6日的第二次會議上提出來的。

史達林說他將對這個建議予以研究，看看能否理解，不過目前還沒有完全明白。他說他擔心的是，雖然三大國今天是同盟國，誰也不會進行侵略，但是十年或不到十年之後，這三個領導人會隱退，新的一代要起來掌權，他們沒有經歷過這場戰爭，因此會忘記我們所經受過的一切。他又說：「我們大家都願意保持和平至少五十年之久。最大的危險就是在我們自己之間發生衝突，因為如果我們保持團結，德國的威脅就不致十分嚴重。為此我們現在就要考慮如何保持我們將來的團結，如何保證三大國（可能中國和法國也在內）能夠維持一條統一的戰線。必須制定出一種制度來防止主要大國之間的衝突。」……。

餘下的細節問題很快就解決了。2月8日下午我們再次集會的時候，一致同意支持蘇聯人請求的讓兩個蘇聯的加盟共和國加入聯合國，並且同意世界組織的第一次大會於4月25日（週三）召開。邀請出席的僅限於3月1日以前對共同敵人宣戰的國家，或已經在聯合國宣言上簽字的國家。我同意史達林的說法，這樣做意味著邀請了某些沒有積極參戰，而一直觀望著直到看出誰勝誰負之後才參戰的國家，然而，這樣做可以使德國大為喪氣……。

雅爾達會議的八次全體會議中，至少有七次討論到波蘭……因此，在會議結束時發出的公報包括了關於波蘭的聯合宣言，其文如下：

我們前來參加克里米亞會議，決心解決在波蘭問題上的分歧。我們充分地討論了這個問題的各方面。我們重申我們的共同願望是要看到建立起一個強大、自由、獨立和民主的波蘭。商討的結果，我們對於一個可以得到三大

國承認的全國統一的新波蘭臨時政府的組成條件，已經意見一致。

我們所達成的協定如下：

由於紅軍全部解放了波蘭，在波蘭出現了一種新的形勢。

這就要求建立一個比波蘭西部最近解放以前可能建立的基礎更廣大的波蘭臨時政府。因此現今在波蘭行使職權的臨時政府，應該在更廣大的基礎上實行改組，以容納波蘭國內外的民主領袖。這個新政府因此應該稱為波蘭全國統一臨時政府。

莫洛托夫先生、哈里曼先生和克拉克·克爾爵士受命以一個委員會的資格，首先在莫斯科與現今臨時政府的成員並與波蘭國內外其他波蘭民主領袖進行會商，以便根據上述方針改組現政府。這個全國統一的波蘭臨時政府應當保證：盡速根據普遍選舉與無記名投票方式舉行自由的和不受限制的選舉。在這些選舉中，所有民主的和反納粹的政黨都有權參加，並提出其候選人。

當全國統一的波蘭臨時政府已經依照上述原則正式成立時，目前和波蘭現在臨時政府保持外交關係的蘇聯政府以及聯合王國政府和美利堅合眾國政府，都要和新的波蘭全國統一的臨時政府建立外交關係，並且互派大使，各政府根據大使的報告，將經常獲悉波蘭的情形。

三國政府的首腦認為，波蘭的東疆應依照寇松線，但應在若干區域作出對波蘭有利的5～8英里的逸出。他們承認：波蘭必須在北方和西方獲得廣大的領土上的讓予。他們覺得關於這些領土上的讓予的範圍，當於適當時機徵詢新波蘭的全國統一的臨時政府的意見，關於波蘭西疆的最後定界，應待和會解決。

1945年2月11日

我們在雅爾達的正式討論之中不曾談到遠東。我知道美國人打算向蘇聯人提出蘇聯參加太平洋戰爭的問題，我們在德黑蘭曾經談到這件事。在1944年12月，史達林也曾向在莫斯科的哈里曼先生提出關於蘇聯在戰後對這些地區的一些權利要求的若干詳細建議。美國的軍事當局估計在德國投降之後，還要十八個月才能打敗日本。蘇聯的幫助可以減輕美國的嚴重傷亡。這時對

▲ 1945年2月，雅爾達會議上各懷心思的「三巨頭」。

日本本土的進攻還處於計畫的階段。麥克阿瑟將軍在雅爾達會議的第二天才進入馬尼拉。第一顆原子彈的試驗性爆炸要再等五個月才實現。如果蘇聯仍舊保持中立，那麼在滿洲的大量日本軍隊就能夠投入保衛日本本土的作戰。

羅斯福總統和哈里曼先生帶著這個問題，在2月8日跟史達林討論蘇聯在遠東的領土要求。除了一個蘇聯的譯員之外，唯一在場的是國務院的查理斯・E・波倫先生，他也充當現場翻譯。

兩天以後又繼續會談，蘇聯的條件作了一些修改之後被接受了。哈里曼先生1951年在美國參議院作證時曾提到這些為交換的條件。蘇聯方面則允諾在德國投降後二至三個月內參加對日戰爭。

當天下午，在跟史達林的私下談話中，我問他關於蘇聯對遠東的願望。他說他們要有一個像旅順口那樣的海軍基地。

美國人認為那些港口最好由國際共管，但是蘇聯人要求他們的利益得到保障。我回答道，我們將歡迎蘇聯船隻出現在太平洋，我們也贊成蘇聯在日俄戰爭中的損失得到補償。第二天，2月11日，他們給我看前一天下午由總統和史達林草擬的協定，我就代表英國政府在上面簽了字。這個文件在蘇聯政府跟中國國民政府之間的談判完成之前，一直是保密的，史達林則肯定同意給予中國國民政府支持。這件事至此告一段落，直到我們在波茨坦重新開會以前不久才又提起……

　　議會中一般的反應，是無條件地支持我們在克里米亞會議中所抱的態度。不過關於我們對波蘭人的義務方面存在著強烈的道義上的感情，因為波蘭人在德國人手中吃了那麼大的苦頭，而我們為了他們的緣故，最後一著是參加了戰爭。約有30人的一群議員對這件事非常激動，以致他們有些人發言反對我的建議。我有一種苦惱的感覺，深恐我們會看到一個英勇的民族遭到奴役。艾登先生支持了我。在第二天進行分組表決時，我們得到了壓倒性的多數，但是有25個議員，其中多數是保守黨，投票反對政府，而且還有11個政府成員棄權。城鄉計畫部的政務次官施特勞斯先生提出了辭職。

　　對於那些負責處理戰時或危急期間大事的人們，不容許他們只談為善良人民所同意的一般大原則。他們必須逐日作出具體的決定。他們必須採取堅定不移的態度，否則怎能維持聯合一致的行動呢？在德國人被擊敗以後，對於曾盡全力鼓舞蘇聯努力作戰，並主張和我們受難如此深重的偉大同盟國保持密切接觸的人們，加以譴責是容易的。當德國人還有二、三百個師在戰線上，如果我們跟蘇聯人發生了爭吵，試問會發生什麼樣的結果？我們寄予希望的種種設想不久即告落空，然而，這些設想是當時僅可能的設想。

第29章
羅斯福逝世與德國投降

在4月12日，週四，羅斯福總統突然於佐治亞溫泉逝世，享年63歲。那天下午，總統在畫師為自己畫像時突然病倒，從此不省人事，隔了幾個鐘頭就逝世了。

前文提過，即將到來的勝利所帶來的種種問題，其複雜性可與戰爭中種種嚴重的危險相提並論。的確，羅斯福可以說是在戰爭最高潮的時刻，而且最需要他的權威來指導美國政策的時候死去的。4月13日，週五清晨，當我獲悉此噩耗時，彷彿受到了一次巨大的打擊。

我跟這位卓越人物的關係，在我們共同工作的漫長而驚心動魄的歲月中，曾發揮極其巨大的作用。這些關係都已經告終，我被內心湧起的一種深沉而無可挽回的情感壓倒了。我到下議院去，原定11時開會，我只用短短幾句話建議：為了悼念我們卓越的朋友，我們應該立即休會。這種因一個外國元首逝世而採取休會的空前做法，是符合全體議員一致願望的，他們僅開了8分鐘的會，便緩緩地魚貫走出會議室。

許多國家採用種種的方式來悼念羅斯福。一面面鑲著黑邊的旗幟掛在莫斯科。當最高蘇維埃開會的時候，他們起立默哀。日本首相向失去自己領袖的美國人表示「深切的同情」，他把「美國人今天的有利地位」歸功於這位領袖。德國無線電臺中所說的卻正相反，「羅斯福將在歷史中成為這樣一個人，就是由於他的煽動，才使現在的戰爭蔓延成為第二次世界大戰，他是終於做到使他的最大敵手、布爾什維克蘇聯得勢的這樣一個總統」……。

4月17日，週二，當議會開會的時候，我提議向國王陛下奏明議會深切的哀悼，和他們對於羅斯福夫人及美國政府和人民的深厚同情。照常例應當由各黨領袖發言來支持這樣一個提議，但我當時有一種自發的感覺，認為應

該由我單獨代表下議院發言。那一天，我找不到比我當時在那個悲痛事件的情感中所說的更為恰當的話。

我說：「我和這位偉人的友誼是在這次戰爭中開始和成熟起來的。我們今天向他的功績和名望表示敬意。在上次戰爭結束以後，我曾經見過他，但只有幾分鐘。1939年9月，我一進海軍部，他就給我發來電報，請我就有關海軍或其他問題跟他直接通信，只要我覺得有需要，不論何時都行。我得到了首相的許可後，就這樣做了。我知道羅斯福總統對海戰有濃厚的興趣，就提供他一連串關於我們海軍事務和各種作戰行動的消息，尤其是包括普拉特河口的戰鬥，這次行動照亮了戰爭中第一個黯淡的冬天。

「當我擔任了首相，而戰爭在極度可怖的激烈狀態中爆發的時候，當我們自己的生死存亡還懸而未決的時候，我已經能夠在最親密和愉快的交誼之中跟總統互通電報。這一情況在全世界戰鬥的整個升沉起伏之間，始終繼續保持下來，直到上週週四我接到他最後的電報為止。這些電報顯示，他在處理疑難複雜的問題上所一貫具有的明確見解和活力，並沒有衰退。我可以指出，這樣的通信（在美國參戰以後當然大為激增），包括我們之間來往的電報，計達1700件以上。其中有許多長篇電報，大多是處理那些在其他階段得不到正式解決，必須由政府首腦一級官員來討論的比較困難的問題。除了這些通信以外，還得加上我們的九次會議——一次在阿根夏、三次在華盛頓、一次在卡薩布蘭卡、一次在德黑蘭、兩次在魁北克和最後一次在雅爾達。大約共有120天親密的個人接觸，其中有一大部分時間我和他住在白宮裏，或在海德公園他的家中，或在他稱為香格里拉的藍山城他的別墅山莊裏。

「我欽佩他是一個政治家、實業家和軍事領導人。我極其信賴他的正直、感人的品格和見識，我對他有一種今天無法用語言表達的個人的尊重——我應該稱它為情誼。他愛他的祖國，尊重它的憲法，和他判斷變化不定的輿論傾向的能力，這些始終是有目共睹的。此外，還得加上他那顆跳動不已的寬宏大量的心，這顆心經常因見到強國對弱國的侵略和壓迫的種種現象而激起憤怒，採取行動。如今這顆心永遠停止跳動了，這的確是一個損失，人類一個痛苦的損失。

▲ 1945年3月，德國韋瑟爾附近，美國傘兵部隊在空降。

「羅斯福總統的病痛沉重地壓在他身上。他在這許多年的動亂和風暴之中，竟能克服肉體上的病痛，這真是一個奇蹟。

「千萬人中找不到一個像他那樣深受病魔折磨而殘廢的人，會試圖投入一種體力和腦力都很緊張，以及艱苦而永無休止的政治論爭的生活中去。千萬人中沒有一個敢於嘗試，一代之中沒有一個人會得到成功。他不僅進入這個領域，不僅積極活動於其間，還成為那個場面裏不容置辯的主人翁。在這樣一種精神戰勝肉體、意志戰勝生理缺陷的非凡努力之中，他得到了那個高貴的婦女、他忠誠妻子的鼓舞和支持，她的崇高理想跟他的理想並駕齊驅，今天下議院充分表現出對於她的深切而尊敬的同情。

「毫無疑問，總統預見到籠罩著戰前世界的巨大危險。比起大西洋兩岸大多數消息靈通人士來，更具先見之明。他用全力促進美國和平時期輿論可以接受的預防性的軍事準備。

「當不和睦的現象開始出現的時候，他的同情寄託在哪一邊是絲毫不用懷疑的。對於法國的陷落和本島以外大多數人認為大不列顛行將覆滅一事，使他感到極大痛苦，雖然他對我們從來沒有失去信心。這些事情之所以使他感到痛苦，不僅因為歐洲之故，而且也因為一旦我們被擊潰或者在德國奴役下苟延殘喘，美國也將暴露在嚴重的危險之下。當我們處於孤獨的緊急時期，英國所忍受的痛苦使他和他的無數同胞對我國人民充滿著最熱烈的情感。在1940—1941年那個嚴峻的冬季中，希特勒下定決心要用猛烈的空軍閃電戰把我們的城市『夷為平地』，他和他的同胞們正和我們當中任何一

268

樣，感同身受，或許還要更強烈些，因為想像中的痛苦時常要比實際的更為厲害。毫無疑問，英國人，尤其是倫敦人，所忍受的痛苦，在美國人的心中所燃起的怒火，比我們所遭受的大火災更難熄滅。還有，那時，雖然有韋維爾將軍的勝仗（確實是由於我國給他派遣援兵之故），但在美國卻廣泛地存在著一種擔憂，認為德國在1941年春季經過充分準備之後，一定會向我們侵犯。在1月裏，總統派了現已去世的溫德爾·威爾基先生到英國來，他雖然是總統的政敵和反對黨的候選人，但在許多重要問題上跟他有同樣的見解。威爾基先生帶來了羅斯福總統的一封親筆信，信中有朗費羅的幾行著名的詩句：

> 邦國之舟，揚帆前進吧！
>
> 揚帆前進，強大的聯邦！
>
> 憂患中的人類，
>
> 正全神貫注地將他們的一切未來希望，
>
> 寄託在你的命運之上。

　　「大約就在那個時候，他想出了一種援助的非常措施，叫作《租借法案》。這種辦法是有史以來任何國家中最無私和最慷慨的財政法案。它的效果是大大地增強了英國的戰鬥力，並且為所有的戰爭努力服務，使我們好像變得人數多了，力量大了。那年秋天，我在戰爭期間第一次跟總統於紐芬蘭的阿根夏會面，我們共同起草了後來稱為《大西洋憲章》的宣言。我相信它將長久成為我們兩國人民和世界上其他各地人民的指南。

　　「在這整段時間裏，日本人埋藏在神不知鬼不覺的極端秘密之中，準備著他們的背信棄義和貪婪的勾當。當我們下一次在華盛頓會見的時候，日本、德國和義大利已經對美國宣戰，而我們兩國已經在並肩作戰了。從那時起，我們雖然經歷了千辛萬苦與挫折失望，但總是不斷擴大戰果，在陸上和海上前進。這裏我無須多談在西半球發生的一系列大戰，更不必說世界另一邊正在進行的另一場大戰了。我也無須談到我們跟偉大的盟邦蘇聯在德黑蘭所制定的計畫，因為這些計畫現在已經完全付諸實施了。

　　「但是在雅爾達，我注意到總統有病痛。他動人的微笑，他愉快而瀟灑

的風度，並沒有消失，可是他的面色異常蒼白，形容消瘦，眼神往往有惘然若失之感。我在亞歷山大港向他告別的時候，我必須承認，我已經有一種隱隱約約的憂慮之感，覺得他的健康和體力正在衰落下去。但任何事情也不能改變他那不屈不撓的責任感。直到臨終，他面對著他的無數任務毫不畏縮……當死亡突然降臨到他身上的時候，他已經完成了他的使命。他已經做了他一生應做的那一份工作。就像有句諺語說的，他以身殉職，而且我們可以更確切地說，他就像那些跟我們的戰士一起在世界各地並肩戰鬥、把任務執行到底的他的士兵、水手和航空人員殉身戰場一樣。他的死是值得欽佩的！他已經把他的國家從最大的危險和最沉重的苦難中挽救過來。勝利的確定而可靠的光芒已經投射在他的身上。

　　「在和平的日子裏，他曾經擴大和穩定了美國的生活和團結的基礎。在戰爭中，他把偉大的共和國的實力、威力和榮譽提高到歷史上任何國家所從未達到的高度。美國用左手來領導得勝的盟軍進入德國的心臟，又用右手在地球的另一邊，勢如破竹地粉碎了日本的力量，而且在這整個期間，一直把船隻、軍火、補給品和各種食品大規模地援助給它的大小盟國……

　　「但是，如果他不是把一生這麼許多的精力用於人類自由和社會正義的事業，使之增添上一層光彩……從而將永久為世人所認識的話，那麼，這一切充其量也不過是世俗的權勢和威嚴罷了。他身後留下了一批堅決和能幹的人，來處理龐大的美國戰爭機器中無數互相關聯的各個部門。他留下一個繼承者，這個人以堅定的步伐和充分的信心出來擔當任務，以期達到預定的目的。我們唯有這樣說，在富蘭克林‧羅斯福身上，我們失去了歷來所未有的最偉大的美國朋友，也是把援助和安慰從新世界帶到舊世界來的最偉大的自由戰士。」……。

　　我開頭時情不自禁地想飛去參加葬禮，而且我已經準備好一架飛機。哈利法克斯伯爵來電報說，霍普金斯和史丹紐斯對於我可能要去的想法大為感動，並對我認為去了將大有好處的看法，都熱烈贊成。後來杜魯門又請他轉告，他個人是如何重視盡可能早日和我見面的機會，他認為如果我有意要去的話，弔喪期間進行訪問將是一個自然而方便的機會。杜魯門先生的意思

是在葬禮完畢以後，我可以跟他作兩、三天的會談。

十分繁忙的公務壓在我的身上，使我不能在這個最危急和最困難的時刻離開本國，我只好順從了朋友的願望……。

後來我回顧此事時，惋惜當初不曾採納新總統杜魯門的建議。我過去沒有見過他，我覺得有許多事情要是能跟他面談那是具有重大意義的，尤其是，如果能分成幾天談，不匆忙，也不拘束。我覺得奇怪的是，特別是在最後的幾個月裏，羅斯福不曾使他的副總統和可能的繼承人充分熟悉事情的全過程，也沒有叫他參與正在執行的決議。這顯得對於我們的事業有著極大的不利。親歷其境、躬預其事，與事過境遷之後靠閱讀卷宗文件去瞭解情況，兩者之間是無法相比的。例如艾登先生是我的同僚，他知道每一件事情，因此任何時刻都能夠把我的全部領導工作接過去，儘管眼下我的健康很好，精力也極充沛。但是美國的副總統是從原來知道得很少和權力較小的地位，一躍而掌握最高的權力。杜魯門先生在這個戰爭的高潮時刻，怎樣能夠瞭解和估量事關生死存亡的問題呢？從後來我們所知道的關於他的每一件事情，都說明他是一個剛毅而無所畏懼的人，能夠採取最大的決策。但在最初的幾個月裏，他的地位是極其困難的，這使他不能充分發揮他的卓越才能……

杜魯門總統與我們有關的第一個政治行動，就是著手處理僅僅48小時以前羅斯福逝世時的波蘭問題。他建議由我們兩人向史達林發出一個聯合聲明。這一文件的內容，在新總統接任的時候，國務院當然很早便作了準備。無論如何，在舉行就職典禮和前任喪葬儀式之中，他能夠這樣迅速地把這件事擔當起來是很了不起的。

他承認史達林的態度不太令他感到有希望，但覺得我們應該「再作一次嘗試」，因此他建議告訴史達林，我們在莫斯科的大使們毫無疑問已經同意，邀請華沙政府的三個領袖到莫斯科會商，並向他保證我們從來沒有否認他們將在組織新的波蘭統一臨時政府中擔當重要職務。我們的大使們並沒有要求從波蘭國內外邀請不限人數波蘭人的那種權利。真正的問題在於華沙政府是否對於各個參加會商的候選人有否決權。在我們看來，《雅爾達協定》並沒有給他們這樣的權利……

▲ 1945年，被美軍第10裝甲師俘虜的德國士兵。

「……波蘭人失蹤的事件現在需要把它記載下來，雖然這一記載似乎比一般的敘述要追溯得稍早一些。在1945年3月初，蘇聯政治員警邀請波蘭的地下工作者派一個代表團前往莫斯科，商討依照《雅爾達協定》的方針組織一個統一的波蘭政府。邀請時還附有一個對於個人安全的書面保證，並且有過諒解，就是談判如果成功，可以讓這一方的當事人到倫敦去跟波蘭流亡政府洽談。

3月27日接替博爾-科馬羅夫斯基將軍指揮地下軍的利奧波德・奧庫利茨基將軍、其他兩個領袖和一個翻譯員在華沙市郊跟一個蘇聯代表會見。第二天有代表波蘭各主要黨派的11個領袖加入他們。此外，有一個波蘭領袖原已為蘇聯人所控制。沒有一個人從約定會見的地方回來。4月6日，波蘭流亡政府在倫敦發表了一個聲明，敘述這一陰險的插曲的概況。波蘭地下工作者中最受人尊敬的代表們已經下落不明，雖然有蘇聯官員發給的正式通行證。議會裏有人提出詢問，此後又紛紛傳說在目前蘇軍佔領區內有槍斃地方上波蘭領袖的事，特別是在波蘭東部謝德爾策有這種插曲。直到5月4日莫洛托夫才在三藩市承認說，這些人在蘇聯被拘留關押，蘇聯的一個官方通訊社於第二天宣稱，他們因被控「在蘇軍後方搞牽制性破壞活動」一案正在等候審判。

5月18日，史達林公開否認這些被捕的波蘭領袖有過被邀請到莫斯科的事，而且堅持說，他們只不過是「牽制性破壞活動分子」，將受到「一種類似英國保衛國土法案的法律」處理。蘇聯政府拒絕改變這種立場。關於這些被誘捕的受害者，此後就毫無所聞，一直到6月18日對他們被控的案件開審。審理是按照共產黨常用的方式進行的。犯人被控犯有顛覆、搞恐怖活動

和間諜等罪名。除一個人外，其他被告或全部或部分承認被指控的罪狀。13個人被判罪，分別處以四個月到十年的有期徒刑，3個人被釋放。實際上這是用司法手段，清洗了曾經對希特勒進行過如此英勇作戰的波蘭地下軍的領導人。士兵則早已葬身在華沙的廢墟之中……

正當三藩市會議在愉快地規劃一個自由、文明和團結的未來世界的基礎之際，正當偉大同盟的各國人民對希特勒和納粹的暴政取得勝利而歡欣鼓舞之時，我的內心卻因迅速展現在我的視野之前的新的和更大的危險而感到憂鬱。其次還有對大選的憂慮，無論其結果怎樣，勢必導致全國的分裂而削弱它在這一期間的態度。那時候，我們在這一場正義戰爭中所贏得的一切，可能都丟失了。看起來最重要的是，我、史達林和杜魯門應該儘早會晤，不應有任何耽誤。5月4日，我把我所看到的歐洲景象描繪給艾登，他當時正出席三藩市會議，每天跟斯退丁紐斯和莫洛托夫接觸，而且不久將到華盛頓，再度謁見總統……。

我們看到了驚人的變化，這些變化是扣人心弦的。希特勒的德國已經完蛋，他本人也即將滅亡。蘇聯人正在柏林作戰，維也納和奧地利的大部分在他們的掌握之中。蘇聯跟西方盟國的整個關係處於變動之中。在我們之間，每一個與將來相關的問題都懸而未決。雅爾達的協議和諒解，當時是那樣的，現已被勝利的克里姆林宮撕毀而甩在一邊。新的危險，或許像我們已經克服過的一樣可怕，幽然出現在飽受折磨而四分五裂的世界。

這些不祥的發展所抱的憂慮，即使在羅斯福總統逝世以前也已經明顯。據我們看來，他本人也覺得不安和煩惱。儘管有艾森豪軍隊勝利前進，杜魯門總統在4月的後半月仍發現自己面對著一個可怕的危機。在過去的一段時間裏，我曾經盡力要給美國政府一個印象，就是軍事和政治方面都在發生重大的變化。當東西方盟軍的前線互相接近而夾攻德軍的時候，我們西方國家的軍隊，不久將大大地越過我們佔領區的界線……。

如果其他的協議也得到尊重的話，我決不會主張取消我們關於議定佔領區的諾言。然而事實漸漸使我相信，在我們的軍隊停止前進甚至於撤退以前，我們應該設法跟史達林當面會談，以便能達成一個有關整個現狀的協

▲ 1945年，勝利前夕在萊比錫一幢公寓裏犧牲的年輕美軍士兵。

議。如果我們嚴格信守協議，而蘇聯人卻把一切能得到的東西都抓在手上，絲毫不顧他們所承擔的義務，那將引起一場災難。

到了4月，時局已經很明顯了，希特勒的德國很快就要被徹底打垮了。進攻的軍隊長驅直入，彼此之間相隔的距離一天天地縮小。希特勒曾經尋思要在什麼地方作最後的抵抗。遲至4月20日，他還想離開柏林到巴伐利亞的阿爾卑斯山區的「南方堡壘」去。這一天他召開了有主要的納粹首領參加的一次會議。當德國人的東西兩線即將被盟軍先頭部隊的挺進切成兩半的危險時，他同意建立兩個分開的司令部。海軍上將鄧尼茨將負責管理北方的軍事和民政，特別要負責把東方約200萬的難民帶回德國本土。南方殘餘的德軍將由凱塞林將軍指揮。一旦柏林陷落，這些措施就立即付諸實行。

兩天以後，4月22日，希特勒作了最後的和斷然的決定，留在柏林直到最後一天。這個首都不久被蘇聯人完全包圍起來，元首失去了控制事態的一切能力。給他留下要做的事只是如何在危城的廢墟中安排自己的死法。他對留在他身邊的納粹首領宣布他要死在柏林。戈林和希姆萊自從4月20日的會議以後都已離開，一心盤算著怎樣進行和平談判。已經到南方去的戈林以為希特勒既然決意留在柏林，實際上已經退位，因此請求確認他正式行使元首繼承人的權力，但所得到的答覆是立即撤銷他的一切職務。

希特勒總部裏最後的景象在別的書中已有很詳細的描繪。在他的統治集

團的頭面人物中，一直
跟他在一起到最後的，
只有戈培爾和博爾曼。
蘇軍當時正在柏林進行
巷戰。4月29日清早，
希特勒立下了遺囑。那
一天，他在總理官邸底
下的地下避彈室裏照常
進行例行公事。墨索里
尼的死訊傳來了，時機
來得這樣冷酷無情地巧
合。

▲ 約德爾將軍簽署德國投降書。

　　4月30日，希特勒安靜地和隨員一起吃午飯。吃過了飯，他跟在場的那
些人握了手，然後回到他自己的寢室去休息。到了下午3時30分，聽到一聲
槍響，他的隨從人員走進他的房間，發現他躺在沙發上，身旁有一支左輪手
槍。他是對準了自己的嘴巴開槍的。埃娃‧布勞恩死在他的身邊。在最後這
幾天裏，希特勒跟她秘密結了婚。她是服毒死的。兩人的屍體就在庭院裏焚
化。希特勒的火葬堆，伴以越來越大的蘇聯人的槍炮聲，構成第三帝國陰慘
的結束。

　　遺留下來的首領開了一次最後的會議。他們作了跟蘇聯人談判的最後一
分鐘嘗試，但朱可夫要求無條件投降。博爾曼試圖衝過蘇聯人的前線，從此
失蹤。戈培爾毒死了他的六個孩子，然後命令納粹黨先鋒隊警衛員開槍把自
己和妻子打死。希特勒總部裏的其他人員則落在蘇聯人的手裏。

　　那天晚上，海軍上將鄧尼茨在霍爾施泰因的總部裏收到一封電報：

　　元首任命你，帝國海軍上將先生，為他的繼承人，以代替前帝國元帥戈
林。書面的任命狀現在途中。你應根據形勢需要立即採取一切措施。

博爾曼

　　混亂開始了。鄧尼茨曾經和希姆萊進行過接觸，他原認為柏林如果陷

落，希姆萊將被任命為希特勒的繼承人，而現在最高的責任在毫無預兆的情況下，突然落在他的身上，這樣他就面對著部署投降的任務……。

5月7日凌晨2時41分，全面無條件投降的投降書由比德爾‧史密斯中將與約德爾將軍簽訂，當時在場作證的有法國和蘇聯的軍官。因此，所有的戰爭在5月8日午夜全面停止了。

正式由德國最高統帥部追認的投降儀式，是在蘇聯人的安排之下，於5月9日清早在柏林舉行的。空軍上將特德代表艾森豪，朱可夫元帥代表蘇聯人，陸軍元帥凱特爾代表德國，分別簽了字。

第30章
波茨坦：我的記載告一段落

當我走進倫敦歡呼的人群時，看到飽經磨難的人們，正沉浸在來之不易的歡樂之中，充斥在我心裏的卻是對於未來的擔憂和困擾。在許多人看來，這場由希特勒帶來的災難以及隨之而來的各種考驗和磨難，都已消失在光榮的火焰之中。五年多來，他們曾與之戰鬥的強大敵人已經無條件投降了。對於三個強大的戰勝國來說，剩下的工作不過是建立一個能保障正義與和平，持久不變的世界機構，把士兵送回他們盼望已久的親人身邊，讓國家就此進入一個繁榮和進步的黃金時代。沒錯，這些恰恰就是民眾心裏所想的。

然而，在這美好願景的另一頭，日本還沒有被征服，原子彈還沒有製成，世界還處在混亂之中。偉大的盟國雖然受共同的威脅而聯合起來，但這條紐帶已然於一夜之間蕩然無存了。在我看來，蘇聯已經取代了納粹敵人的威脅，能與之抗衡的同盟卻還沒有形成。在英國國內，戰時內閣賴以保持全國上下團結一致的堅實基礎，也已一去不復返了。我們的力量，曾經戰勝過這麼多的風暴，卻無法在在燦爛的陽光下繼續維持。那麼，我們究竟應當如何解決這些問題，才能使這場艱難而困苦的鬥爭得到最終的補償？

在我的心裏，有種恐懼始終揮之不去，那就是已經獲勝的民主國家軍隊即將解散，而最嚴峻的真正考驗還在我們的面前。這一切我過去全見過。我回想起三十多年前充滿了歡樂的某天，那時我與妻子驅車從軍需部和今天相差無幾的人群前往唐寧街，去向首相祝賀。就像現在一樣，我對整個世界的局勢有種理解。

不同的是，那時還沒出現能讓我們為之懼怕的強大軍隊，我主要考慮，由三大國召開一次會議，並希望杜魯門總統能夠在會議開始前提前到倫敦一

趨。然後，我們可以看到各種大不相同的意見，從華盛頓的各個有勢力的方面對新總統提出。以前在雅爾達我們注意到的那種心情和看法一直有所加強。有人主張，美國必須留神別讓它自己被引入到任何反蘇的行動中去。他們認為，這種反蘇行動將激起英國的野心，而在歐洲造成一條新的鴻溝。另一方面，正確的政策應當是美國站在英國和蘇聯之間，充當一個友好的調停者，甚或是一個仲裁者，力圖縮小這兩個國家之間關於波蘭或奧地利的分歧，使問題得到解決，達成安定和幸福的和平，從而使美國得以集中兵力來對付日本。

這些意見對於杜魯門的壓力一定是十分強大的。從他於歷史上著名的行動表現來看，他的本能反應可能與此迥然不同。我當然無法衡量在我們最親密的同盟者的神經中樞上起著作用的是哪些力量，雖然不久以後我對於它們有所意識。我只覺得擁有巨大聲勢的蘇維埃和蘇聯正朝著那些無能為力的國土上席捲而來……。

就在這幾天裏，我又發給杜魯門總統一份可以稱為有關「鐵幕」的電報。在我所寫的有關這個問題的一切公開文件中，我寧願以這一份電報供人們對我作出判斷。

首相致杜魯門總統：

1. 我對於歐洲局勢感到十分憂慮。我得悉美國在歐洲的空軍已有一半開始向太平洋戰區移動。報紙上充滿了美軍從歐洲大批開拔的消息。我們的軍隊，按照以前所擬定的辦法，也很可能要有很大的裁減。加拿大軍隊當然要走。法國的力量薄弱，不足以應付。誰都能看出，我們在大陸上的武裝力量，除留下少量部隊用來管制德國以外，將在很短的時間以內消失。

2. 同時蘇聯方面將會有些什麼情況？我始終為和蘇聯建立友好關係而努力。但是，像你一樣，我感到深切憂慮，因為他們對雅爾達決定作了曲解，他們對波蘭的態度，他們在巴爾幹半島各國，除希臘以外，佔有壓倒的勢力，他們在維也納所造成的困難，他們把蘇聯的實力與在他們控制或佔領之下的地區結合起來，再配合上他們在其他許多國家裏所施展的共產黨伎倆，尤其是他們能夠在廣大地區裏長時間維持著龐大的軍事實力。一、兩年後，

那時英、美的軍隊已經散掉，法國軍隊還不能大規模地建立起來，我們可能只有寥寥幾個師，大部分是法國師，而蘇聯人可以隨意保持現役的二、三百個師，試問那時的局面將會怎樣？

3. 他們將在前沿地區拉下一道鐵幕。我們不知道這個鐵幕後面將發生什麼事情。在盧貝克─的里雅斯特─科孚一線以東的整個地區，看樣子毫無疑問，不久將完全落到他們手中。此外，還得加上美軍所攻佔的在艾森納赫和易北河之間的一大片地區。據我料想，當美軍一撤回，這一地區在幾週之內又將被蘇軍佔領。當蘇軍大舉向歐洲中心前進的時候，艾森豪將軍必須做好一切安排，以防止又有一大批的德國人向西逃走。到那時，鐵幕又將在一個很大的範圍內（即使不是完全地）降下來。這樣，將有一個好幾百英里寬的蘇聯佔領區的廣闊地帶，把我們和波蘭隔開。

4. 同時，我們的人民方集中注意力嚴厲懲辦已被摧毀殘破並已屈服的德國，這就給了蘇聯人以可乘之機，如果他們想進入北海和大西洋的水域，他們在很短時間內就可進來。

5. 的確，在我們軍隊極度削減，或退到佔領區內以前，現在就十分需要和蘇聯達成一項和解或者看看我們跟它的關係究竟如何。要做到這一層，只有親自會面。我對於你的意見和指教將非常感激。當然我們也可以採取一種看法，即認為蘇聯的行徑將是無可非議的，那無疑提供了最方便的解決辦法。總而言之，在我們的力量還沒有消散之前跟蘇聯解決問題，在我看來這是壓倒一切的當務之急。

1945年5月12日

6月1日杜魯門總統告訴我，史達林元帥已同意於7月15日左右在柏林舉行一個他所稱為的「三人」會議。我立即答覆說，我將很高興地帶著英國代表團到柏林去，但是我認為杜魯門所提議的7月15日，對於要求我們彼此注意的緊迫問題來說，是太晚了，而且我們如果讓我們個人或一個國的需要妨礙及早開會的話，我們還將使全世界的希望和團結受到損害。我覆電中有這樣的話，「我雖然處於火熱的競選運動之中，我並不認為我在這裏的任務可以與我們三人之間的會議比擬。如果6月15日不可能，為什麼不在7月1日、

2日、3日」。杜魯門先生答稱，經過充分考慮後，就他來說，7月15日是最早的了，並且說正在依此進行布置。史達林是不願意把會期提前的……。

我曾經說過，我非常強烈地認為每一個政府的首腦，在危機時期中應該有一個副手能參與一切事情，如果有什麼意外發生，他就能夠因此保持連續性。在戰時的議會中，保守黨占了大多數，我一直把艾登先生看成是我的繼任人，並且在國王召見的時候，我曾照這樣稟明了國王。但是現在已進行一個新議會的選舉，而結果尚未揭曉。因此我覺得理應邀請反對黨領袖艾德禮先生出席波茨坦會議，使他能熟悉一切事務而不致脫節……。

我所以一直著急要趁早開會，主要理由當然是因美軍急於要從戰爭中贏到手的界線，撤退到佔領協定中所規定的區域中去。我所擔憂的是華盛頓有一天會作出決定，讓出這一大片地區——長達400英里，最深處達120英里。這裏面有好幾百萬的德國人和捷克斯洛伐克人。放棄它就將在我們和波蘭領土之間設置一道很廣闊的鴻溝，並將實際上結束我們影響她的命運的能力。蘇聯對我們態度的改變，雅爾達所達成的和解經常遭到的破壞，它向丹麥的挺進幸被蒙哥馬利及時的行動所挫敗，對於奧地利的侵佔，以及鐵托元帥在的里雅斯特的威脅性壓力。這一切，在我和我的顧問們看來，已經造成與兩年前規定佔領區時完全不同的形勢。的確，所有這些問題應該通盤考慮，而現在正是時候了。此時英、美兩國的陸軍和空軍，在未因復員及對日作戰的壓倒性要求而離散之前，仍然是一支強大的武裝力量，因此當前是作出最終解決的最後時機……。

1945年6月4日，我在致杜魯門總統的電報中說：「對於美軍撤退到中部地區我們的佔領線內，因而使蘇聯的力量深入到西歐的心臟，並且放下一道鐵幕使我們和東邊的一切事物隔開，我認為是深可憂慮的事。如果非撤不可的話，我希望這次的撤退能和真正奠定世界和平的基礎的許多重大事情連帶一起解決。」……。

6月12日總統答覆了我6月4日的去電。他說，關於佔領德國的三方協定，是羅斯福總統同我經過「長時間考慮和仔細討論」之後才批准了的，這使得他們不可能為了促使其他問題的解決，而推遲美國部隊從蘇聯佔領區的

撤出⋯⋯。

這件事在我心頭敲了一下喪鐘，但是我除了順從之外，沒有選擇的餘地⋯⋯7月1日，美國和英國軍隊開始撤到指定給他們的佔領區裏去，有大量的難民跟著走。蘇聯從此在歐洲的心臟地區站住了腳。這是關乎人類命運的一塊里程碑⋯⋯。

▲ 1945年6月，蘇軍控制下的德國國會大廈。

杜魯門總統和我在同一天到達柏林。我急於會見這一位當權人物，我跟他雖然有意見不同的地方，但是透過書信的來往⋯⋯我已和他建立起真誠的關係。我在到達的那天上午就去訪問他，他愉快的、一絲不苟的、神采奕奕的風度和明朗的決斷能力留給我深刻的印象。

7月16日，總統和我分別在柏林巡視一周，城內只是斷垣殘壁，一片混亂。我們的訪問，當然事先沒有發出通知。街道上也只有尋常的路人。在總理官邸前面的廣場上卻有相當多的人聚集在那裏。當我步出汽車走入他們中間的時候，除了一個老年人，搖頭有不豫之色外，其他人都歡呼起來。他們投降之後，我的仇恨心已經隨之消失。而且看到他們的態度，他們憔悴的形容和襤褸的衣服，我深受感動。隨後我們走進了總理官邸。在殘破的走廊和廳堂裏走了好一陣。然後我們的蘇聯嚮導把我們帶到希特勒的防空地下室裏去。我走到底層，看到他和他的情婦自殺的房間。當我們回到上面的時候，他們指給我們看他的屍體被焚化的地方，我們聽到那時所能得到的關於最後幾場情景的最好的第一手報導。

希特勒所採取的辦法，並不是我所顧慮的那個辦法，這對我們倒是方便得多。在戰爭的最後幾個月的任何時間裏，他可以飛到英國去自首，說道：

「隨便你們怎樣處置我，但請寬恕被我引入歧途的人民。」毫無疑問他會得到紐倫堡戰犯的同樣命運。現代文明的道德原則似乎有規定，凡戰敗國的領袖應該由戰勝者置之死地。這樣，將來再有戰爭的時候，勢將促使這些人苦戰到底，至於有多少生命將作不必要的犧牲與他們無干，反正他們不會有更多的損失。真正付出額外代價的是，對於發動和結束戰爭都沒有什麼發言權的廣大人民。羅馬人守著相反的原則，他們的勝利一半歸功於他們的勇敢，也幾乎同樣歸功於他們的寬大……。

7月17日，震動世界的消息來了。下午史汀生到我的寓所裏訪問，把一張紙放在我的面前，上面寫著：「孩子們滿意地生下來了。」看他的神色，我知道有樁非常的事情發生了。

他說道，「這意思表示墨西哥沙漠裏的試驗已經進行了。原子彈已是一個實在的東西了。」……然而還沒有人能衡量這種發明在軍事上的直接後果，也沒有人估計到關於原子彈的其他一切。

第二天早晨，一架飛機帶來了人類歷史上一件驚人事件的詳盡描繪。史汀生帶給我那份報告，我現在就回憶所及，把情況講一講。這個炸彈，或威力相等的裝置，是在一個100英尺高的塔頂上起爆的。周圍10英里以內任何人都得離開。科學家和他們的工作人員蹲伏在大約距這樣遠的地方的堅厚的混凝土掩蔽部和防禦物的後面。爆炸的威力可怕得很。一股巨大的火焰和煙霧直衝到我們可憐的地球表面的大氣邊緣。周圍一英里以內的東西完全遭到毀滅。於是這裏有迅速結束第二次世界大戰的辦法，也可能成為結束其他許多事情的簡捷辦法。

總統邀我立即跟他會談。跟他在一起的有馬歇爾將軍和李海上將。到目前為止，我們只打算用可怕的空中轟炸和大量軍隊的進攻來攻擊日本本土。我們所想到的是日本人以武士道的精神，拼命抵抗，到死方休。不僅在對陣作戰是如此，而且在每一個洞穴，每一條壕溝裏也都是如此。我心中有著沖繩島的景象，那邊有好幾千日本人不願投降，等他們的領頭莊嚴地實行切腹禮以後，就排成一隊，用手榴彈毀滅自己。

要一個人一個人地消滅日本人的抵抗，一寸土一寸土地征服那個國家，

很可能需要喪失100萬美國人和50萬英國人的生命——如果我們可以把更多的人運到那邊，損失還要更大，因為我們決心要同美國共患難。現在這一個可怖的夢境已經完全消失，代之而起的是，在一、兩次劇烈震動之後整個戰爭結束的景象——似乎真是光明而美麗。我立即想起素以勇敢使我敬服的日本人，自從這種幾乎不可思議的武器出現以後，或許會從中找到一種藉口來挽回他們的面子，並且脫卸他們戰至最後一人的責任。此外，我們不需要蘇聯人了。日本戰事的結束不再倚賴於他們的大軍源源參戰，以從事於最後的和曠日持久的屠殺。我們無需乞求他們的恩惠。

隔了幾天，我寫信給艾登先生說：「事情十分清楚，美國現在不希望蘇聯人參加對日作戰了。」因此那一連串的歐洲問題，可以就他們本身的利弊，並且按照聯合國的大原則來處理。我們似乎突然得到了上帝恩賜的良機，可以減輕東方的屠殺，並且在歐洲得到了幸福得多的前途。我覺得毫無疑問，我的美國朋友心中也有這些思想。無論如何我們從來不曾花一刻工夫來討論到底應否使用原子彈。為了避免大規模的無止境的屠殺，為了結束這場戰爭，為了使世界得到和平，為了使苦難中的人民得到安撫，而不惜付出幾次爆炸的代價，來顯示一種無比的威力，這在我們歷盡一切艱辛危險之後，不失為一種拯救生靈的神奇事蹟。

在實行試驗以前，英國對於這種武器的使用，已經在7月4日於原則上表示同意。現在作最後決定的，主要在於擁有這個武器的杜魯門總統，但是我始終沒有懷疑過他會作出什麼樣的決定，事後也從沒有對他做法的正確性表示過懷疑。對於應否使用原子彈來迫使日本投降的決定，從來就沒有人提出爭議過，這是一個永不改變的具有歷史意義的事實，後代必然會加以判斷的。至於在當時的會議桌上，大家是一致的、自動的和毫無異議地贊同這樣做法，我也從來沒有聽到有人做過絲毫的暗示說我們不應該這樣做。

1945年7月26日，美國總統、中國國民政府主席和英國首相發出一個最後通牒，要求日本軍隊立即無條件投降……這些條件遭到日家軍事統治者的拒絕，因此美國空軍訂出計畫，準備在廣島和長崎各投一個原子彈。

我們同意對於居民們給以一切準備機會。實施的程序都詳詳細細地擬出

▲ 1945年9月2日，日本外相重光葵在「密蘇里」號上代表日本簽署了投降書。

來。為了儘量減少生命的損失起見，在7月27日散發傳單警告11個日本城市，它們將遭受猛烈的空中轟炸。下一天其中6個受到襲擊。7月31日另有12個城市受到警告，其中4個在8月1日遭到轟炸。最後一次警告是在8月5日發出的。到了那個時候，據稱超級空中堡壘每天散發了150萬張傳單，還有300萬份最後通牒。到了8月6日方投下第一顆原子彈。

在對日戰爭收場的時候，我已離職，我只簡單地把它們記下來。8月9日，繼廣島一彈之後，第二顆原子彈落在長崎市。次日，日本政府不顧一些軍閥極端分子的叛亂，表示：如果不損害天皇作為一國元首的特權，同意接受最後通牒。盟國政府，包括法國在內，答覆他們，天皇應該受盟軍最高統帥部的節制，他應該授權並且保證降書的簽訂。盟國的武裝部隊將留駐在日本，直到波茨坦會議所提出的目標達到為止。這些條件在8月14日都被接受。艾德禮先生在半夜把這個消息廣播出去。

盟國的艦隊駛進了東京灣，9月2日早晨在美國戰列艦「密蘇里」號上日本簽訂了正式投降書。蘇聯在8月8日對日宣戰，離敵人崩潰只有一週。然而它照樣要求交戰國的全部權利。

對於執行投降條件，我們不容許有任何拖延。馬來西亞、香港和荷屬東印度的大部地區仍然在敵人手中，還有其他地方的一些孤軍可能不顧天皇的命令而繼續作戰。因此佔領這些廣大地區成為當務之急。蒙巴頓將軍自緬甸

戰役以後，即一直在準備解放馬來西亞，並且已經為在瑞天咸港（巴生港）附近登陸作好一切準備。9月9日實行登陸。9月初佔領其他港口時，沒有戰事，到了9月12日蒙巴頓在新加坡舉行了一次受降儀式。

一個英國軍官，海軍上將哈考特，在8月30日抵達香港，9月16日接受了該島日軍的正式投降。

在美國有些人相信，多多利用以中國或以西伯利亞為基地的空軍力量，可以更經濟地擊敗日本。他們主張單憑空軍的行動，一樣可以切斷日本的海上交通，並且摧毀它本土的抵抗力量，而不必從海上作耗費很大的長途跋涉以進行進攻的序幕戰，空軍中先進的代表人物主張其他地區像緬甸、馬來亞及東印度群島的政治目標可以暫時放棄，等到空戰取得勝利以後，可以不戰而得。美國參謀長聯席會議卻不贊成這些意見。

認為日本的命運決定於原子彈是錯誤的。在第一顆原子彈投下以前，它的失敗已經註定，而造成這個局面的是壓倒一切的海上威力。只有這個使我們有可能奪得海洋上的基地，從那裏進行最後的攻擊，並且迫使它的京畿軍隊不打一仗即投降。它的船隻已遭到摧毀。它開始投入戰爭時有550萬噸以上的船隻，後來由俘獲和新造所得，噸位有所增加，但是它的護航制度和護送艦隻，力量不足，並且組織得也不好。

被擊沉的日本船隻超過850萬噸，其中有500萬噸是被潛艇擊沉的。我們是一個島上的強國，同樣依靠著海洋，可以從中吸取教訓，假如我們不能制勝德國的潛艇，我們自己的命運也就可想而知了。

在波茨坦會議上，我們面臨著的問題之中，對日戰爭的勝利既不是最難的問題，也不是影響最大的問題。德國已經被打垮了，歐洲必須重建起來。士兵必須回家，難民只要可能，必須回國。尤其是，各國必須謀取和平，使大家能在和平中一起生活，即使得不到舒適，至少應有自由和安全。

我不打算把我們在正式會議和私人談話中，關於壓在我們身上的許多迫切問題所交換的詳細意見加以複述。其中有許多到現在還沒有解決。英國為了波蘭而戰，但波蘭現既不自由，又不平靜；德國還是分裂的，和蘇聯還不和睦。蘇聯取自波蘭的土地，波蘭取自德國的土地，德國和蘇聯在世界上

的地位，在我們的討論中，這些是凌駕一切的話題……

我們在雅爾達曾有約定，蘇聯的西部邊界應該推進到波蘭境內的寇松線為止，因而一向承認波蘭也應當大體上從德國領土取得補償。問題是取得多少？它應該在德國挺進到多遠？關於這個問題，頗有不同的意見。史達林要把波蘭的西部邊界沿奧得河推進到與西尼斯河合流處；而羅斯福、艾登和我堅持應該止於東尼斯河。三國首腦曾在雅爾達公開約定，把這件事情與波蘭政府商議，並且留待和平會議作最後解決。

我們竭盡全力只能做到這個地步。但是在1945年7月裏，我們面臨著一種新的局面。蘇聯已經把她的邊界推進到寇松線。

據羅斯福和我的體會，這意味著住在這條界線另一邊的三、四百萬波蘭人不得不向西遷移。現在我們遇到的一些事情比這些情況要壞得多。受蘇聯支配的波蘭政府也已經向前推進，不是到東尼斯河而是到西尼斯河。這個地區裏，大部分住的是德國人，雖然已經逃跑了幾百萬，還有許多留在後面。我們該怎樣來處置他們？遷移三、四百萬波蘭人已經夠麻煩的了。我們是不是還要遷移800萬以上的德國人？這樣的遷移即使認為可以完成的話，剩下的德國土地也沒有足夠的糧食來養活他們。德國的糧食大部分是從波蘭人奪去的那片土地上得來的。如果這片地不給我們，那麼留給西方盟國的就只是已經遭到破壞的工業地帶，和饑餓而膨脹的人口。就歐洲未來的和平來說，這是一個大錯，那個阿爾薩斯—洛林和但澤走廊問題，跟這個比較之下，顯得渺小了。總有一天德國人會要回他們的領土，而波蘭人將無法阻止他們……。

7月24日下午3時15分，以貝魯特總統為首的波蘭臨時政府的代表們到環行街我的寓所裏來。艾登先生和我們駐莫斯科的大使阿奇博爾德‧克拉克‧克爾爵士，以及亞歷山大元帥都和我一起參加會見。

我一開頭就提醒他們，英國是為了使波蘭不受到侵犯而參加戰爭的。我們一向非常關心波蘭，但是現在人家提供給它的，顯然也是它自己所要得到的邊界，意味著德國將失去它在1937年所擁有的可耕地的1/4。有八、九百萬德國人將必須遷出，這樣大量的移民，不僅震動了西方民主國家，而且也

使英國在德國的佔領區直接受到危害。因為我們不得不維持到那邊等求庇護的難民生活。結果將是波蘭人和蘇聯人握有糧食和燃料，而我們只有吃飯用的嘴巴和生火用的壁爐。我們反對這樣的分割，而且我們深信波蘭人向西推進得太遠，正像他們一度向東推進得太遠一樣，是危險的。

我告訴他們還有別的事情使我們感到不安。如果要消除英國輿論對波蘭問題的疑懼，那麼選舉應該做到真正自由而不受限制，一切主要的民主黨派應該有充分的機會來參加，並且宣布他們的政綱。民主黨派的定義是什麼？我不相信只有共產黨人是民主主義者。要把每一個非共產黨的人稱為法西斯野獸是容易的，但是在這兩個極端的中間，存在著大量的堅強的力量，他們既不屬於這一端，也不屬於那一端，而且既無意要成為共產黨，也不想當法西斯。波蘭應該儘量容納這些溫和分子參加它的政治生活，而不應該把一切不符合極端分子的主觀成見的規定的人都加上罪名。

在目前歐洲這樣混亂的局勢中，任何有權力的人都可以打擊他的對手並定他們的罪，但是唯一的結果是把中間分子排斥在政治生活以外。要成為一個國家需容納各種人在內。波蘭還經得起國家分裂嗎？它應該力求廣泛的團結，既和蘇聯朋友攜手，也同樣和西方攜手。例如，基督教民主黨還有國家民主黨裏面沒有同敵人積極合作過的一切人士，都應該參加選舉。我們期望報紙和我們的大使館有充分的自由，可以觀察和報導在選舉以前和選舉期間所發生的情況。唯有透過容忍，甚至有時還需要相互寬恕，才能使波蘭繼續得到西方民主國家的尊重和支持，尤其是英國的尊重和支持……。

我的呼籲歸於無效。我所預言的「嚴重後果」有待於世人去衡量。最後這一次「三大國」會議的命運是「挫折」。我不打算把我們歷次會議中所提出而沒有解決的問題全都加以敘述。

我只想對我當時所知道的關於原子彈的事，和對於可怕的德國—波蘭邊界問題說一個大概。這些事情我們到今天還沒有獲得解決。

其餘，我只想提一些在我們沉悶的辯論之後，使我們感到輕鬆的社交和個人之間的接觸。三大代表團輪流設宴款待其他兩方。先從美國開始。輪到我的時候，我提議為「反對黨領袖」舉杯祝賀，附帶說明「不管將來是

誰」。艾德禮先生和在座的人都覺得很有趣。蘇聯的宴會也同樣使人感到愉快，還有一個很好的音樂會，由蘇聯第一流的藝術家演出，一直演奏到深夜，後來我溜走了。

7月23日晚上，輪到我舉行最後一次宴會，我把它的規模搞得大一些。代表們和主要的指揮官都被邀請來。我請總統坐在我的右邊，請史達林坐在我的左邊。會上有許多人講話。史達林甚至不問侍者和勤務兵是否已全部離場，就提議我們下次會議在東京舉行。毫無疑問，蘇聯的對日宣戰，隨時可以發布，而且他們的大軍已經雲集邊界，準備踏破在滿洲比較軟弱得多的日本前線。為使宴會進行得輕鬆愉快起見，我們時常調換座位，因此總統坐到我的對面。我又跟史達林作了一次十分友好的談話。他非常高興，似乎一點也不知道總統所告訴我的關於新型炸彈的重要消息。他熱烈地談到蘇聯的對日參戰，似乎預料要有好多個月的戰爭，蘇聯在這次戰爭中的規模將越來越大，只是受著西伯利亞鐵路運輸的限制。

席間發生了一件很奇怪的事情。我的顯赫貴賓從座位上站起來，手裏拿著一張菜單到餐桌的四周去請許多在座的人簽名。我從來沒有想到他們竟然是搜羅他人簽名筆跡的收藏家！當他回到我這裏來的時候，我照他的願望簽上了我的名字，我們彼此相顧而笑。史達林的眼睛閃爍著快樂，非常高興。我以前曾提到過在這些宴會的祝酒中，蘇聯代表們一向用極小的杯子來喝酒，而史達林從未破例，但是現在我想請他提高一步，因此我用盛紅葡萄酒的小號玻璃杯為他和我各斟了一杯白蘭地。我意味深長地看著他，我們倆一下子都乾了，並且彼此用讚賞的眼光注視著對方。停了一會兒，史達林說道：「如果你不可能在馬爾莫拉海中給我一個要塞陣地，我們能不能在德德亞加奇有一個基地？」我自己覺得回答得相當滿意，我說：「我當一貫支持蘇聯對於全年四季享有海上航行自由權的要求。」

第二天，7月24日，我們的全體會議完畢以後，我們大家從圓桌上站了起來。在分散以前，我們三三兩兩地站著。我看見總統走到史達林那邊，他們倆單獨談起話來，只有譯員在一起。我離他們大約只有五碼，我密切注視著這個重要的談話。我知道總統要做什麼。我要窺測的最重要事情是，這次

談話對於史達林所產生的效果。

我現在回想起來就像昨天的事一樣。史達林的樣子似乎很高興。一種新型的炸彈！威力非常大！可能對於整個日本戰爭有決定性的作用！那是多麼好的運氣！這

▲ 波茨坦會議時的情景。

是我當時所得的印象，而且我深信他聽到這個消息後，並不瞭解這件事的重要意義。在他緊張繁重的工作之中，原子彈這件事顯然不曾使他操過心。如果他對於正在進行中的世界事務的重大變革略有所知，他就應該有明顯的反應。他最方便的回答應該是：「我非常感謝你，把有關你們新型炸彈的事告訴了我。我當然沒有技術知識。我能不能派我方這方面的核子科學專家在明天上午去看你們的專家？」

但是他的臉上還是那麼溫和愉快，於是這兩個統治者的談話不久就告終止。當我們在等車的時候，我發現杜魯門就在我的身旁。我問他：「事情怎樣？」他答道：「他始終沒有提出一個問題。」因此我可以肯定，史達林在那一天，對於英、美兩國長期以來所從事的這項龐大的研究過程並沒有特別瞭解，也不知道美國在生產原子彈這一豪邁的冒險事業上，曾押上了4億英鎊以上的賭注。

就波茨坦會議來說，這事就到此為止。以後蘇聯代表團就沒有提過這件事，也沒有人向他們再提起。

7月25日上午會議又重開。這是我所參加的最後一次會議。

我再度極力主張波蘭的西部邊界問題，非得考慮到留在那個地區裏的125萬德國人不能解決。總統鄭重說明任何和平條約，只有參照參議院的建議並經過他們的同意才能獲得批准。他說，我們必須找出一個他能如實推薦

給美國人民的解決辦法。我說如果我們容許波蘭人取得第五個佔領國家的地位，而沒有定出辦法把德國產出的糧食平均分配與全德人民，也不需我們商定關於賠償和戰利品辦法，那麼會議將歸於失敗。這些錯綜複雜的問題就是我們工作的焦點，而直到目前，我們還沒有達成協定。

於是爭論就繼續進行。史達林說從魯爾取得煤和金屬比糧食更重要。我說它們將跟東方的糧食作物資交換。除此之外，礦工們還有什麼方法可以得到煤？答覆是，「他們以前也是從國外輸入糧食，現在還可以這樣做。」那麼他們怎樣能償付賠款？冷酷的回答是，「德國還留下許多肥肉。」我反對因波蘭人佔據了東部一切產糧地區而使魯爾陷於饑荒。英國本身也缺煤。史達林說：「那麼在礦上用德國俘虜；我就在這樣做，在挪威還有四萬名德國軍隊，你可以從那裏把他們弄來。」我說：「我們正在把我們自己的煤輸送給法國、荷蘭和比利時。為什麼波蘭人可以把煤出賣給瑞典，而英國卻為了被解放的國家而自己受苦？」史達林答道：「但是那是蘇聯的煤。我們的處境甚至比你們的還要困難。我們在戰爭中損失了500萬以上的人，因此我們現在非常缺乏勞動力。」我再一次提出我的意見：「如果我們可以為產煤的礦工換得糧食，我們可以把魯爾的煤送到波蘭或任何其他地方去。」

這樣一說似乎使史達林停了下來。他說須把整個問題加以考慮。我同意，並且說道，我只是要指出我們當前的困難。

就我而論，這事就到這裏結束。

除了這裏所說明的事以外，我對於在波茨坦所達成的任何結論，都不負責任。在會議過程中，我對於在圓桌會議上或每天的外長會議中無法調整的分歧，就讓它們懸著。結果是，為數驚人的許多意見分歧的問題都被擱置下來。如果像一般的預料，選舉人要重選我的話，我打算在這一連串的決議上跟蘇聯政府來一個肉搏。例如，我和艾登先生都決不會同意以西尼斯河為邊界線。奧得河和東尼斯河那條界線已被承認為波蘭退到寇松線的補償，但是蘇聯軍隊侵佔的領土一直到了西尼斯河，有的地方甚至越過了這條河，那是以我為首的任何政府，無論以前或今後均決不會同意的。這裏不僅是個原則問題，而且是一個重大的實際問題，影響到又一批大約300萬的不願遣返的

政治難民。

還有許多事情應當跟蘇聯政府以及波蘭人據理力爭。這些波蘭人一口吞下了許多大塊的德國領土，顯然已經成為蘇聯的熱心的傀儡。然而由於大選的結果，這一切談判都被截為兩段，並且作出了不合時宜的結論。這樣說，並非責備新政府的部長

▲ 邱吉爾、杜魯門和史達林在波茨坦。

們，他們被迫沒有準備就重開談判，當然也不知道我心中原來的想法和計畫，就是：在會議臨了的時候，預備攤牌，有必要時，寧可公開決裂，而不讓超過奧得河和東尼斯河以外的任何土地割讓給波蘭。

然而前幾章中已有說明，解決這些問題的最適當時機，是在強大的盟國在戰場上列陣相對之時，而且應在美國人及範圍較小的英國人在一條長達400英里（有些地方甚至寬深達120英里）的戰線上還沒有大規模撤退，從而把德國的腹地和大部分土地讓給蘇聯人以前。在那個時候，我原想在我們作如此巨大的撤退以前和盟國軍隊還存在的時候，把事情解決。美國人認為我們應受固定的佔領界線的約束，而我極力主張只有在從北到南的整個戰線按照我們當初協議時的願望和精神得到滿意的解決時，我們才能談到這條佔領線，然而在這一點上我們得不到美國的支持。而蘇聯人以波蘭人為前驅，繼續前進，把前面的德國人驅逐出去，使德國的大塊地區居民減少，奪取了這些德國人的糧食，而把大批的吃糧的戶口趕到人口已經過多的英、美佔領區裏去。即使在波茨坦會議上，事情或許還可以挽救過來，但是英國聯合政府的結束以及我在還有相當影響和權力的時刻離任，這就使達成滿意的解決成為不可能了。

　　我在7月25日下午帶了瑪麗乘飛機回去。我的妻子到諾索爾特飛機場來接我，我們大家在一起安靜地吃了一頓飯。

　　皮姆上尉和地圖室的工作人員事先已作了極好布置，以便第二天在選舉的結果開始揭曉時，作連續的報導。保守黨總部最後的估計是，我們將結結實實地保持一個多數。我在忙於會議的重要事務，對於這件事不曾負起過多的責任。基本上我接受了黨務經理人的看法，因此就去睡覺了，相信英國人民將願意我繼續工作。我希望有可能按照新下院的比例來重組全國聯合政府，我就這樣睡著了。但是在快要天亮的時候，我突然感到身上被戳上一刀似的猛醒過來。我的全部心思被一種剛剛冒出來的下意識信念所緊緊抓住：我們失敗了。

　　過去許多重大事件壓在我肩上——為了挑起這副重擔，我一直倚靠著一種內心裏的「飛行速度」來維持平衡——現在就要解除，而我也快將因失去重心而跌倒了。締造未來的大權將非我所有。我所積累起來的知識和經驗，以及我在這麼多國家中所樹立的威望和良好關係都將歸於幻滅。我瞻望前景，感到不滿，轉過身去，立即又睡著了。等我醒來，已經上午9時了。當我走進地圖室，初步的結果已經開始報告。這些結果對我不利，正如我當時所預料的一樣。到了中午，事情已經明顯，社會黨人將獲得多數。在午餐的時候，我的妻子對我說道：「塞翁失馬，焉知非福。」我答道：「目前看來，這外表還裝得滿像樣呢。」

　　就通常的情況來說，我應該有幾天工夫按照常規把政府事務作一了結。我未嘗不可根據憲法等待幾天以後議會開會，然後接受下院的解職。這樣使我可以在辭職以前，把日本的無條件投降公告全國。但是當時波茨坦會議上所有我們曾經討論過的重要問題正待處理，那裏急需一位不列顛的全權代表出席，因此任何耽擱將違反國家利益。還有，選舉人的抉擇既已這樣以壓倒多數的方式表達出來了，我不願再耽上一個小時來負責管理他們的事務。因此在請求觀見之後，我在晚上7時驅車入宮向英王提出辭呈，並請英王召見艾德禮先生。

　　我發表了下面的告全國人民書，我的敘述也就到此結束：

　　英國人民的決定已經紀錄在今天檢得的選舉票中，因此我已卸下你們在陰暗時期交給我的職責。我感到遺憾的是，我沒有機會完成對於日本的工作，然而這方面的一切計畫和準備都已作好，而且結果的來臨可能比我們目前所可預料的要快得多。國內外無限的責任落在新政府的身上，我們大家應該希望他們成功地擔負起這個責任。

　　現在唯有向在危難的歲月中，我曾為之服務過的不列顛人民表達我深厚的謝忱，以報答他們在我工作中所給我的支持，以及對他們的公僕所表達的許多厚意。

1945年7月26日

編後記

　　邱吉爾有一句名言：「我們都是小蟲，但我堅信自己是隻發光的小蟲。」是的，對於二戰各國而言，英國就是那隻閃閃發光的小蟲。

　　在大多數人看來，二戰時英國的種種事件只是個遙遠國度裏發生的陌生故事。然而，只要你想瞭解第二次世界大戰，你就絕對繞不過英國。

　　和中國一樣，英國在二戰中也遭受了巨大的打擊。大戰初期的英國，即使將國民生產總值的一半用於軍費，也依然無法滿足戰爭的需要。為了籌措軍費，英國被迫出售海外投資和海外軍事基地，喪失了在太平洋和大西洋上的一系列戰略立足點。回憶起雅爾達會議的時候，邱吉爾詼諧中不無辛酸地說道：「一邊坐著飢餓的俄國北極熊，另一邊是強悍的北美野牛，夾在中間的則是可憐的英國小毛驢。」

　　其實，英國並不像邱吉爾描述的那樣。作為二戰中盟軍方面的重要參戰國，英國是歐洲唯一一個從頭到尾都在和法西斯進行武裝抗衡的國家，幾乎所有歐洲的流亡政要和抵抗力量都在英國。如果沒有英國對法西斯的強硬立場，敦克爾克大撤退和後來開闢歐洲第二戰場的很多條件都不復存在。沒有了英國這個盟友，美國對德國少了一塊重要跳板。

　　本書選自邱吉爾的代表作《第二次世界大戰回憶錄》，該書以英國人的角度講述了二戰時期的重大歷史事件，揭開了英、美、中、蘇等國之間許多鮮為人知的歷史事件內幕，是一部全景式的歷史著作。

　　原文6大卷共300多萬字，不利於一般讀者閱讀。因此，我們選取了二戰中重大的歷史事件，並按照時間順序進行整理，使之渾然一體，在有限的篇幅中盡可能地向讀者提供更多有用資訊。除此以外，我們還精選了近百幅二

戰時期的老照片，其中不乏來自前線的高清戰地攝影，以饗讀者。

　　如果你對二戰具體的軍事和政治細節感興趣，並且厭倦了大段引用各種檔和資料的嘮嘮叨叨，想獲得第一手的資料，對二戰前後整個世界的歷史做大略的脈絡梳理，這會是個不錯的讀本。現在，就讓邱吉爾帶你開啟這場精彩的二戰之旅吧！

國家圖書館出版品預行編目資料

二戰回憶錄／溫斯頓‧邱吉爾作，劉燦譯 -- 一版，
-- 臺北市：海鴿文化，2016.10
面； 公分. ──（成功講座;320）
ISBN 978-986-392-062-5（平裝）
1. 第二次世界大戰　2. 回憶錄

712.84　　　　　　　　　　　　　　105017255

書　　　　名	二戰回憶錄

作　　　者： 溫斯頓‧邱吉爾
譯　　　者： 劉燦
美 術 構 成： 騾賴耙工作室
封 面 設 計： 斐類設計工作室
發 行 人： 羅清維
企 畫 執 行： 林義傑
責 任 行 政： 陳淑貞

出　　　版： 海鴿文化出版圖書有限公司
出 版 登 記： 行政院新聞局局版北市業字第780號
發 行 部： 台北市信義區林口街54-4號1樓
電　　　話： 02-27273008
傳　　　真： 02-27270603
信　　　箱： seadove.book@msa.hinet.net

總 經 銷： 創智文化有限公司
住　　　址： 新北市土城區忠承路89號6樓
電　　　話： 02-22683489
傳　　　真： 02-22696560
網　　　址： www.booknews.com.tw

香港總經銷： 和平圖書有限公司
住　　　址： 香港柴灣嘉業街12號百樂門大廈17樓
電　　　話： (852)2804-6687
傳　　　真： (852)2804-6409

出 版 日 期： 2016年10月01日　　一版一刷
　　　　　　　2022年06月20日　　一版十刷
定　　　價： 350元
郵 政 劃 撥： 18989626　　　　戶名:海鴿文化出版圖書有限公司